comunicazione, giornalismo, mass-media

15

ITALIA
CE LA PUOI FARE

15 giovani
un racconto
150 proposte

a cura di
Dario Nardella e Marco Bani

Mauro Pagliai Editore

Con la collaborazione di

GABINETTO SCIENTIFICO LETTERARIO
G.P. VIEUSSEUX

FONDAZIONE EUNOMIA

www.mauropagliai.it

© 2011 EDIZIONI POLISTAMPA
Via Livorno, 8/32 - 50142 Firenze
Tel. 055 737871 (15 linee)
info@polistampa.com - www.leonardolibri.com

ISBN 978-88-564-0175-2

SOMMARIO

Lettera del Presidente della Repubblica

"Italia ce la puoi fare" è una iniziativa originale, a più voci, che reca un ulteriore significativo contributo alla così larga mobilitazione di energie intellettuali e giovanili che ha garantito il successo delle celebrazioni del 150° anniversario dell'Unità d'Italia. Mi complimento per l'apporto di fantasia e per l'ispirazione fiduciosa che caratterizzano il racconto e le proposte che giustamente il Gabinetto Vieusseux ha voluto promuovere come progetto editoriale.

Un cordiale saluto ed augurio,
Giorgio Napolitano

Prefazione

Alla scadenza del 150° anno della nostra storia nazionale che idea hanno dell'Italia le generazioni più giovani? Qual è il loro grado di percezione dei valori legati a questa storia? Quali le loro valutazioni sul presente che stiamo attraversando e quali le loro speranze sul futuro che si va delineando?

Questa raccolta di scritti di autori giovani, usando la forma suggestiva del racconto e della memoria, cerca di dare una risposta a queste domande e al tempo stesso di offrire una testimonianza di come le generazioni più giovani sono oggi orientate a impostare i problemi relativi alle maggiori aree "sensibili" del nostro Paese. Queste risposte, viste nel loro insieme, ci offrono l'immagine viva di un'Italia che racconta l'esperienza di una persona impegnata ad affrontare, dentro il tessuto civile, sociale e politico del nostro paese, i problemi della vita quotidiana.

Il lavoro, ideato e promosso da Dario Nardella e Marco Bani – che hanno utilizzato alcune delle migliori risorse emerse nei corsi formativi di Eunomia – presenta, a mio giudizio, molti meriti: la chiarezza del racconto; l'incisività delle 150 proposte che vengono avanzate in relazione ai diversi argomenti; l'entusiasmo, unito al forte spirito civile, che le anima.

Forse è proprio questa la radiografia dell'Italia che mancava nel quadro delle pur ricche celebrazioni dedicate ai 150 anni della nostra Unità.

Una radiografia che mette in luce con rigore la traccia dei mali antichi che affliggono questo nostro Paese, ma che fa anche emergere senza retorica la speranza che esistano percorsi e strumenti concreti in grado di poterli superare.

Riaffiorano così, attraverso queste pagine, quei sentimenti di fiducia e di solidarietà che hanno segnato i momenti più creativi della nostra storia nazionale: centocinquanta anni fa, con il compimento del percorso risorgimentale; settanta anni fa, con la riconquista della libertà e della democrazia. Sentimenti di cui oggi tutti avvertiamo il bisogno al fine di avviare quella fase di rinnovamento morale e civile che il paese richiede.

Queste sono le ragioni che hanno indotto il Gabinetto Vieusseux a concorrere nella promozione di questa iniziativa, che si inquadra nelle migliori tradizioni storiche di Firenze, della Toscana e dell'Italia intera.

Enzo Cheli
Presidente del Gabinetto G.P. Vieusseux

Nota introduttiva

"Italia ce la puoi fare" non è una fredda analisi saggistica dei problemi del nostro Paese. Non è nemmeno un romanzo. E' soprattutto un'idea originale nata da un'esperienza collettiva di alcuni giovani. Tutto è cominciato dal progetto "Eunomia", una scuola di governo politica e istituzionale nata a Firenze sette anni fa, con lo scopo di richiamare giovani da tutta Italia a confrontarsi con alcune delle più significative personalità della vita pubblica nazionale ed europea, su temi di economia, politica, società. La peculiarità di Eunomia è che alle sue attività partecipano giovani con differenti posizioni politiche e culturali, distinguendosi così da una tradizionale scuola di partito o anche da un'associazione culturale politicamente connotata. La varietà delle idee, unita al rispetto reciproco delle posizioni e al desiderio di condividere un campo comune di valori e regole nel quale confrontarsi, hanno così dato vita ad un laboratorio originale di formazione di classe dirigente.

Proprio dall'esperienza degli incontri di Eunomia è nato un sodalizio duraturo tra molti dei partecipanti, culminato nella determinazione a realizzare un libro capace di offrire un segnale di speranza e di ottimismo, da contrapporre al clima di crisi e rassegnazione nel quale versa ormai da tempo il Paese.

Si tratta di un lavoro a più mani, fondato sul convincimento che solo uno sforzo collettivo ci può far superare la logica dei blocchi contrapposti: destra contro sinistra, lavoratori contro imprenditori, pubblico contro privato. Gli autori denunciano la stanchezza verso un Paese, unito da appena 150 anni di storia, eppure già così vecchio, litigioso e scoraggiato. Ma gli stessi autori rappresentano, con le loro idee e le loro storie di donne e uomini già impegnati nella società italiana, una risposta concreta e la testimonianza reale che l'Italia può ripartire dalle tante energie e competenze già presenti tra i giovani, andando oltre i colori politici, le professioni, i luoghi di appartenenza.

Il senso del libro è da ricercarsi proprio in questa sfida: passare dall'indignazione alla proposta. Cosa di meglio dunque se non partire dalla storia immaginaria di una donna per raccontare queste idee? La protagonista, Italia appunto, vive il nostro tempo, con le sue angosce e speranze. Affronta le prove di una vita normale, fatta di delusioni e progetti, sacrifici e passioni, ma mai abbandonata alla rassegnazione e sempre accompagnata da una forte spinta ideale.

La lettura del libro svela da subito la pluralità di stili e linguaggi, ma consente al lettore di seguire un filo narrativo comune, dato dai valori e dallo spirito che i quindici autori condividono, pur nell'autonomia delle proprie proposte. Le quindici storie, oltre ad essere i capitoli attraverso i quali si sviluppa la vita di Italia, costituiscono al contempo quindici differenti analisi di altrettanti temi di attualità. Il lettore è così facilitato nella duplice scelta di seguire fin dall'inizio il canovaccio narrativo, oppure selezionare i temi di maggiore interesse. Ogni capitolo è corredato da 10 proposte, così da raggiungere complessivamente il numero simbolico degli anni che ci separano dalla unificazione dell'Italia. Un piccolo contributo per affermare che siamo noi, uomini e donne di un paese in cerca del proprio futuro, che come tante "punture di spillo" possiamo agire per stimolare un sistema politico, produttivo e sociale troppo spesso indifferente.

Il risultato è un esperimento, narrativo e saggistico insieme, un esercizio di costruzione di un progetto collettivo, nato dal desiderio di ricordare e omaggiare l'Unità d'Italia non soltanto con lo sguardo rivolto al passato, come spesso capita quando si celebrano ricorrenze, ma con il coraggio di costruire l'Italia del domani.

Dario Nardella
Marco Bani

ITALIA

CE LA PUOI FARE

1

Immigrazione

Tobia Zevi

Erano passati ormai due anni da quando quel ragazzo alto e biondo divenne suo compagno. Ma quella mattina, Italia non l'avrebbe più dimenticata. Mitja entrò in classe trafelato, cupo, privo della sua tipica indolenza. I movimenti erano compassati – e questa non era una novità! – ma trasmettevano ugualmente un po' di agitazione. Si accomodò al suo banco accanto a Italia – come ogni giorno da quando si era iscritto alla scuola media intitolata a Falcone e Borsellino – e parve rifiatare. «Tutto bene?» gli domandò lei. Alzando solo impercettibilmente lo sguardo, con un po' di raucedine, Mitja sibilò: «Espulso. Hanno espulso mio fratello». Italia provò un certo imbarazzo. Per prima cosa non era certa di comprendere fino in fondo il senso di quelle parole, ma soprattutto esse evocavano, dentro di lei, atmosfere tremendamente distanti dall'espressione corrucciata di Mitja. «Espulso». Queste sillabe pregne di significato le ricordavano tutt'altro. Non andava fiera della sua sensazione, ma non riusciva a ricacciarla. Era accaduto l'estate precedente, durante i quarti di finale dei Mondiali. Erano tutti stravaccati sui divani del soggiorno dei Giannini, grandi e adolescenti, intenti a scolarsi avidamente succhi di frutta e birre e a tifare la Nazionale. Verso la metà del secondo tempo lo stopper azzurro si era immolato per disinnescare un contropiede e l'arbitro non aveva esitato a sventolare il cartellino rosso. In realtà, a Italia della qualificazione non interessava granché, ma è noto che i Mondiali devono guardarli anche le ragazze, e quindi ognuna era lieta di prestarsi alla piccola e innocente finzione. «Espulso» aveva gridato colmo di disprezzo – una finta indignazione, a ben vedere – il padrone di casa. Marco, sbracato accanto a Italia, era completamente affranto. Lei aveva provato a consolarlo, ma niente.

E, insomma, per quanto se ne vergognasse un po' perché percepiva la paura di Mitja, l'espulsione di suo fratello sembrava riportarla inaspettatamente e fuori tempo a quelle urla, a quello stupore, a quell'aroma di bibite e di erba innaffiata e falciata.

Non ne sapeva molto, Italia, del fratello di Mitja. Credeva che si chiamasse Pavel, ma non era sicura. Quando i genitori di Mitja avevano lasciato l'Ucraina per trasferirsi in Italia, Pavel era rimasto con i nonni – avrà avuto una decina d'anni – perché la vita dell'emigrante non era praticabile per un bambino della sua età. Mitja era invece ancora troppo piccolo e bisognoso di attenzioni per essere affidato a persone anziane, e per questa ragione i suoi primi ricordi si situavano nella minuscola casa di periferia che solo dopo affannose ricerche i suoi erano riusciti ad affittare. Quegli anni di separazione, inevitabili e necessari, avevano lasciato alcuni detriti – questa almeno era l'impressione ricavata da Italia –: un desiderio infantile di rivalsa, che in Pavel adolescente era tradotto nell'ostentazione di una forma distorta di autonomia.

Nei dialoghi sfuggenti tipici di quell'età, Pavel iniettava una dose di aggressività da interpretare come un credito, come una richiesta di risarcimento. In ogni caso, dalle notizie frammentarie che aveva, Italia sapeva che il maggiore non aveva finito la scuola e un paio di anni prima si era messo a lavorare in un'impresa edile. Pur non avendo una faccia da santo né la fama di essere avvezzo a spaccarsi la schiena, Pavel aveva resistito, e continuava a svegliarsi ogni mattina all'alba, a concedersi un cappuccino come primo e spesso unico lusso della giornata, a sgobbare come tutti fino alle cinque del pomeriggio. I colleghi al cantiere gli riconoscevano un certo spirito di gruppo, un cameratismo bonario, e in effetti Pavel era una di quelle poche personalità che rendono meglio in un collettivo che quando devono organizzarsi da sé. Neanche Mitja conosceva esattamente il funzionamento di quel tipo di lavoro, e non si era stupito quando una mattina, alzatosi prima per copiare i compiti, aveva intravisto suo fratello aspettare insieme ad altri sul ciglio della strada, mentre un gruppetto era intento a parlamentare con il conducente di un furgone.

Occorre sottolineare una sfumatura per spiegare l'atteggiamento con cui Italia viveva il rapporto con Mitja: per quanto incongruo possa sembrare, ai suoi occhi quel ragazzino non era un vero e proprio straniero, piuttosto un essere ibrido. Certo, conosceva la sua vicenda personale e anche le differenze più che evidenti tra le loro due vite, ma non avvertiva alcuna barriera. Italia non poteva spiegare esattamente questa sensazione. Anzi. Se, interpellata, avesse dovuto rispondere a una domanda avrebbe probabilmente negato. Ma la verità è che tra lei e Mitja non esisteva quella voragine che c'era, per esempio, tra lei e Khaled, un altro compagno di classe. Mitja era bianco, ed era anche cattolico; sua mamma cucinava ricette abbastanza comuni, lavorava per degli anziani signori romani, festeggiava il Natale come tutti. Khaled era nero – non proprio nero, piuttosto una via di mezzo tendente al marrone chiaro –, e musulmano. Non che Italia avesse un'idea chiara della portata di quella parola, nonostante gli sforzi didattici della professoressa di Lettere; ma aveva la netta impressione che se qualcuno, anche solo lo speaker della televisione, emetteva quei suoni brevi, suo padre aggrottava la fronte. Non si era mai espresso chiaramente, in un paio d'occasioni Khaled era persino venuto a preparare un lavoro di gruppo, però Italia credeva di cogliere in filigrana un atteggiamento diffidente e preoccupato. «Musulmano», come quelli che avevano fatto saltare le Torri gemelle. Ma questa frase il padre di Italia non l'avrebbe mai pronunciata[1].

In ogni modo questa era la realtà: se le avessero detto che Khaled doveva partire, che suo fratello era stato espulso, addirittura arrestato, non avrebbe battuto ciglio. Le sarebbe parso nell'ordine naturale delle cose. Ma l'idea che Mitja o suo fratello potessero essere cacciati via dal suo paese le pareva assolutamente priva di senso.

Decise di pazientare fino alla ricreazione per provare a capirci qualcosa. Quando finalmente si trovarono in cortile Mitja si accese una sigaretta. «Fumi?» chiese Italia sconvolta. «Ogni tanto» sospirò Mitja con aria navigata. Spiegò a Italia, più o meno chiaramente, che suo fratello era stato fermato dalla polizia all'uscita di un locale alcuni giorni prima. I suoi genitori temevano – lo aveva intuito da rapidi scambi di battute destinati a rimanere segreti – che i poliziotti gli avessero trovato qualche cosa addosso, probabilmente droghe leggere. Ma questo era ignoto. Il problema vero era che Pavel non aveva rinnovato i documenti in tempo, un po' per sua negligenza e un po' per via delle pratiche burocratiche assolutamente snervanti. Mitja le aveva riempito la testa di tutto un elenco di definizioni ed espressioni totalmente oscure – aggravante di clandestinità, reato di clandestinità, Centri di identificazione ed espulsione, permesso di soggiorno, richiesta di cittadinanza –, che in definitiva non l'avevano minimamente aiutata a chiarirsi le idee. Ciò che l'aveva colpita era il tono del suo interlocutore. Mentre solitamente si mostrava svogliato, pigro, indolente, nello snocciolare quelle categorie criptiche Mitja rivelava un piglio da adulto, sicurezza, precisione; sembrava addirittura pignolo e soddisfatto di quella competenza specialistica.

Pavel aveva da poco compiuto 19 anni, aveva superato di alcune settimane i termini per rinnovare un certo documento, attualmente era rinchiuso in una specie di prigione a pochi chilometri da Roma. Questo era quanto Italia poteva decodificare. A essere sinceri Mitja le appariva sì sconvolto, ma non troppo sorpreso. Tra le righe aveva colto, in quel profluvio di concetti, che anche il padre di Mitja, pochi anni addietro, aveva trascorso alcune settimane nello stesso centro.

Decisero di incontrarsi dopo la scuola, verso le cinque, al parchetto vicino alla gelateria. Era sotto casa di Italia, e per Mitja era comodamente raggiungibile dalla fermata della metro.

Di nuovo in classe, Italia si sentì sollevata. Mentre la mattina aveva creduto, per un attimo, che fosse accaduto un evento irreparabile, in quel momento non dubitava che tutto si sarebbe rapidamente sistemato. Probabilmente quella rinnovata tranquillità era frutto della precisione terminologica di Mitja: era come se quel tessuto linguistico così controllato potesse trasferirsi in maniera altrettanto compiuta sulla realtà, e che Mitja – non da solo, ma grazie a quella sua competenza sorprendente – fosse capace di risolvere il problema insorto semplicemente spiegandolo, con la stessa nitidezza che aveva usato con Italia pochi minuti prima. Pensò ai genitori di Mitja. Li aveva incontrati raramente. Mitja preferiva vedersi al parchetto, al campo di calcio, oppure direttamente a casa di Italia. Le poche volte che si era incamminata da sola per andare dall'amico, Italia aveva preso la linea A della metropolitana e aveva attraversato un numero imprecisato di fermate. La casa di Mitja si poteva raggiungere solo superando un dedalo di stradine e stradone disegnate da palazzi a dieci piani, ma si trovava immersa in un'area dall'apparenza tranquilla. L'appartamento dove vivevano in quattro era decisamente piccolo, ma sembrava calcolato al centimetro. Mentre Italia e Mitja studiavano, la madre si prodigava offrendo tè, caffè e biscotti ai due intellettuali, e pareva osservare con tenerezza quel quadro di impegno e amicizia. Sembrava fiera del figlio, e una volta le aveva confessato di sperare che Mitja avrebbe frequentato un liceo. A suo tempo, anche lei si era diplomata. Era stata una brava studentessa e poi si era brillantemente laureata in biologia, per lavorare infine nell'istituto di ricerca di un importante centro industriale. Quando erano dovuti emigrare, la madre di Mitja aveva dimenticato la sua vita precedente. Interpretava la sua parte con grande dignità, il che impediva a Italia – con somma soddisfazione della donna, se lo avesse potuto sapere – di comprendere appieno il dolore che quella trasformazione repentina aveva causato. A Roma la madre di Mitja si prendeva cura di una casa con giardino dalla parte opposta della città; solo in alcuni momenti di difficoltà capitava che assistesse persone ricoverate durante la notte, quando i parenti, se c'erano, andavano a dormire. Quando parlava di se stessa, la madre di Mitja indossava una cadenza sicura e tranquilla, e non smetteva di esaltare la sua condizione – che riteneva evidentemente fortunata – al confronto di quella sperimentata da sua sorella. I figli ancora in Ucraina, il marito lontano, una persona anziana a cui badare tutto il giorno e nessuno con cui parlare.

Uscita da scuola, Italia si mise a pensare. Non era molto d'accordo con Mitja su alcuni aspetti. Da quando lo conosceva non le era mai parso un tipo rancoroso; anzi, tutto sommato aveva sempre ammirato quella sua affabilità, quella sua capacità di mostrarsi calmo e riflessivo. Persino quella volta in prima media, quando due ragazzi più grandi lo avevano assalito. Più che aggredirlo, in effetti, si erano limitati ad affrontarlo a brutto muso, ma sembravano disposti a fare sul serio. «Zingaro de merda!» gli avevano urlato davanti a tutti, in cortile, non senza una qualche esitazione. La reazione di Mitja aveva soddisfatto le attese di Italia, perché lui, senza scomporsi, aveva semplicemente ribattuto che non capivano un cavolo. Prevedendo una reazione meno misurata, e forse ancora meno convinti di qualche minuto prima, i due avevano sostanzialmente fatto marcia indietro, dopo essersi resi conto che la prima linea non faceva per loro. Comunque a Italia alcuni toni della conversazione mattutina non erano andati giù. Mitja aveva ripetuto delle cose antipatiche sul paese che lo ospitava, aveva descritto i poliziotti come ingiusti e cattivi, aveva sostenuto che a nessun italiano interessava se suo fratello veniva espulso o meno. E quest'ultima affermazione le pareva davvero ingenerosa. A lei interessava: certo, le sembrava anche importante che avesse i documenti in regola. Perché doveva girare senza il necessario, quando lei attendeva con ansia la prima carta d'identità della sua vita? Non era solo uno spaccone, questo Pavel, che per fare tardi la sera si era dimenticato i documenti a casa? O forse non li aveva dimenticati. Forse aveva l'intenzione di prendersi un po' di droga, e per questo motivo aveva omesso di rinnovare il documento che gli occorreva! Rallentò con i pensieri, e si stupì nello scorgersi così concentrata e alterata. Si intenerì al pensiero che Mitja non le avesse taciuto neanche quel particolare, quel sospetto di suo padre e sua madre sul figlio, quell'ipotesi della droga che a lei suonava enorme, e che le sarebbe parsa meno pazzesca se solo avesse fatto un giro nel bagno dei maschi durante la ricreazione. Era proprio una bella amicizia, la loro, e si rac-contavano un mucchio di segreti.

Il padre di Mitja lo aveva incontrato solo un paio di vol-te, e sempre di fronte al portone della scuola. Era un tipo mite, quasi timido, e non le sembrava che avesse molta confidenza col figlio.

Era spesso via di casa perché, dopo vari anni da custode notturno in un'autorimessa, era riuscito a ottenere la pa-tente E, trasformandosi in camionista per un'azienda di trasporti. A essere precisi non faceva parte del gruppo più privilegiato, cioè quello dei proprietari di camion, e quindi lavorava come stipendiato. Dai racconti di Mitja si trattava di un lavoro molto stancante, che obbligava a passare lun-ghi periodi lontano, a turni di guida massacranti, a correre per evitare di imbattersi nelle penali che toccavano a chi arrivava in ritardo. E tuttavia, sempre secondo le impres-sioni del figlio, al padre non dispiaceva quella forma di li-bertà mediata, quel movimento continuo e quella sensa-zione – pur lavorando sotto padrone – di essere capi di se stessi. Nella sua vita precedente, nell'Ucraina dell'epoca so-vietica, il padre di Mitja era stato un ingegnere dei rifiuti in un'azienda governativa, molto stimato e abbastanza in-fluente. Quando gli stipendi pubblici si erano improvvisa-mente rivelati insufficienti a mantenere due figli, insieme alla moglie aveva preso la decisione di trasferirsi in Italia e rinunciare alla propria posizione. Rispetto a sua moglie, però, non riusciva a mascherare con altrettanta efficacia lo sforzo che gli era costato quell'improvviso collasso sociale e, sebbene cercasse di non privare la sua famiglia di nulla, non bevesse e fosse quasi sempre gentile, non curava ugualmente i suoi modi e il suo aspetto fisico.

L'abbigliamento era sempre trasandato, la barba legger-mente incolta, le scarpe sporche. Italia aveva avuto l'im-pressione che Mitja, quando il padre veniva a prenderlo a scuola, avesse un moto, un accenno impercettibile di vergogna. Nessuno, neanche l'osservatore più generoso, avrebbe potuto esimersi dal notare la distanza che c'era tra il padre di Mitja e gli altri padri, mentre sarebbe stato difficile fare considerazioni simili su sua madre.

Quando Italia tornò a casa ed ebbe finito di mangiare, per un paio d'ore si dedicò a ben altri pensieri. Accese lo stereo e si mise a perdere un po' di tempo con il computer, in attesa del nuovo incontro e degli aggiornamenti di Mitja. Si colse a immaginare, improvvisamente, che quella sensazione di leggero senso di colpa era anche piacevole. Certo, non le sembrava giusto che tra lei e il suo compagno di banco vi fosse una lacuna sociale così evidente, e che Mitja avesse dovuto persino rinunciare alla gita di classe in prima media, perché troppo costosa. Però, egoisticamente, era proprio questa distanza marcata a farle apprezzare ancora di più i suoi privilegi, la stanza tutta per lei, la grande cucina con il bancone a vista, la pasta cucinata dalla madre che la attendeva con puntualità svizzera quando varcava la soglia domestica verso l'una e mezzo. Non era colpa sua se era nata in quella famiglia, e nei confronti di Mitja e Khaled non aveva mai mostrato la benché minima supponenza o presunzione. Aveva ascoltato più volte i suoi compagni che facevano battute o considerazioni malevole, ma non si era mai unita a quelle cattiverie. Alcune volte si era ripromessa di indignarsi con più veemenza, si era detta che li avrebbe invitati a prestare maggiore attenzione alle parole, ma non trovava il suo comportamento meritevole di una condanna pesante. Avrebbe potuto migliorare, certamente, essere ancora più attenta e democratica, ma finora non si era comportata male. Tutto sommato, c'erano altri che se la passavano molto peggio di Mitja. Come Giovanni, il ciccione della classe. Lui sì che era sempre preso di mira, e al confronto le condizioni dei due immigrati, dei due extra-comunitari – come li chiamava spesso suo padre – non le apparivano preoccupanti.

Alle cinque meno un quarto Italia scese nuovamente le scale e si incamminò verso il giardinetto pubblico. In quelle due ore non si erano scambiati neanche un sms – mentre abitualmente la loro comunicazione non si interrompeva mai – e aveva notato che Mitja non era connesso a Facebook. Evidentemente quel pomeriggio il suo amico non aveva avuto tempo per recarsi all'internet-point dove trascorreva, con il disappunto di sua madre, buona parte dei suoi pomeriggi invernali. Attraversò un paio di strade, intravide il solito gruppetto che stazionava di fronte alla gelateria – sempre gli stessi dall'asilo, e tali sarebbero rimasti ancora a lungo – ma non si fermò. Aveva fretta e anche poca voglia. Con la coda dell'occhio scorse la domestica di casa che correva trafelata a recuperare il figlio minore all'asilo. Sbucava dalla casetta al pianoterra, quella del portiere, e volava all'asilo; poi tornavano assieme e lei lo aiutava – così almeno immaginava Italia – a fare i compiti. Verso le sette della sera saliva nuovamente a casa loro per controllare che non ci fosse bisogno di niente, apparecchiava la tavola, e poi tornava due piani sotto a preparare il secondo turno di cena. Con il figlio più grande, Italia era praticamente cresciuta insieme. Da piccoli avevano giocato ogni pomeriggio, si erano picchiati un'infinità di volte, erano stati fratelli. Da un anno a questa parte, però, si incontravano di meno: erano stati inseriti in due sezioni diverse e lui trascorreva gran parte del tempo a giocare a calcio con i suoi compagni. Una volta aveva sentito dire a sua madre che non si sarebbe iscritto al suo stesso liceo, ma avrebbe frequentato un istituto tecnico per diventare elettricista, o qualcosa del genere, e che per quel tipo di occupazione non c'era neanche bisogno di terminare la scuola. A Italia questa frase smozzicata aveva fatto effetto, pensando al libretto di risparmi che la nonna riforniva regolarmente per pagare – così affermava celiando la vecchia signora – «gli studi della nostra piccolina».

Arrivò con cinque minuti di ritardo, ma Mitja non c'era. Si fermò un po' su una panchina, si guardò attorno. Pieno di vecchietti che facevano una passeggiata accompagnati dai loro cavalieri stranieri. Tutti avevano una faccia poco allegra e, a parte qualche eccezione, non si scambiavano nessun commento. Dopo qualche minuto di attesa Italia cominciò a preoccuparsi, dal momento che Mitja era sempre straordinariamente puntuale. Era una delle sue battute preferite, anzi. Quando qualcuno arrivava in ritardo, Mitja lo sfotteva affermando che in Ucraina si era sempre puntuali. Era un'usanza e anche un segno di appartenenza sociale. «Voialtri siete proprio terroni», sfotteva. Venti minuti, mezz'ora di ritardo. Strano. Gli mandò un sms, nessuna risposta. Ne inviò un altro, ormai ufficialmente indecisa se arrabbiarsi per il mancato avviso o invece lasciarsi andare allo spavento. Per indole, Italia non era portata ad avere paura. I suoi genitori le avevano sempre ripetuto che le cose si sistemano, che una soluzione si trova, e che soprattutto agitarsi non ha molto senso: fa essere meno lucidi, tanto più quando non si può fare niente. Ipotizzò di prendere la metro e andare a verificare di persona, ma poi si rese conto che sarebbe stato controproducente nel caso in cui Mitja fosse stato solamente in ritardo. E poi nella metro non c'era il segnale del telefono. Senza contare che sua madre non voleva che lei la prendesse senza un accompagnatore. Erano quasi le sei, e Italia decise di tornare. Questa volta fece tappa alla gelateria, sicura come al solito di trovarci la combriccola degli stazionanti. Non si sbagliava. Ordinò un cono alla cioccolata e alla stracciatella e cominciò a occuparsi dei prossimi appuntamenti, delle novità della settimana. Nel trambusto di quella giornata particolare aveva perso di vista che era martedì, un giorno fondamentale per i riti del quartiere. Intenta a pianificare i programmi della settimana, Italia non sentì il bip bip lanciato dal suo telefonino per tre o quattro volte. Solo all'uscita del bar, preoccupata per il ritardo che come sempre aveva accumulato, Italia lesse un sms che era seguito a un paio di telefonate senza risposta. «Cacciato via. Pavel è già in Ucraina. Mi sa che noi dobbiamo raggiungerlo. Provo a chiamarti dopo...».

Non la richiamò. Dopo qualche giorno tutta la famiglia di Mitja partì per raggiungere il figlio più grande, e Italia non ebbe nemmeno modo di salutarlo come avrebbe voluto. Ma, lo sanno tutti, quando ci si dice veramente addio le parole giuste non escono, non è come nei film.

I Centri di identificazione ed espulsione (CIE), prima denominati Centri di permanenza temporanea (CPT), sono strutture previste dalla legge italiana.
Essi sono stati istituiti in ottemperanza a quanto disposto all'articolo 12 della legge Turco-Napolitano (L. 40/1998) per ospitare gli stranieri "sottoposti a provvedimenti di espulsione e/o di respingimento con accompagnamento coattivo alla frontiera" nel caso in cui il provvedimento non sia immediatamente eseguibile. Con il decreto legge n. 92 del 23 maggio 2008 "Misure urgenti in materia di sicurezza pubblica", poi convertito in legge (L. 125/2008), i Centri di permanenza temporanea vengono rinominati "Centri di identificazione ed espulsione".
Sono 12 i Centri di espulsione e di identificazione in Italia, per una capienza totale di 1806 persone migranti. Essendo sorti per far fronte a un'emergenza piuttosto

*che ad un piano razionale, i singoli centri sono estre-
mamente difformi tra loro quanto a strutture e gestione. La maggior parte di essi è gestita dalla Croce Rossa
Italiana, il resto dalla Confraternita delle Misericordie
d'Italia (Modena, Bologna, Lampedusa e Linosa), o
da cooperative (Lamezia Terme, Restinco, Gradisca
d'Isonzo) e associazioni appositamente fondate (Calta-
nissetta)[2].
Ci si trova dentro di tutto: dagli ex detenuti agli stranieri con anni di soggiorno alle spalle, figli e famiglia
in Italia. Secondo Medici Senza Frontiere, che nel
2010 ha stilato un rapporto delle condizioni nei CIE[3],
il tempo medio di permanenza in Italia dei trattenuti
intervistati è di 7 anni e 4 mesi. Una promiscuità che
può essere alle origini dell'elevato livello di tensione e
malessere all'interno dei centri. Ne sono la riprova le
testimonianze dei trattenuti e le numerose lesioni che
si procurano, il frequente ricorso alle strutture sanitarie e ai sedativi, i numerosi segni di rivolte, incendi dolosi e vandalismi e le notizie di cronaca di suicidi, ten-
tati suicidi e continue sommosse. Una tensione che
non appare semplicemente legata alla condizione di de-
tenzione ai fini del rimpatrio, ma anche al senso di ingiustizia vissuto dai trattenuti nel subire una limita-
zione della libertà personale pur non avendo commesso reati; oltre all'essere detenuti in luoghi incapaci per
loro natura di trattare adeguatamente bisogni fondamentali come salute, orientamento legale, assistenza
sociale e psicologica. Mancano nei CIE, come ad
esempio in quello di Torino, i mediatori culturali senza
i quali si crea spesso incomunicabilità tra il medico e
il paziente. Sono assenti anche le autorità sanitarie
locali e nazionali e in alcuni centri, come quello di
Roma, non si trovano nemmeno beni di prima neces-*

sità come coperte, vestiti, carta igienica, o impianti di riscaldamento consoni.

Al 1° gennaio 2010 gli immigrati in Italia sono il 7% dell'intera popolazione[4].

In tutto sono 5,3 milioni di unità (regolari e non), di cui 5,1 milioni provenienti dai cosiddetti Paesi a forte pressione migratoria, circa 500mila in più rispetto al 2009. La nazionalità più numerosa è quella rumena con un milione e 112mila unità (il 22% del totale), seguita dall'albanese e dalla marocchina (586mila e 575mila). Parallelamente c'è un vero e proprio boom di minori residenti in Italia: in base alle stime Ismu al 31 dicembre 2010 sono quasi 1 milione e 24mila (triplicati da inizio 2003, anno in cui erano "solo" 353mila). Tra i minori residenti al primo gennaio 2010, più della metà risulta nata in Italia. Diminuiscono gli irregolari che sono 544mila, 16mila in meno rispetto a quanto stimato da Ismu al primo agosto 2009. Sul lavoro, nonostante la crisi economica, si registra un aumento dell'occupazione immigrata pari a 183mila unità (+10% rispetto al 2009). Ma al contempo cresce il tasso di disoccupazione che è passato dal 10,5% del primo trimestre 2009 al 13% del primo trimestre 2010. Diminuiscono i tassi di criminalità degli immigrati: elaborazioni Ismu dimostrano che il numero dei denunciati stranieri è diminuito del 13,9% passando dai 302.955 del 2008 ai 260.883 del 2009.

Gli stranieri contribuiscono al 10% circa del Pil italiano. I vantaggi dello Stato sono visibili da altri numeri: gli immigrati versano ogni anno all'Inps 7 miliardi di euro e pagano al Fisco una cifra che supera i 3,2 miliardi di euro. Inoltre, ogni cento neonati in

Italia, ormai più del 12% ha almeno un genitore straniero.

Oggi vantaggiosi per il nostro sistema produttivo, domani persino per il nostro Welfare. Secondo gli ultimi dati dell'Istat, rappresentano il 6,4% della forza lavoro del nostro Paese. Il 15% degli stranieri regolari presenti e occupati sul territorio nazionale ha un lavoro indipendente. Il 37,5% risiede qui da 6/10 anni. Secondo gli ultimi dati del Cnel e dell'Unioncamere, negli ultimi 5 anni le imprese individuali gestite e controllate da immigrati sono passate da circa 100mila a 225.408, con tassi di crescita attorno al 10% annuo. Il 35% delle nuove imprese nate quest'anno ha come titolari cittadini extracomunitari. Sono piccoli imprenditori, per lo più individuali: l'85% ha meno di 50 anni e il 15% ne ha meno di 30. Ma si stanno gradualmente consolidando, dal punto di vista aziendale e dimensionale: oltre 2.500 delle nuove imprese hanno più di 10 addetti.

Tra le religioni degli stranieri:
Musulmani   1,2 milioni
Cattolici   860mila
Altri cristiani   1,1 milioni
Altre confessioni (induisti, buddisti, sikh) 200mila
Atei   230mila
Non dichiarati   80mila

Proposte
- Attribuire il voto amministrativo agli stranieri residenti.
  Riformare la legge sulla cittadinanza, abbreviando i termini e rendendola automatica per i nati in Italia.

- Ampliare le categorie professionali interessate dal Decreto-flussi, favorendo anche l'ingresso di lavoratori qualificati.
- Umanizzare la procedura di richiesta del permesso nei cosiddetti click-day, attribuendo la competenza agli enti locali e alle loro amministrazioni.
- Abolire il reato di clandestinità.
- Istituire una legge organica sui rifugiati politici.
- Ripensare la struttura dei CIE e migliorarne le condizioni.
- Abbreviare i tempi di permanenza all'interno dei CIE.
- Favorire l'ingresso dei «cervelli» studiando norme e misure utili.
- Facilitare il riconoscimento dei titoli di studio per gli stranieri extracomunitari.

Note

[1] Per il numero di musulmani presenti in Italia vedere l'ultimo paragrafo del capitolo.
[2] Wikipedia.org/CIE.
[3] *Al di là del muro - Viaggio nei centri per migranti in Italia*, Marzo 2010, Franco Angeli editore.
[4] *Sedicesimo Rapporto sulle migrazioni 2010*, ISMU, 2010.

2

Infanzia

Ilaria Malinverni con Valentina Mazzoni

«Sono Italia, nata a Roma da madre di origine siciliana e padre lombardo, di Milano. Mia mamma Anita abitava a Marsala con la sua famiglia e un'estate conobbe Giuseppe, in vacanza in Sicilia con degli amici. Quando incontrò mio padre aveva appena partecipato ad un concorso come impiegata nell'amministrazione pubblica che l'avrebbe portata ben presto a Roma. Giuseppe, questo è il nome di mio padre, era già professore di storia in un liceo classico di Roma, quando sposò la mamma. Erano necessari due stipendi per poter "arrivare alla fine del mese"! Mamma Anita rimase ben presto incinta di me e insieme a mio padre si trasferirono in una nuova casa in un quartiere periferico della capitale. Erano agli inizi di una nuova esperienza familiare e lavorativa, soli, ma speranzosi e certi che insieme avrebbero potuto costruire una bella famiglia.»

La penna scorreva rapida sul foglio mentre i pensieri di Italia si accavallavano nel tentativo di trovare un ordine. Il compito assegnato dalla professoressa delle medie chiedeva di descrivere la propria infanzia. Era uno di quei classici temi che non lasciavano spazio alla fantasia con il rischio di risultare un po' banali. Italia aveva ricordi molto belli della sua infanzia. Sua madre le raccontava spesso però che aveva sofferto molto quando era tornata al lavoro dopo la ma-

33

ternità. Italia aveva allora sette mesi e la mamma si sentiva a disagio nel lasciarla con una "estranea" per tante ore della giornata. In realtà i suoi genitori si erano dedicati con grande attenzione alla scelta della babysitter che si sarebbe presa cura della loro piccina, ma Anita ogni volta non si sentiva pienamente soddisfatta perché "costretta" a scegliere fra il lavoro, che amava tanto e che forniva alla famiglia un contributo importante a fine mese, e la sua piccola Italia. Alcuni amici e anche i suoi genitori, infatti, avevano incitato Anita a lasciare il lavoro: le dicevano che per i primi tre anni di vita di Italia il suo stipendio sarebbe stato in gran parte destinato alle spese per la babysitter o per il nido e che sicuramente Italia sarebbe stata meglio con lei. Ma aveva fatto tanti sacrifici per riuscire a costruirsi una sua professionalità ed era convinta che per la sua bambina sarebbe stato altrettanto importante avere una madre che l'amasse immensamente, ma che avesse anche interesse e passione per il lavoro. «Non capisco però – si interrogava Italia nel tema – perché non si sostengano le famiglie se, come dice sempre la Preside, ogni bambino è una immensa risorsa per la costruzione del futuro del nostro paese».

Quando Italia aveva compiuto nove mesi e le cose cominciavano a funzionare nell'organizzazione dei tempi familiari, la babysitter era rimasta incinta. Sua madre si era sentita morire al pensiero di ricominciare tutto dall'inizio, ma per coerenza con le sue idee e i suoi valori aveva abbracciato Roberta e le aveva augurato ogni bene. A quel punto però decise di chiedere aiuto ai nonni paterni che, in pensione, furono disposti a trasferirsi a Roma fino a quando Italia non fosse riuscita ad entrare in un nido d'infanzia.

Il nido d'infanzia è un servizio educativo e sociale rivolto a bambini e bambine di età compresa tra i 3 mesi e i 3 anni che concorre, in collaborazione con le famiglie, al-

la crescita e al benessere psicofisico dei bambini, rispettando l'identità individuale di ognuno di essi e offrendo un luogo di socializzazione e di stimolo delle loro potenzialità cognitive, affettive, relazionali e sociali. Il servizio è nato nel '71 con la legge 1044 che delega agli Enti locali la gestione degli asili nido.

Anita e Giuseppe in realtà avevano cercato un nido per Italia fin da subito, nella convinzione che quello fosse il luogo più adatto cui affidare la bambina. Certo era necessario un nido che rispondesse a determinati standard qualitativi e tenesse conto del loro modesto livello di reddito. Per loro non era fondamentale che il nido fosse gestito direttamente dal Comune: ciò che contava era la felicità di Italia e la possibilità di stare con i suoi coetanei, per fare un percorso educativo condiviso fra loro e l'équipe di educatori. I genitori erano infatti persuasi che i servizi per la prima infanzia potessero essere gestiti, in un sistema di *welfare society*, anche da associazioni o cooperative sociali che operavano senza fini di lucro.

«Su questo tema ricordo le discussioni fra i nonni e i miei genitori, perché i nonni insistevano sul dovere del Comune di gestire direttamente i servizi ai cittadini, soprattutto quelli primari, mentre i miei genitori sottolineavano un ruolo diverso del Comune, e cioè di garante della qualità e di sostegno all'iniziativa della società civile. La chiamavano con quella difficile parola: sussidiarietà! E a mia madre piaceva che anche alcuni genitori tentassero insieme alle istituzioni di rispondere al bisogno educativo delle famiglie. Comunque, mi hanno raccontato, la ricerca del nido continuò e spesso erano i nonni a richiedere le prime informazioni e a visitare le strutture perché si rendevano conto che per me era fondamentale stare con gli altri bambini. Ero figlia unica e i miei cugini vivevano tutti lontano!».

I posti nido coprono in Italia solo il 17,8% della popolazione infantile. Certo con alcune differenze: in Toscana e in Emilia Romagna si raggiunge il 33% nell'accesso a nidi d'infanzia o servizi alternativi (spazi gioco educativi, ludoteche) per bambini al di sotto dei 3 anni – tetto richiesto al Consiglio europeo di Barcellona nel 2002. Mentre in altre regioni questa percentuale è ancora più bassa: in Sicilia e Basilicata si è al di sotto del 10%[1].

«Un giorno la mamma fu chiamata dal Comune perché c'era un posto in un nido convenzionato. Il nido era un po' lontano da casa e gli orari non coincidevano con quelli che mia mamma avrebbe voluto, ma i miei genitori furono comunque molto contenti e presero subito contatto con le educatrici per definire i tempi dell'inserimento. Fu così che, a 15 mesi, cominciai a frequentare il nido d'infanzia "La coccinella" e i miei nonni tornarono a Milano. Io non ricordo nulla o quasi di quel periodo, però mi piace ascoltare la mamma mentre, sfogliando il diario di bordo che le educatrici avevano preparato con le mie foto e i miei 'lavoretti', mi racconta di quel periodo. La mamma all'inizio era un po' preoccupata perché non era abituata a lasciarmi per così tante ore di seguito, anche se le educatrici erano state molto brave ad accompagnarla nella fase della separazione da me. Nei mesi successivi, mia madre e mio padre si accorsero che il nido poteva essere un'occasione utile anche per loro. Le educatrici, infatti, organizzavano alcuni momenti di aggregazione con le mamme e i papà, incontri in cui loro potevano conoscere altri genitori e fare amicizia. Credo che in quel periodo sia nata in loro una consapevolezza educativa più forte nei miei confronti. Mia mamma aveva cominciato pure a leggere dei libri che le educatrici ogni tanto le consigliavano e qualche volta tornava a casa più tardi perché frequentava qualche incontro sulla relazione genitore-figli. Molto tempo dopo ho trovato un quaderno di appunti che aveva cominciato a tenere, dove credo segnasse le cose per lei più importanti:

"... per il bambino cominciare ad essere significa essere-insieme-ad-un'altra-persona che gli offre il suo sostegno; il sostegno fornito dalla madre è necessario perché il bambino arrivi a provare un senso di identità[2]. Il sentirsi oggetto di cura consente al bambino di percepirsi reale[3]."

Mi sono fatta sempre tante domande rispetto a questo quaderno di appunti. Non riuscivo a capire infatti perché lei dovesse sottolineare con tante frasi una cosa per me tanto evidente: che io avevo bisogno di loro per crescere, trovare fiducia in me stessa e il coraggio di affrontare la vita. Mi sembrava di averglielo sempre fatto capire in maniera esplicita: non entravo mai in camera mia al buio o in posti che mi facevano paura, se non quando stringevo la mano della mamma. Più evidente di così!

La relazione con i miei genitori era proprio bella! Certo se ci fosse stato qualcuno come me, non mi sarebbe dispiaciuto. Mia mamma mi racconta sempre che quando vedevo le altre famiglie all'ingresso del nido, la guardavo intensamente e le chiedevo un fratellino o una sorellina. A questa domanda cercava di dare risposte, ma non faceva altro che descrivermi la situazione delle famiglie italiane, fatta di problemi e preoccupazioni.»

L'incidenza della povertà delle famiglie cresce all'aumentare dei figli piccoli, tanto che nell'ultimo decennio una quota variabile tra il 26% e il 27% delle famiglie con tre figli è nell'area dei poveri, lo è il 17% circa di quelle con due figli e circa il 12% di quelle con un solo figlio. In assenza di politiche adeguate di sostegno alle famiglie, avere figli può essere quindi un fattore di esclusione so-ciale[4].

Il tema prendeva rapidamente corpo a mano a mano che Italia ricomponeva i suoi ricordi attraverso i racconti della madre.

«Durante gli ultimi mesi di asilo le educatrici avevano cominciato a parlare di scuola materna» – riprese a scrivere – «e due volte avevamo preso un autobus giallo per andare a trovare i bambini più grandi. Quello me lo ricordavo bene, come pure il fatto che avevano un grembiulino rosa e bianco che a me era piaciuto molto. Tutti dicevano che stavo per andare alla scuola "dei grandi" e che avrei dovuto lasciare il ciuccio e imparare ad usare il vasino. Fu così infatti che durante l'estate, in vacanza a Marsala con i miei genitori, diventai "grande". A settembre la mamma mi ricordò che non sarei più andata al nido, ma che mi aspettavano la maestra Giulia e Debora alla scuola dell'infanzia, anche se io non capivo perché dovevo andare in un altro posto, con altri bambini: anche i miei amici erano diventati grandi ed io volevo rimanere con loro.

La mamma mi racconta che ero molto emozionata e un po' spaventata. Nonostante il nido fosse stata una bella esperienza, ricordo vagamente di essermi aggrappata alla sua mano quando entrai per la prima volta in quel nuovo edificio. Pensavo che non ci sarebbe stato niente che mi avrebbe convinto a mollare la presa! Per fortuna i colori, i giochi e il desiderio di incontrare gli altri bambini che intravedevo nelle classi mi aiutarono a superare quel momento difficile. Pochi giorni dopo il mio atteggiamento era totalmente cambiato: i libri pieni di disegni, le stoviglie a portata di mano, la dolcezza delle educatrici stimolarono la mia curiosità. Quella scuola cominciava a piacermi.

Alcuni passaggi nella relazione con gli amici sono stati difficili: in fondo mi accorgevo anch'io di crescere in un mondo dominato dalle persone adulte e quindi anche per me era più facile stare in relazione con la mamma o il papà e i nonni, piuttosto che con altri bambini. Inoltre tanti amici della mamma e del papà non avevano figli.»

Negli ultimi decenni nel nostro Paese c'è stata una veloce differenziazione delle forme familiari, caratterizzate sempre meno rispetto al passato dalla presenza di figli piccoli. Ormai i nuclei senza bambini a carico superano in numero quelli con bambini, rappresentando i primi il 37% delle famiglie e i secondi un più ridotto 33%[5]. E la media di bambino a famiglia è di 1,29[6].

Il nostro non sembra più un paese per bambini: l'incidenza di minorenni residenti sul totale della popolazione mostra negli anni una costante riduzione, passando a rappresentare dal 18,1% del complesso dei residenti nel 1996, al 17% nel 2009. Per coglierne appieno il senso – con una riduzione in termini assoluti di oltre 70mila unità – equivale praticamente alla scomparsa di un'intera città di medie dimensioni abitata da soli bambini e adolescenti. La riduzione dei contingenti di minorenni si è riscontrata senza soluzione di continuità da Nord a Sud, in ogni regione del Paese, sebbene con intensità diverse[7].

D'altro canto il costante aumento della speranza di vita – il nostro paese è tra le nazioni più longeve al mondo – ha fatto sì che gli equilibri tra generazioni pendano verso le classi di età anziane, con un sostanziale rovesciamento della piramide delle età. La nostra penisola è stato il primo paese in cui il numero di persone con più di 65 anni ha superato il numero di bambini di 0-14 anni. Tra il 1996 e il 2009 l'indice è passato, con un formidabile incremento, da un valore di 115 persone di 65 e più anni ogni 100 bambini di 0-14 anni a un valore di 143[8].

«Pensandoci bene quindi se non ci fosse stata la scuola, la mia socializzazione con altri bambini avrebbe avuto ben poche possibilità. Perché anche gli spazi d'incontro – giardini, parchi, cortili ecc. – si erano ridotti; e ancor di più non erano troppo sicuri per noi piccoli: "Bisogna sempre stare attenti!" mi ripeteva la mamma! Così la possibilità di giocare all'aperto, finalmente fuori da camera mia o dall'appartamento in cui vivevo, è sempre stata vincolata alla presenza di un adulto che mi accompagnasse; ma in quel periodo il lavoro dei grandi non gli lasciava molto tempo libero per accompagnarmi "fuori"; quindi il tempo speso a giocare all'aperto non è stato tantissimo!

Mi restava lo svago della televisione e i tanti cartoni animati che adoravo. Non mancavano però le occasioni nelle quali i miei mi accompagnavano in piscina per frequentare un corso di nuoto».

La televisione è ancora la "baby sitter" più usata: praticamente tutti i bambini e i ragazzi spendono parte del loro tempo libero davanti allo schermo (94% del totale)[9]. Di contro l'attività sportiva è un'abitudine quotidiana o quasi per poco meno di un 3-17enne su due, incidenza che mostra una sostanziale stabilità nel tempo. Contemporaneamente, però, emerge la presenza di un numero tutt'altro che irrilevante di bambini e ragazzi di 3-17 anni, pari a poco più di uno su quattro, che non pratica né sport né alcuna attività fisica e che dunque si espone a maggiori rischi per la salute presente e futura[10].

«I tempi per portarmi in piscina erano davvero stretti, tra l'orario di lavoro della mamma e la cena. Io ero contenta di imparare a nuotare… mi serviva per l'estate quando andavo a Marsala dai nonni materni. Spesso ci passavo un mese intero, i primi tempi per prendere confidenza con le calde, salate e placide acque dello Stagnone e nell'età dell'adolescenza per affrontare le fredde correnti del litorale a sud di Capo Lilibeo.

La scuola dell'infanzia finì troppo in fretta e arrivarono subito le elementari e l'inizio del "percorso di formazione", come lo chiamava la nuova maestra Tonina. Qua ho scoperto che non bastava giocare, ma iniziavano le prime responsabilità».

Italia posò la penna sul banco. La mano era indolenzita dallo sforzo di una scrittura intensa e a tratti nervosa.

Alla fine rileggeva con soddisfazione quel tema che la indusse a ripercorrere quel bel periodo della sua infanzia. Si rese conto emozionata che stava per consegnare il suo ultimo compito. L'attendeva la prova degli esami delle medie. Il pensiero volava già trepidante al momento in cui avrebbe varcato la soglia del liceo che aveva scelto con scrupolo.

Proposte
- Promuovere la diffusione dei servizi alla prima infanzia a gestione pubblica e/o del privato sociale come sostegno alla famiglia e proposta educativa per bambine e bambini, abbattendo i costi di frequenza con l'intervento di risorse pubbliche graduate per fasce di reddito.
- Valorizzare la capacità di scelta della famiglia nell'identificare le risposte ai bisogni educativi dei bambini attraverso forme di sostegno ai costi (voucher) per la frequenza ad una pluralità di servizi accreditati dall'ente pubblico che se ne fa garante.
- Ampliare le tipologie di servizi, con orari flessibili in entrata ed uscita, rispettando la qualità educativa del servizio, ma corrispondendo appieno alle attese delle famiglie.
- Favorire il protagonismo del privato sociale nella risposta ai bisogni come valore primario per la crescita di una società civile attiva e consapevole, secondo i principi della sussidiarietà.

- Costruire strumenti capaci di valutare i servizi e di renderne trasparente la qualità alle famiglie, in concorso con Università e Centri di Ricerca.
- Integrazione tra diverse forme gestionali di origine pubblica o privata per valorizzare e trasferire le *best practices* in un'ottica di maggior sostenibilità economica ed innalzamento della qualità.
- Realizzare nuovi servizi in aree dove è più forte la densità abitativa di giovani famiglie, riconvertendo spazi per l'infanzia nei centri storici ormai poco utilizzati.
- Aumentare l'offerta di servizi per la prima infanzia principalmente al Sud Italia.
- Riconvertire, con il sostegno del privato sociale, spazi inutilizzati (pubblici o beni confiscati) per la realizzazione di nuovi servizi.
- Favorire l'integrazione dei servizi alla prima infanzia con altri servizi alla persona, come sostegno alla famiglia ed alla rete parentale del bambino, rafforzando i legami con il territorio e la comunità.

Note

[1] *Monitoraggio del piano dei servizi socio-educativi per la prima infanzia*, dicembre 2009, Istituto degli Innocenti, Firenze, p. 13.
[2] Mortari, *La pratica dell'aver cura*, Bruno Mondadori, Milano, 2006, p. 62.
[3] D. Winnicott, *I bambini e le loro madri*, Cortina, Milano, 1987, p. 5.
[4] V. Belotti e E. Moretto, *L'ITALIA "MINORE". Mappe di indicatori sulla condizione e le disuguaglianze nel benessere dei bambini e dei ragazzi*, Quaderni del centro nazionale di documentazione e analisi per l'infanzia e l'adolescenza, Questioni e documenti 51, Istituto degli Innocenti, Firenze, 2011, pp. XI-XII.
[5] Belotti, 2011, ivi p. 81.
[6] Tasso di natalità rilevato dall'ISTAT nel 2010.
[7] Belotti, 2011, ivi, p. 25.
[8] Belotti, 2011, ivi, p. 26.
[9] Belotti, 2011, ivi, p. 42.
[10] Belotti, 2011, ivi, p. 54.

3

Disagio giovanile

Marco Bani

Varcando il cancello arrugginito del Liceo Classico Statale "Giulio Cesare" Italia provava entusiasmo e un filo d'angoscia. Era emozionata di poter entrare in uno dei tempi sacri dell'istruzione romana, il più grande liceo classico italiano. Si fermò un secondo ad osservare quel luogo che le sarebbe diventato così familiare nel giro di poche settimane. Rimase colpita dalla scritta in stampatello che campeggiava all'entrata, formata da lettere squadrate e senza grazia, in puro stile razionalista, retaggio di quando la struttura venne costruita in pieno periodo fascista. Italia sapeva che presto avrebbe imparato ad amare quell'edificio grigio, sporco e tappezzato di manifesti di ogni tipo. Avrebbe apprezzato tutti i graffiti che imbrattavano la scuola, desiderando di non vederli mai cancellati. Segretamente avrebbe voluto essere l'oggetto di qualche scritta frettolosa, vergata sui muri con un colore acceso, nel nuovo italiano, quello degli sms. Qualcosa del tipo: Ita 6 trp imp x me!

Camminava a passi lenti Italia, desiderosa di ambientarsi in quel nuovo edificio, circondata da facce sconosciute. Aveva difficoltà a trovare la sua nuova classe. Per fortuna una bidella dalla pelle rugosa, segno di un'età avanzata, venne in suo soccorso, indicandole la strada giusta.

I piedi scivolarono veloci sul pavimento di cotto, fino a quando riuscì a leggere su un foglio di carta appeso con una puntina rossa l'informazione che cercava: "IV A". Si soffermò un secondo, abbozzando un sorriso. Non riusciva a capire perché al Liceo Classico si iniziasse dalla quarta ginnasio e non dalla prima, come tutte le altre scuole.

Entrando in classe sentì aumentare il rossore sulle guance, accorgendosi di avere tutti gli occhi puntati addosso. Non conosceva nessuno e si fiondò di corsa in uno dei banchi liberi in terza fila. Non voleva apparire secchiona sedendosi di fronte al professore. Un'altra ragazza entrò, terminando il momento di celebrità per Italia. Tutti avevano gli occhi sull'attraente bionda che faceva il suo ingresso trionfale nella nuova classe con un sorriso spavaldo, senza un filo di vergogna, ma anzi compiacendosi del suo narcisismo. La bella ragazza, che dimostrava decisamente un'età maggiore rispetto alle altre, si sedette accanto a Italia, che subito si sentì onorata di avere a fianco l'oggetto del desiderio della classe.

«Ciao, sono Giulia» esordì banalmente la nuova compagna di banco.

Italia rispose con voce fioca scandendo il proprio nome e si stupì della reazione di meraviglia di Giulia, che, allargando gli occhi, si complimentò per quel nome così inusuale.

Compiaciuta della nuova amicizia, Italia si sentì più distesa e cominciò a scrutare la sua nuova aula. L'intonaco bianco si interrompeva a metà, per lasciare posto a un verde spento e pieno di buchi. Scritte a penna di età e provenienza sconosciuta coloravano i muri e i banchi, versioni ridotte e in scala dei graffiti esterni. Una cartina sbiadita dell'Europa, con ancora la Cecoslovacchia unita, si trovava alla sinistra di un crocifisso, che sembrava messo lì come se fosse il custode e il guardiano del Vecchio Continente. Il bianco del soffitto era sparito tra le gradazioni color verdognolo per la muffa e i buchi che mostravano il rosso del mattone. In tutta l'aula permeava un senso di precarietà e fragilità.

D'altra parte non è che le altre scuole pubbliche fossero in condizioni migliori.

Su oltre 42.000 edifici scolastici nessuno sa quanti sono a rischio. Nel 1996 una legge promossa dal Ministero della Pubblica Istruzione avrebbe dovuto realizzare un'anagrafe con cui accertare consistenza, funzionalità e sicurezza di tutto il patrimonio di edilizia scolastica, ma purtroppo dopo 15 anni dell'anagrafe ancora non c'è traccia.

Il Quaderno bianco sulla scuola messo a punto nel 2007[1] rivela che, secondo alcune stime ministeriali, all'inizio del passato decennio circa il 57% delle scuole italiane non possedeva un certificato di agibilità statica né igienico sanitaria, e oltre il 73% era privo di certificato di prevenzione degli incendi.

Secondo altri numeri riservati raccolti dal ministero l'elenco delle scuole peggiori viene stilato dalle singole regioni nel 2010 e comprende il 30 per cento dei plessi: oltre 12mila edifici. Al Sud si concentrano le situazioni peggiori, mentre al Nord le cose vanno un po' meglio. In alcune regioni le condizioni di degrado degli edifici scolastici sono davvero preoccupanti. È il caso della Calabria, con il 54 per cento di edifici a rischio, e del Lazio, col 42 per cento di edifici in pericolo. Al Nord la regione con più problemi è il Veneto, con 36 edifici scolastici su cento malmessi. Solo il 54,12% è in possesso del certificato di agibilità, mentre una scuola su quattro non ha impianti elettrici a norma, una su due non dispone di scale di sicurezza e circa un terzo degli edifici non è in possesso del certificato di agibilità igienico-sanitaria.

"Edifici a rischio", tranquillamente frequentati ogni giorno da quasi dieci milioni tra alunni, docenti e personale scolastico.

Nonostante le evidenti carenze strutturali, a Italia piaceva la nuova scuola. Settimana dopo settimana cominciava a provare simpatia per gli spazi del Liceo, soprattutto per quella grande statua bronzea di Giulio Cesare che imperava nel cortile. In particolare ammirava i suoi compagni più grandi, che le sembravano così adulti e maturi, facendola sentire ancora una bambina. Desiderava di crescere in fretta, per unirsi a loro, per entrare anche lei nell'emancipato mondo dei "grandi" e liberarsi finalmente dall'oppressione di suo padre, che la teneva prigioniera nelle quattro mura domestiche. La chiave per volare oltre l'età e il soffocamento paterno era Giulia. Quella ragazza sembrava dimostrare caratterialmente e fisicamente molti anni più di lei, custode di un mondo per lei proibito e quindi affascinante. Segretamente la spiava su Facebook, sorridendo a ogni suo nuovo aggiornamento di stato e invidiandola a morte ogni volta che appariva una nuova foto di lei ad una festa, dove si divertiva in compagnia di ragazzi decisamente più grandi.

Passarono molte settimane prima che Italia riuscisse a parlare in maniera disinvolta a Giulia, nonostante fossero compagne di banco. Mentre acquistava sicurezza sperava ardentemente di venire coinvolta in una di quelle storie che la bionda ragazza raccontava ogni lunedì, un rito profano che molte ragazze aspettavano religiosamente. Storie di auto veloci, uscite fino all'alba ed emozioni forti, che possono sembrare banali per un maggiorenne, ma che rappresentano un mondo inesplorato per una matricola. Non era stupida Giulia, assolutamente. Capiva di essere l'oggetto delle attenzioni delle sue compagne e ci giocava sopra.

Manteneva volutamente un certo distacco, per aumentare il suo carisma e sentirsi in qualche modo superiore alle altre. Ma dopo qualche mese si accorse che il suo atteggiamento un po' altezzoso stava dando fastidio a Italia e decise di riconquistarla, di riappropriarsi di lei, invitandola a uscire con il suo gruppo.

«Sabato sera riusciamo a entrare gratis al Babel. Che ne dici di venire anche tu?» esordì Giulia un mercoledì mattina, mentre attendevano la professoressa di latino che avrebbe finalmente riportato i compiti sulla coniugazione dei verbi.

Italia si soffermò un secondo, stupita di quell'invito a entrare in quel mondo, per poi prorompere in un "sì" quasi urlato.

Ora restava il problema più grosso, convincere il padre. Escogitò la più banale delle scuse, un invito a dormire fuori da parte di una compagna di classe. Le scuse più semplici sono spesso le più efficaci. Ringraziò la poca socialità del padre che non voleva mai curarsi dei genitori delle sue amiche, evitando così la conoscenza della madre di Giulia, moglie depressa di un noto politico della città, che poco si curava della figlia e delle sue frequentazioni.

La serata iniziò quando Giulia ricevette un sms da Marco, il ragazzo che frequentava al momento. Le stava aspettando con la sua Mini Cooper nera, ascoltando la stazione radiofonica m2o, che trasmetteva prevalentemente musica house. Insieme a lui c'era Luca, un ragazzo dalla faccia angelica che non dimostrava assolutamente i suoi diciannove anni. Entrambi erano comunque ignari dell'età delle ragazze. Giulia aveva mentito, dandosi due anni in più dei suoi quindici. L'aspetto e il fisico maturo davano solidità e concretezza alla bugia.

La prima fermata era l'aperitivo al Fico, noto bar vicino a Piazza Navona, dove Italia diede finalmente un volto ai nomi dei racconti di Giulia. Non ebbe difficoltà a integrarsi, data la sua innata socialità e la bella presenza, che non guasta mai per attirare l'attenzione. Un primo bicchiere di vino bianco, un profumato Müller-Thurgau, le venne offerto da Luca. Non aveva mai bevuto tanto, ma era così felice di sentirsi apprezzata e corteggiata, finalmente libera, che non se la sentì di rifiutare. Nemmeno quando altri ragazzi le offrirono il secondo e il terzo giro. Da quanto si trovava bene si scordò perfino di mangiare, troppo impegnata a godersi quei preziosi momenti di indipendenza.

Nessuno riuscì a notare la sua poca familiarità con il bere.

Ormai è data per scontata la normalità con cui i giovani assumono alcool. L'età media in cui i ragazzi in Italia iniziano a consumare per la prima volta delle bevande alcoliche è 13 anni. Quasi un quinto dei giovani tra gli 11 e i 15 anni ha consumato bevande ad alto tasso alcolico e questa percentuale è tra le più alte in Europa, dove il primo bicchiere è fissato intorno ai 14-15 anni[2].

Ma l'aspetto più socialmente pericoloso è il binge-drinking *ovvero l'abbuffata di alcool volontaria, soprattutto nei weekend, per arrivare il più velocemente possibile all'ubriacatura. Complici i superalcolici bevuti in un sorso solo, metodo chiamato "alla goccia", come rum e pera, sambuca, grappa, limoncello e molti altri. Due, tre, quattro di fila, ogni giro offerto dall'amico di turno.*

Secondo una ricerca dell'Istituto Mario Negri di Milano[3], l'alcool è la terza causa di morte in Italia con 30.000 decessi ogni anno e in Europa è la prima causa di decesso dei giovani sotto i 30 anni.

La serata scorreva velocemente, era arrivato il momento di andare al Babel.

Lievemente euforica, Italia sapeva di non essere molto lucida, ma mentre entrava in macchina tornò seria per dire a Marco:

«Ma come fai a guidare... non hai bevuto?». «Non ti preoccupare, conosco i miei limiti e poi per strada non c'è mai nessuno che ti controlla» rispose Marco con un tono di superbia.

«Non ti preoccupare, dai» la rassicurò Giulia, entrando in macchina.

Prima di partire Luca mise un cd preso dal cruscotto, alzando il volume fino al massimo, fino a far gracchiare le casse. La musica che usciva era assordante, fatta di suoni elettronici e martellanti. Giulia provò a parlare, ma per Italia muoveva solo le labbra, come un pesce. Infastidita, ma rassegnata, si abbandonò alla musica, cullandosi nel torpore mentale causato dall'alcool.

Marco forse non sapeva che un incidente su tre è dovuto ad abuso di alcool[4].

Si fermarono nei pressi del parcheggio del Babel, ma Marco e Luca non avevano nessuna intenzione di uscire dalla macchina. Accesero la luce interna, presero la custodia di un cd e tirarono fuori un sacchettino di nylon con dentro polvere bianca e una banconota da 50 euro. Italia non era scema, era impossibile non capire che si trattava di cocaina.

I due ragazzi, continuando a parlare tra loro, senza curarsi delle due ragazze, aprirono il sacchetto lasciando cadere tutto il contenuto sopra la custodia del cd e iniziarono a triturare ancora più finemente la polvere bianca con una carta Postepay, per sciogliere i grumi. Soddisfatti del risultato finale prepararono quattro strisce uguali, raschiando a fondo con la tessera per non perdere nemmeno una piccola quantità. Ad operazione finita, Luca, dopo una bella leccata sul fondo della carta Postepay, la ripose nel portafoglio. Il rito era finito, tutto era pronto per il consumo. Non riuscendo a nascondere la propria impazienza, Marco arrotolò la banconota da 50 euro e si sparò una striscia direttamente nella narice. Lasciandosi andare a un sospiro di sollievo passò la custodia e la banconota-cannula a Luca che non esitò a "ripulire" un'altra pista.

«Le 80 euro spese meglio della settimana», disse Luca tirando nervosamente su con il naso e girandosi indietro verso Giulia per passargli le ultime due strisce. Italia cominciò ad agitarsi. Un conto era bere qualche bicchiere di troppo, ma la droga… la droga no… nessuno le aveva parlato di questo. Era troppo per lei. Cominciò a batterle forte il cuore, ma quando Giulia rispose con secco "no, grazie" capì che ancora una volta la risposta più semplice è spesso quella giusta.

Rifiutò cortesemente anche lei e solo in quel momento capì cosa volesse dire essere liberi davvero, non subendo la pressione degli altri. I due ragazzi, ancora un po' disorientati dalla risposta negativa, si rinfrancarono aspirando le strisce rimaste, contenti di non dividere la loro ambrosia speciale, ma sorpresi dalla fermezza di quelle due ragazzine, da loro considerate ingenue e malleabili.

Quanti in Italia si fanno, sia pure non tutti i giorni, una striscia di coca? Provate a rispondere: uno su diecimila, uno su mille? Sbagliato, per difetto, tanto difetto. Sono uno su cinquanta. Uno su cinquanta fa un milione. Un milione calcolato niente meno che dal Consiglio Nazionale delle Ricerche[5]. E quel che ancora più impressiona è la progressione: nel 2001 erano 400mila, in otto anni sono più che raddoppiati.

A farsi di coca sono soprattutto i giovani tra i 15 e i 35 anni, ma l'incremento maggiore è nella fascia di età tra i 35 e i 44 anni. La cocaina è la migliore livellatrice sociale del nuovo millennio: la assumono disoccupati, artigiani, commercianti, operai, imprenditori, manager, studenti, impiegati. Spendono in media per la cocaina cento euro al mese, a volte dilapidano lo stipendio. I ricoveri in ospedale per uso di cocaina sono aumentati nel 2009 del 4,2% rispetto al 2008.
E se all'inizio "si prova" la cocaina per ottenere risultati più performanti sul lavoro, successivamente il percorso si inverte e si aumentano le ore di lavoro per potersi procurare più soldi per la cocaina.

Italia e Giulia quella sera tornarono a casa con la testa indolenzita, il trucco fuori posto e un'andatura traballante. Ma quando entrarono in casa nessuno si accorse che avevano bevuto troppo. Velocemente si prepararono per andare a letto. Anche sdraiata, Italia non riusciva a metabolizzare le mille emozioni provate in quella serata, assalita dal senso di nausea. La stanza girava vorticosamente sopra la sua testa. Si addormentò rannicchiata su un lato, cercando di ricacciare dentro la sensazione di vomitare che pervadeva il suo fragile corpo.

Nel risvegliarsi la mattina dopo assaporò tra le labbra un nuovo sapore di amaro che le fece storcere la bocca. La nausea era attenuata ma non sparita e nel provare ad alzarsi sentì la testa scoppiarle, come se fosse bucata da centinaia di spilli. Anche Giulia si svegliò e, consapevole dello stato di Italia, le offrì un succo di arancia. «Bevi!», la esortò dolcemente con un sorriso. «Lo zucchero aiuta a far passare il post-sbornia».

Ci mise un giorno intero prima di riprendere il suo colore naturale e una piena autonomia del corpo, giusto in tempo per il ritorno a casa, pronta a prepararsi alle mille domande del padre, che arrivarono puntualmente all'ora di cena.

Anche se aveva vissuto un weekend "da grandi", Italia non si sentiva cambiata.

I racconti di Giulia del lunedì mattina a scuola la vedevano per una volta complice e co-protagonista. Sicuramente le sue compagne l'avrebbero vista sotto una luce diversa, attraverso gli stessi occhi con i quali lei, solamente pochi giorni prima, aveva ammirato la sua compagna di banco dalla parola facile.

Ma lei non si sentiva più matura, più indipendente, più emancipata. Anzi, era addirittura spaventata da comportamenti e da episodi ancora fuori dalla sua comprensione. Forse doveva aspettare qualche anno di più, forse non era ancora arrivato il momento di fare il salto nel mondo degli adulti, o come pensavano di esserlo quelli che aveva frequentato in quel fine settimana. Non si sentiva ancora pronta.

Successivamente furono davvero poche le uscite con Giulia, anche per evitare le ire del padre, che aveva cominciato a sospettare di quell'amica troppo effervescente e libera.

Come poteva dimenticarsi dello schiaffo dopo il suo ritorno a casa a un'ora troppo tarda, in evidente stato confusionale, vittima di un aperitivo troppo alcolico? Non riusciva a capire lui che se voleva essere accettata doveva rassegnarsi alle abitudini del gruppo, anche se a lei non piaceva bere e fare tardi.

Per fortuna non tutte le sue amiche vivevano a cento all'ora come Giulia.

Passarono i mesi e gli anni. Italia cresceva e con lei anche il numero dei legami che riusciva a stringere con le compagne del liceo. Apprezzò la compagnia di Anna, che aveva conosciuto a un corso di recitazione, e di Angela, con la quale condivideva la passione per la pallavolo.

Ma fu la compagna di classe Ginevra a farle provare emozioni molto forti.

Ginevra aveva corti capelli biondi, un fisico esile e un neo sulla guancia destra che si muoveva armoniosamente quando sfoggiava uno dei suoi sorrisi disarmanti. Portava sempre occhiali da sole con lenti chiare, molto spesso anche quando non era all'esterno. Era decisamente eccentrica, con uno stile molto personale, particolarmente intrigante.

Non le interessavano i vestiti di marca, anche se Italia trovava il suo guardaroba di buon gusto e interessante.

Di Ginevra l'affascinava la sua curiosità e intelligenza. Non di rado la trovava fuori in cortile a leggere un libro, uno di quei classici che non devono mancare nella formazione di ogni giovane. Italia si ricordava quando ad esempio trovò l'amica fantasticare sull'America leggendo *On the Road* di Kerouac o, quando era immersa nelle avventure della famiglia Buendìa, scritte magistralmente da Gabriel Garcia Marquez nel suo *Cento anni di solitudine*.

Aveva uno sguardo furbo e l'adorava quando arricciava il naso di fronte alle esternazioni ignoranti di una compagna di classe. I suoi occhi verde mare non erano malinconici come quelli di Giulia, ma sorridevano sempre. Insieme a lei Italia poteva discutere dell'ultimo libro, dell'ultima notizia letta su Internet, dell'ultimo scandalo politico, trovandola sempre preparata e competente.

Ginevra era anche rappresentante degli studenti, un modo per sentirsi attiva e importante. C'era anche lei quando i ragazzi più grandi decisero di occupare la scuola, a seguito dell'ennesimo taglio all'istruzione effettuato dal Governo. Era ottobre, ma si percepiva ancora un innaturale caldo estivo.

Alcuni ragazzi del Liceo, accecati dal desiderio di emulare i loro coetanei del passato, arrivarono per la prima volta a scuola molto presto, facendo un cordone all'entrata e non facendo passare né personale amministrativo, né insegnanti, ma solo gli studenti che aderivano alla protesta.

Italia non si domandò se era la forma giusta di esprimere dissenso, ma vedendo Ginevra in prima fila entrò dentro, seguendola in ogni suo passo.

Erano in pochi nella classe al pian terreno, divenuta sala operativa per l'organizzazione della protesta. La scuola era loro, ma non sapevano che farne.

Italia scelse di entrare nel gruppo comunicazione, che si doveva adoperare per fare striscioni e volantini. Forse avrebbe imparato qualcosa su quella nuova riforma annunciata da settimane. Tutti dicevano che sarebbe stata la fine della scuola pubblica e anche lei se ne era convinta, non conoscendo però quasi niente del contenuto della proposta del Governo. Ma il solo fatto che Ginevra e gli altri compagni protestassero con tanta veemenza e sicurezza l'avevano convinta della bontà dell'occupazione scolastica contro quell'ignobile riforma, colpevole di essere discussa in autunno, tempo di sollevazioni studentesche.

Circondata dagli altri ragazzi si chiedeva quanti di loro erano davvero mossi dalla causa di sconfiggere il "sistema", l'oscuro e invisibile nemico, e quanti invece vedevano in quell'inaspettata occupazione una scorciatoia per evitare noiose ore di lezione.

Mentre preparava il primo striscione, un banale "Giù le mani dal nostro futuro", Ginevra si disinteressò degli altri e con disinvoltura, sentendosi padrona del luogo, iniziò a tirare fuori un pacchetto di Camel Light. Era tempo di una sigaretta, un vizio che non abbandonava la ragazza, nonostante i copiosi tentativi di smettere. D'altra parte una "di sinistra" come lei non poteva che essere fumatrice. Dai fumatori si può imparare la tolleranza. Mai un fumatore si è lamentato di un non fumatore.

Accanto a lei altri ragazzi avevano intenzioni diverse: una cartina lunga, un filtro ricavato da un biglietto ferroviario, una sigaretta spezzata e l'inconfondibile odore pungente di erba che lentamente cominciava a pervadere la stanza.

Le mani del ragazzo erano esperte, avevano imparato automaticamente quei gesti fatti centinaia di volte, la cartina che scorre tra indice e pollice, cercando di spargere tabacco e erba in maniera uniforme. Sembrava un prestigiatore quando muoveva velocemente le dita per cercare di chiuderla. Ma non spariva niente, anzi era molto attento a non disperdere il prezioso contenuto. Con un sorriso quasi grottesco, leccò tutta la cartina per far aderire con la saliva le due estremità. Era compiaciuto del risultato e non perse tempo ad accenderla, aspirando con intense boccate. Oltre all'odore, si poteva sentire il crepitio dell'erba bruciata proveniente dall'interno di quella sigaretta "truccata", lo stesso rumore di quando vengono arsi dei legnetti.

Ne aveva viste di canne Italia negli anni che stava passando al Liceo. In realtà le aveva anche fumate. Si ricordava ancora la prima volta, pochi mesi prima, ad una festa, quando decise che era arrivato il momento di dimostrare la sua emancipazione. Lo spinello: rito d'iniziazione all'età matura del XXI secolo. Non le sembrò di fare qualcosa di particolarmente proibito, dato che le canne erano diventate elemento fondamentale e obbligatorio per ogni festa adolescenziale. Non era un vero party se non girava qualche canna.

Italia non fumava nemmeno le sigarette e ricordò di aver tossito a lungo dopo la prima boccata, incapace di compiere quel gesto naturale, comune a ogni fumatore. Nonostante l'imbarazzo continuò a tenere la canna in mano, desiderosa di riprovare il prima possibile.

Avvicinò la canna alla bocca, cercando di ricordare quella scena vista molte altre volte compiuta da altre persone. Appoggiò le labbra sul filtro, bagnato dalla saliva degli altri che avevano fumato prima. Tirò una boccata meno forte della precedente, che le permise di sentire il fumo che inondava la gola, ma che non le evitò un altro colpo di tosse. Andò meglio nelle boccate successive, ricevendo i complimenti dei compagni intorno a lei.

Ormai aveva superato il punto di non ritorno. La prima canna. Le sue amiche l'avrebbero guardata sotto una luce diversa: non avrebbe fatto la fine di Michele, il suo compagno di classe, dai modi e dai movimenti vagamente femminili. Sempre solo e depresso, Michele era oggetto della crudeltà dei compagni di scuola, che non gli lesinavano offese e ingiurie: "Frocio", "Ricchione", "Gay", quando andava bene. Ma nella dura legge della scuola non esistono solo i bulli e le loro vittime.

Italia ad esempio non rientrava in nessuna delle due categorie. Ma aveva una paura inconfessabile di finire come Michele, emarginata e derisa dagli altri. Per questo a volte aveva riso degli atti di bullismo contro il compagno effeminato, nonostante li trovasse ripugnanti. Non c'è spazio per l'empatia in una classe. Non quando vivi nell'angoscia di ritrovarti solo. Non quando a scuola non c'è nessuno che si prende cura di te, con gli insegnanti che ti bollano con un numero, una valutazione, non curandosi di tutto il resto, di quel mondo parallelo che si crea tra i coetanei.

Ma lei aveva fumato una canna. Questo la elevava ad un rango superiore. Sorrise, mentre cominciavano ad apparire i primi blandi effetti.

Credeva che sarebbe entrata in un mondo mistico, fatto di colori e viaggi paranormali. Rimase un po' delusa quando scoprì di essere abbastanza lucida e consapevole della realtà attorno a lei. Sentiva però una serenità innaturale, un rilassamento indotto che la costringeva a muoversi con mosse lente e compassate. Si concentrava sui dettagli: il movimento di un dito, il neo sulla faccia di un'amica, lo scorrere delle lancette sull'orologio a muro. Ogni battuta, anche la più squallida, faceva partire una facile risata. Le sembrava di avere i sensi molto più sviluppati: il tavolo era più liscio del solito, la musica era più melodiosa e la torta, un banale millefoglie, riacquistava sapore e dolcezza. Gli effetti passarono nel giro di un paio d'ore, lasciandole la testa un po' intorpidita da quella nuova esperienza.

Quella fu una delle poche volte che fumò una canna. Non le piaceva molto, visto che preferiva avere pieno controllo del suo corpo.

Infatti quella mattina, mentre scriveva lo striscione insieme a Ginevra, rifiutò lo spinello preparato da quei ragazzi e si domandò se provassero davvero piacere a perdere la loro lucidità mentale fin dalle prime ore del mattino, compromettendo inevitabilmente la capacità di studiare, di fare sport, di ricordare le emozioni provate in quel giorno.

Purtroppo non sono i soli.

Secondo la relazione 2010 dell'Osservatorio europeo delle droghe e delle tossicodipendenze[6], l'Italia risulta la maggior consumatrice di droghe leggere nell'Unione Europea, a pari merito con la Spagna.
Malgrado sull'uso personale di marijuana e hashish siano state applicate norme più severe, grazie alla legge Fini-Giovanardi del 2006, il consumo nella penisola non accenna a diminuire, ma anzi sembra subire un costante incremento. A farne uso è l'11,2% della popolazione di età compresa tra i 15 e i 64 anni.

Italia tornò a casa contenta di aver passato in maniera diversa quella mattina: pennarelli e matite invece di libri e quaderni. Ma appena varcata la soglia, le si parò di fronte il padre, con un'espressione talmente seria da incuterle immediatamente angoscia e inquietudine.

«Dobbiamo parlare» le disse, non guardandola negli occhi. Pensò al solito rimprovero. Purtroppo non era così.

Proposte

- Raddoppiare le pene per i reati di omicidio colposo su strada dovuti all'abuso di alcool e droghe.
- Contributi e/o garanzie per affittare o acquistare un'abitazione a chi ha un lavoro a tempo determinato.
- Garantire sempre il diritto allo studio e alla propria formazione, professionale e civile.
- Accesso agevolato al credito e microcredito sul modello del progetto Giovani Sì della Regione Toscana.
- Abbassare a 18 anni l'età minima per votare al Senato.
- Modulare le aliquote delle imposte sul reddito in funzione dell'età, abbassando le tasse per i più giovani.
- Allentamento del patto di stabilità interno per gli enti locali che vogliono investire per la messa in sicurezza delle scuole.
- Prevedere una nuova legge anti-droga che punisca severamente lo spaccio, rivedendo le pene per i consumatori.
- Riclassificare diversamente dal punto di vista giuridico le droghe cosiddette "leggere", differenziandole dalle altre.
- Lotta efficace contro il bullismo, aprendo sportelli di ascolto in tutte le scuole, rivolti a quei ragazzi che hanno maggiori difficoltà ad integrarsi nella realtà scolastica quotidiana.

Note

1 http://www.dps.tesoro.it/documentazione/docs/2007/sintesi_qb_
   scuola_slides.pdf
2 Rapporto 2010 dell'Osservatorio Nazionale Alcol – CNESP.
3 Fondazione *no profit* per la ricerca, la formazione e l'informazione
   sulle scienze biomediche; http://www.marionegri.it/mn/it/index.
   html (ricerca pubblicata nel settembre 2009).
4 Istituto Superiore di Sanità, 2010.
5 Sabrina Molinaro, Stefano Salvadori, Fabio Mariani, *Epidemiologia
   dell'uso e del consumo problematico di cocaina in Italia*, Sezione di
   Epidemiologia e ricerca sui servizi sanitari, Istituto di Fisiologia
   clinica – C.N.R., settembre 2009 (http://www.dronet.org/pdf/
   1.4%20Cocaina.pdf).
6 http://www.emcdda.europa.eu/.

4

Salute

Walter Mazzucco

Il cielo cominciava ad imbrunire, interpolando con tutte le sfumature di blu il celeste striato di rosso dell'orizzonte. Italia si affacciò in cerca di un soffio di brezza che le desse conforto e ristoro dal calore rilasciato dalle pareti della sua dimora. Soffermò il suo sguardo sull'imponenza dell'Urbe, mentre gli ultimi scampoli di luce si ritraevano dai tetti dei palazzi e dalle sommità dei monumenti. L'aria era carica di umidità, densa a causa dello smog, ma la magia del calar del tramonto sulla Capitale prevaleva sul resto. Le luci della sera a poco a poco cominciarono a stagliarsi sulla crescente oscurità: due ali di mezzi, che scorrevano in senso contrario, delimitavano i contorni del Tevere, che si dilatavano in corrispondenza della naturale biforcazione prodotta dall'incontro con l'Isola Tiberina, la più lontana andando parallelamente al decorso del fiume, la più vicina, invece, salendo controcorrente, in direzione Lungotevere Ripa. Era ormai buio quando Italia soffermò la propria attenzione sull'edificio che occupava la quasi interezza dell'isoletta, collegata alla terra ferma da entrambi i lati da un ponte. La mente andò subito agli anni dell'infanzia, a quelle estati spensierate in cui, su quella stessa terrazza, rimaneva rapita dai racconti del padre, professore di storia al liceo classico: «Già all'inizio del III secolo l'isola assunse un carattere di sacralità e di recupero della salute che si sarebbe tramandato nel tempo. Secondo la leggenda i romani, colpiti da pestilenza, si appellarono ad Esculapio, il dio della salute che, arrivando a Roma sotto forma di serpente, si stabilì sull'isola. Ancora oggi rifugio di chi cerca il conforto delle cure del corpo e dello spirito, il Fatebenefratelli negli anni turpi dell'occupazione nazista di Roma sottrasse dal rastrellamento e da morte certa centinaia di anime braccate per la loro origine ebrea». Ogni qualvolta richiamava alla mente la coinvolgente narrazione del padre, Italia non poteva fare a meno di immedesimarsi negli eventi che, seppur decine e decine di anni prima, avevano trovato ambientazione in quei luoghi così vicini: sofferenza e stenti di anni bui, quando pallottole e bombardamenti mietevano molte più vittime rispetto alle malattie infettive e alla carenza di cibo e medicamenti. Fissava l'edificio ma, nonostante il presente offrisse la dimensione di un'era di pace consolidata tra le nazioni europee, non riusciva ad essere felice. Il suo pensiero ancora una volta andò a quella sera, quando improvvisamente il padre le rivelò la terribile notizia: adesso era lui che combatteva una guerra, anche se tutta personale: quella contro il tumore ai polmoni.

Stava per abbandonarsi ad una sorta di stato di *trance*, quando il ronzare di una zanzara la richiamò al presente: quanto tempo era passato da quando questi insetti, oggi tanto innocui quanto fastidiosi, erano portatori della "mala aria"![1]

Ai giorni nostri, nei paesi industrializzati l'aria è malata, non di certo a causa degli insetti vettori di malattie, che invece continuano ad affliggere quei paesi in via di sviluppo nei quali la malaria è tuttora endemica, bensì perché infestata dall'inquinamento ambientale che ammanta le città, ed i cui effetti sulla salute si risentono tan-

to nel breve, quanto nel lungo termine, in particolar mo-
do su bambini ed anziani. Inoltre ritmi incalzanti, stili
di vita errati – quali l'abitudine al fumo, la sedentarietà
e l'eccesso di alimentazione, emblema di un benessere
tanto diffuso quanto poco preservato e rispettato – uni-
tamente all'eccezionale evoluzione delle cure, all'incre-
mento dell'aspettativa di vita alla nascita ed al conse-
guente mutamento demografico in termini di invec-
chiamento della popolazione, hanno totalmente mutato
il quadro epidemiologico delle malattie. L'impatto delle
malattie cardio- e cerebrovascolari, delle associate disa-
bilità, dei tumori, ben lontano dall'essere percepito an-
che dai più attenti studiosi della prima metà del Nove-
cento, oggi è entrato a far parte del substrato culturale co-
mune sia a causa delle enormi ricadute socio-assisten-
ziali, sia grazie ai mezzi di comunicazione di massa ed
al web in particolare.

Il mattino seguente la temperatura esterna era già ai livelli di guardia quando Italia prese il taxi per andare a trovare il padre, ricoverato presso un noto ospedale universitario della città. Da quando le avevano rubato il motorino,
aveva preso l'abitudine di utilizzare i non sempre puntuali
mezzi pubblici, ma quella era la mattina in cui sarebbero
arrivati i responsi clinici decisivi e non voleva perdere
neanche un minuto. Nel mezzo del lento fluire del traffico
veicolare osservava l'ambiente circostante attraverso i vetri
ermeticamente chiusi per non far disperdere la preziosa
aria condizionata, che aveva imparato ad apprezzare da
quando, non più tardi di due giorni prima, l'impianto di
climatizzazione di casa aveva deciso di congedarsi senza
preavviso alcuno. Il taxi era fermo ed i conducenti erano
pronti a scattare in ogni direzione allo spegnersi della luce
rossa del semaforo pedonale, mentre il suo sguardo saliva

fino ad incrociare un elegante palazzetto a pianta trapezoidale, che si stagliava tra gli eleganti e datati edifici circostanti: "Ministero della Salute", riuscì a leggere su un'iscrizione discreta, nonostante l'accecante luce del giorno.

Italia osservò con orgoglio la sede di rappresentanza della Sanità del Belpaese, emblema del secondo Servizio Sanitario Nazionale (SSN) nel mondo in termini di equità di accesso alle cure, e capace di contribuire ad una speranza di vita alla nascita in media pari a 84 anni nelle donne ed a 78,7 anni negli uomini[2]. Ma nonostante ciò – almeno questo era quello che aveva sentito dichiarare da un luminare della medicina nel corso di una trasmissione televisiva sul futuro della sanità – era in corso una crisi di sistema che, al pari degli altri paesi sviluppati, investiva il Sistema Salute Italiano stretto tra la morsa, da un lato, della sfida globale, dell'inarrestabile innovazione tecnologica e scientifica che pone problematiche assistenziali ed etiche prima inimmaginabili, delle sempre più marcate disuguaglianze geografiche, sociali e di genere; e, dall'altro, dell'imperante esigenza di razionalizzare le risorse, nonché di una talora disarmante deriva burocratico-normativa. Italia, che da qualche tempo a questa parte aveva cominciato a coltivare l'idea di studiare medicina da grande, aveva pensato di approfondire le sue conoscenze in tema attraverso il web ed aveva appreso che la tenuta del SSN era messa a dura prova dal crescente bisogno di salute, ascrivibile all'impatto assistenziale in termini di malattie croniche, cronico-degenerative ed invalidanti[3], e che erano in programma importanti cambiamenti nell'organizzazione dei Servizi Sanitari Regionali, essendo la dimensione regionale quella chiamata in causa nella gestione della Sanità, a seguito delle modifiche introdotte al Titolo V della Costituzione.

Era arrivata con un'ora di anticipo rispetto all'orario delle visite. Avrebbe voluto entrare subito nella stanza del padre, ma non poteva. La sala di aspetto era gremita di persone, per lo più parenti, seduti o in piedi, smaniosi di accedere ai due corridoi che li dividevano dalle stanze dei ricoverati. L'aria condizionata alleviava il peso dell'attesa, ma il tempo sembrava non passare mai a causa dell'ansia di riabbracciare il proprio congiunto sofferente.

L'attenzione di Italia venne richiamata dalla copertina patinata di una rivista che, tra un cumulo di giornali affastellati sul ripiano del vicino davanzale della finestra a tre ante che illuminava la sala di attesa, risaltava rispetto alle altre per dimensioni e per colori accesi. La prese tra le mani e, contrariamente all'abitudine di cominciarla a sfogliare per dare una veloce lettura preliminare ai titoli degli articoli, mossa dalla sua crescente curiosità per il mondo della medicina, prese a leggere l'articolo di apertura:

«Un editoriale recentemente pubblicato sulla prestigiosa Rivista Scientifica "The Lancet" ha rivisitato la definizione di Salute coniata dall'Organizzazione Mondiale della Sanità (OMS) ed universalmente adottata a partire dal 1948. L'autore, nel porsi l'interrogativo "Cosa è la Salute" e darsi la risposta "è una capacità di adattamento", supera la dimensione ideale rappresentata dalla definizione dell'OMS e si riferisce ad un contesto reale col quale si è costretti a rapportarsi quotidianamente, evidenziando come il Bisogno di salute espresso dalla popolazione sia in vero anche funzione delle risorse disponibili. Infatti, al di là del tendere ad una "Salute per tutti", così come implicitamente affermato dal termine "Benessere", non si può prescindere dal considerare le interazioni tra corpo, psiche e società, da una parte, e l'insieme di dotazioni tecnologiche, organizzative e strutturali che contribuiscono a costituire il "mondo inanimato", dall'altra[4].

65

È stato ampiamente documentato un trend in ascesa della spesa sanitaria in gran parte dei Paesi OCSE, sia in termini relativi rispetto al prodotto interno lordo (PIL), sia in termini assoluti: nel particolare, in Italia, nel quinquennio 2002-2007, la percentuale di risorse dedicate alla sanità è passata dall'8,3% all'8,7% del PIL; inoltre, nel 2007 il 44,8% della spesa sanitaria totale è stato dedicato ai ricoveri ospedalieri (incremento dal 2002 al 2007 da 43,1% al 44,8%)[5]. A questi dati faceva da contraltare l'evidenza che nel nostro Paese nell'anno 2007 soltanto lo 0,1% del PIL è stato investito per la tutela della salute collettiva (percentuale risibile, se comparata a quella degli altri paese OCSE) e, quindi, in prevenzione[6]. Nel prossimo futuro, dunque, le politiche sanitarie dovranno orientarsi nell'investire maggiormente nel controllo dei fattori di rischio e nella prevenzione primaria, dedicando maggiori risorse all'assistenza territoriale in innovazioni organizzative volte a sviluppare nuovi modelli assistenziali, che presentano costi di gestione di gran lunga inferiori a quelli delle strutture ospedaliere, promuovendo l'educazione sanitaria e cercando di limitare il ricorso a medicalizzazioni non necessarie».

Italia, ancora assorta nello sforzo di comprendere quello che aveva appena letto, ebbe un sussulto nel sentirsi chiamare dall'elegante signora sedutale accanto, la quale, dopo aver approfonditamente studiato la sua vicina intenta nella lettura della rivista, aveva pensato bene di attaccare bottone con lei per far trascorrere più velocemente l'attesa. Donna Adele, era questo il suo nome, era un'anziana signora che, nonostante avesse da poco superato la soglia dell'ottantina, meritava a pieno titolo l'attributo di "arzilla"; fatte le presentazioni di rito, cominciò a raccontare senza freno alcuno le vicissitudini del marito, che era ricoverato nel reparto attiguo per sottoporsi ad un delicato intervento per la rimozione di un tumore al colon.

Italia, prima della diagnosi posta dai medici al padre, non immaginava minimamente quanto fosse diffusa quella terribile malattia, ed il constatare di non essere la sola a vivere le vicissitudini ad essa correlate le era in qualche maniera di conforto.

I tumori nel nostro Paese, come nella maggior parte dei paesi Europei, rappresentano la seconda causa di morte dopo le malattie cardio-vascolari. Nel 2007, l'anno più recente di aggiornamento delle statistiche Istat sulle cause di morte[7], si sono verificati circa 173.000 decessi per tumore, il 57% dei quali nella popolazione maschile. Il maggior numero assoluto di decessi è attribuibile ai tumori polmonari (33.200), seguono quelli del colon-retto (18.400), della mammella (12.000) e dello stomaco (11.000). Oltre a queste, le sedi d'insorgenza di tumore che comportano più di 5.000 decessi all'anno sono: pancreas, prostata, fegato, leucemie e vescica. Le malattie oncologiche sono una priorità in ambito sanitario. La lotta ai tumori si pone diversi obiettivi: la prevenzione, la riduzione della mortalità, la riduzione delle disuguaglianze in termini di incidenza, sopravvivenza e mortalità fra le classi sociali, il miglioramento dell'accesso e della qualità delle cure per i pazienti, la promozione della diagnosi precoce, il miglioramento della tutela assistenziale (implementazione della gestione integrata per favorire la continuità assistenziale), l'investimento di fondi in ricerca. In sintesi: perseguire il miglioramento della qualità della vita del paziente oncologico.

Il racconto della donna venne d'un tratto interrotto dal rumore dell'inconfondibile stridio metallico delle porte che finalmente si aprivano, dando accesso ai corridoi dei due reparti del piano.

Giunta nella stanza n. 3, vinto il fisiologico momento di imbarazzo dovuto alla presenza dei pazienti che occupavano gli altri letti della stanza, Italia sciolse gli indugi e si rifugiò in un grandissimo e prolungato abbraccio con suo padre. Sollecitò la madre a farsi dare il cambio per andarsi a riposare a casa, dopo aver trascorso la notte sulla scomoda sedia a sdraio incastrata nello spazio angusto che separava il letto dalla parete. Rimasta da sola col padre, si sentì forte e responsabile e ad ogni minima mossa del caro degente si faceva avanti per soddisfarne ogni bisogno. Dopo un po', mossa dall'esigenza di conoscere il reale stato di salute del padre, si congedò da lui con la scusa di andare in bagno e si diresse risoluta verso la sala medici. Italia rimase meravigliata nel trovare una giovanissima donna in camice bianco, dai capelli lunghi e castani e dallo sguardo sincero e rassicurante, al posto dell'attempato medico che aveva conosciuto qualche giorno prima.

Per quanto avesse sentito parlare di una medicina sempre più al femminile[8], negli ultimi dieci anni il sorpasso si era già consumato tra i medici specializzati (su 67.980 specialisti, 35.986 sono donne e 31.994 uomini), rimase spiazzata dalla situazione.

Tra le due si instaurò subito una particolare sintonia, favorita dall'empatia dovuta alla non eccessiva differenza di età.

Agata dimostrava molto meno dei suoi 30 anni. Il suo nome tradiva le origini meridionali. Italia volle sapere chi fosse la donna che aveva "in mano" la vita del padre. La maggiore di tre sorelle, tutte trasferitesi a Roma per l'università, aveva acquisito precocemente un grande senso di responsabilità, a cominciare dall'impegno nello studio, oltre che nella gestione delle cose di ogni giorno lontano dalla protezione degli affetti familiari. Neospecialista in neurologia, in mancanza di prospettive immediate di stabilizzazione, cercava di mettere a frutto come poteva i sacrifici di tanti anni di studio. Aveva deciso di provare la selezione per accedere al corso specifico di medicina generale, che dopo tre anni le avrebbe potuto conferire il diploma necessario per aspirare al ruolo di medico di famiglia.

L'anno precedente, infatti, si era recata all'Ordine dei Medici per informarsi se avessero notizia di concorsi fuori dal Lazio. La Regione, infatti, essendo soggetta agli effetti del Piano di rientro opportunamente imposto dal Ministero della Salute per far fronte alle non oculate gestioni del passato, non era autorizzata a bandire concorsi per l'accesso al ruolo di dirigente medico; e poi, anche se ci fosse stata la selezione, non avrebbe mai potuto competere coi colleghi più anziani che da anni, seppur in stato di precariato, avevano collezionato punteggi e titoli che li mettevano in posizione più vantaggiosa.

In quello stesso giorno Agata aveva sentito parlare due colleghi dei potenziali sbocchi lavorativi offerti dal corso di medicina generale, alla luce della grave carenza di medici di famiglia che si sarebbe registrata nel giro di un decennio in tutto il Paese: il *turn over* avrebbe interessato ben il 62% dei Medici di Medicina Generale[9]. Purtroppo, sempre che fosse risultata vincitrice del concorso, per tre anni avrebbe dovuto accontentarsi di una borsa di studio di circa 800 euro mensili non esentasse, ma, a sentire i colleghi, era un sacrificio che valeva la pena di fare per diventare medico di medicina generale titolare di un proprio elenco di assistiti: ottimi stipendi, nessun turno di guardia e tempi brevi di arruolamento. Agata aveva deciso pertanto di toccare con mano la dimensione lavorativa prospettata e, avuto accesso al corso di formazione specifica di medicina generale, era stata assegnata per il tirocinio professionalizzante presso il reparto diretto dal Dott. Ricasoli. Quest'ultimo, in quei giorni, era volato in Francia per assistere alla discussione della tesi di laurea in medicina del nipote, che, per quanto in un'altra nazione, avrebbe dato continuità alla secolare tradizione della famiglia fedele ad Ippocrate.

Agata era risoluta nel conseguire il nuovo importante traguardo che si era prefissata, in barba a tutti i conoscenti che a suo tempo le avevano sconsigliato di intraprendere il lungo e faticoso percorso della medicina: infatti, al tempo in cui superò brillantemente i test di ingresso alla Facoltà, sapeva bene che l'attesa media di occupazione per uno studente italiano che si iscriveva al primo anno di Medicina era pari a 15-16 anni, con una tendenza ad un ulteriore allungamento dei tempi[9].

Le ragioni alla base di tale dato possono essere in gran parte ricondotte alle iniziative assunte in risposta al fenomeno della "Pletora Medica", ovvero un sovradimensionamento del contingente di medici in attività conseguente all'accesso incontrollato alle Facoltà Mediche, registratosi a cavallo tra gli anni '80 e '90. Ne sono stati la riprova l'insieme dei provvedimenti orientati a creare un meccanismo ad imbuto per ritardare l'accesso all'esercizio della professione medica ed a rivisitare il percorso formativo post-laurea del medico più con finalità di ammortizzazione sociale, piuttosto che tendenti ad una reale qualificazione delle professionalità mediche: in recepimento delle direttive comunitarie, è stato introdotto il requisito obbligatorio del diploma di specializzazione e del diploma di formazio-

ne specifica in medicina generale, rispettivamente per l'accesso al ruolo di dirigente medico del SSN e di Medico di Medicina Generale, tralasciando però di conferire dignità professionale ai medici in formazione attraverso la prevista adozione dei contratti di formazione-lavoro. Ai giorni nostri, inoltre, si registra tra i giovani medici un generale clima di sfiducia nell'attuale sistema gerontocratico e poco meritocratico, a partire dall'accesso alle scuole di specializzazione di area sanitaria ed al corso specifico di medicina generale; per non parlare dell'eccessivo peso esercitato dalla politica, direttamente ed indirettamente, nella selezione della dirigenza medica all'interno del SSN.

Per di più, con la sottoscrizione nel 2006 del Patto della Salute tra Governo e Regioni, finalizzato a riequilibrare le cattive gestioni e gli sprechi di risorse pubbliche protratti nel tempo in ambito sanitario, la condizione dei giovani medici nelle Regioni sottoposte alle limitazioni dei Piani di Rientro è notevolmente peggiorata relativamente alla possibilità di assunzione, se non con contratti a tempo determinato o alchimie contrattuali che hanno importato ed istituzionalizzato il precariato tra i medici. La percezione di un trend in ascesa del numero di giovani medici italiani – tra questi i più motivati – che decidono di trovare asilo professionale presso altri Paesi, e talora di completare o addirittura intraprendere all'estero il percorso formativo post-laurea, sta assumendo sempre più i contorni di una vera e propria fuga di cervelli. Altri sistemi sanitari, infatti – peraltro in sofferenza per carenza di medici – garantiscono il raggiungimento in tempi molto più brevi di maturità ed autonomia professionale, unitamente a maggiori possibilità di progressione di carriera quanto di arricchimento sociale ed umano. Altri

Paesi, dunque, si stanno avvalendo di professionalità mediche formate a spese dello Stato Italiano e delle rispettive famiglie[10].

Agata era riuscita a laurearsi nei sei anni canonici, confidando esclusivamente nelle sue forze, praticamente in regola, a dispetto dei sette anni che servono in media per conseguire il diploma di laurea, anche se, per sua sfortuna, nella sessione straordinaria di recupero di marzo: per un meccanismo a lei incomprensibile, e per una deriva burocratico-normativa che aveva introdotto uno stato di deroga alle scadenze previste dalla normativa che regolamenta l'articolazione tra tre sessioni di laurea, due di abilitazione ed un'unica data di concorso annuale di specializzazione, aveva dovuto attendere un anno e sei mesi per accedere a quest'ultima in qualità di vincitrice di concorso.

La giovane dottoressa, adeguatamente preparata nel gestire il rapporto coi familiari dei malati terminali, grazie all'esperienza maturata durante i 5 anni del corso di specializzazione, riferì ad Italia con pazienza e tatto sullo stato di salute del padre, spiegandole che per avere un quadro più dettagliato della prognosi del paziente avrebbero dovuto fare un ulteriore approfondimento diagnostico. In ogni caso, si doveva sperare che il tumore non avesse ancora dato metastasi. In tale evenienza, complici lo stato di salute generale non precario e l'età del paziente, il ricorso alla chirurgia e alla chemioterapia avrebbe potuto migliorare la qualità e l'aspettativa di vita, ma il tono di voce del medico sembrava tutt'altro che confortante. Vedendo la faccia di Italia rattristarsi, Agata le propose di assistere il padre durante la broncoscopia che era in programma di lì a poco.

La ragazza accettò all'istante. E nel giro di mezz'ora si ritrovò a condurre la sedia a rotelle del padre nel labirinto di corridoi ed ascensori che li separavano dal blocco dove risiedevano Pneumologia e Chirurgia Toracica.

Anche il medico che li accolse era molto giovane: Francesco, specializzando dell'ultimo anno, era al suo primo giorno di lavoro di ritorno da un periodo di formazione nel Regno Unito. Coltivava l'ambizione di fare il chirurgo toracico e non ci aveva pensato due volte quando gli era stata prospettata l'occasione di frequentare per sei mesi la Thoracic Unit dell'Addenbrooke's Hospital di Cambridge. Era orgoglioso dei suoi natali calabresi e nella sua terra un giorno avrebbe voluto anche tornarci a fare il medico. Ma in cuor suo sentiva che la strada che aveva intrapreso difficilmente sarebbe stata compatibile col suo impiego nell'ospedale del suo paesino di provincia, tristemente noto per alcuni episodi di malasanità venuti alla ribalta addirittura della cronaca nazionale. Prima di trasferirsi a Roma per cominciare gli studi universitari, il suo sogno era di seguire le orme del defunto padre, noto cardiologo del piccolo ospedale di zona. Dopo Cambridge aveva realizzato che lui nella sua terra avrebbe potuto fare ritorno per tutto, ma non di certo per mettere in pratica i trattamenti ultraspecialistici a cui era stato addestrato. Questo pensiero lo turbava profondamente.

Ad un tratto gli occhi di Francesco si illuminarono nel sentire una voce amica, dall'inconfondibile cadenza settentrionale, che richiamava la sua attenzione: «Chicco, ma allora era vero che sei tornato tra noi!?!». Erano state queste le prime parole sgorgate dalle labbra di Claudia, specializzanda di radiologia, nel rivedere il collega, il primo col quale aveva stretto un rapporto di amicizia al suo arrivo a Roma anni prima. Claudia, laureata con lode alla Statale di Milano, originaria di una famiglia di operai friulani, si era mantenuta gli studi universitari impartendo lezioni private di chimica e fisica alle matricole di medicina. «Allora, racconta, com'è questa Inghilterra?», diceva al collega mentre gli stampava un gran bacio sulla guancia, incurante tanto dell'infermiera che nel frattempo preparava il paziente per l'indagine diagnostica, quanto di Italia che, imbardata con camice e calzari monouso, se ne stava immobile e silenziosa, quasi schiacciata dalla tensione, nell'angolo più discreto della stanza. «Un altro pianeta! Un'altra mentalità... Lì ci si sente parte di un sistema e tutto è funzionale alle cure dei pazienti...», rispondeva di rimando lui, facendole al contempo un cenno con gli occhi per ricordarle che non erano da soli. «Ma a te che provieni dalla sanità del profondo nord, probabilmente l'impatto con il National Health System del Regno Unito avrebbe fatto un minore effetto...». Francesco non mancava di sottolinearlo, alludendo alle lunghe ed accese discussioni che avevano fatto in passato in merito alla Sanità a due velocità che vedeva primeggiare il centro-nord rispetto al centro-sud. Claudia si era trasferita di sede, non senza peripezie, per andare a convivere col suo compagno, a sua volta assegnato dalla sua azienda a dirigere la nuova succursale di Roma. Anche a lei, in verità, sarebbe piaciuto fare un'esperienza all'estero. La sua vera passione era la neuroradiologia interventistica, ma, posta di fronte alla scelta tra la carriera e l'amore, aveva optato per quest'ultimo. Infatti il suo direttore aveva programmato di "spedirla" a Montpellier in Francia per perfezionarsi presso un centro altamente specializzato, ma lei aveva rifiutato. Non voleva arrecare ad altri la sofferenza che aveva provato: il suo cuore era stato spezzato dal precedente fidanzato, un collega aspirante chirurgo dei trapianti, del quale si era perdutamente innamorata quando era ancora studentessa. Questi aveva deciso di tentare l'avventura negli USA, lasciandosi alle spalle la sua vecchia vita e gli affetti.

Se dovessimo rappresentare con una figura geometrica una simulazione prospettica della progressione della carriera professionale del giovane medico in Italia, la scelta ricadrebbe su un piano inclinato con una pendenza in salita che gradualmente lo accompagna sino alla soglia del pensionamento, ed anche oltre, se si considera che non sarà possibile contare su una dignitosa copertura previdenziale. Non a caso, il confronto con l'organico medico ospedaliero di altri sistemi sanitari europei, che garantiscono un corretto ricambio generazionale, sottolinea la drammatica tendenza all'invecchiamento nel nostro sistema. Ad esempio, nel National Health Sistem del Regno Unito lo staff medico ospedaliero ha un numero di giovani assistenti (junior grades) pari a circa 1/3 dell'organico. Un medico italiano è in genere assunto dal SSN ad un'età in cui un medico inglese diventa "consultant", ovvero cessa il rapporto come dipendente, per diventare una forma di consulente e libero professionista[9].

Nel nostro Paese, le poco lungimiranti politiche professionali, unitamente alla mancanza di una corretta definizione del Fabbisogno di professionalità mediche, contribuiscono a spiegare quello che la FNOMCeO (la Federazione Nazionale degli Ordini dei Medici Chirurghi e degli Odontoiatri) ha definito "fenomeno della Gobba demografica": nell'attuale intervallo di età compresa tra i 51 ed i 59 anni insistono ben 115.000 dei 307.000 circa soggetti che compongono la popolazione dei medici italiani in attività[8]. Siffatta previsione, se associata al saldo negativo tra pensionamenti e nuove assunzioni che, a partire dal 2012, si registrerà in maniera crescente anno dopo anno, in assenza di opportuni correttivi esporrà il nostro Paese al serio rischio di trovarsi in uno stato di carenza di medici.

In tale contesto, costellato da molteplici criticità, sembra passare in secondo piano la crisi generazionale che investe i giovani medici italiani, vittime incolpevoli di politiche sanitarie e professionali mosse da logiche gerontocratiche e non meritocratiche; si è, dunque, ingenerata una progressiva sperequazione tra vecchie e giovani generazioni di medici, col risultato per queste ultime di trovare difficoltà nell'inserimento nel mondo del lavoro, di attendersi un incerto futuro previdenziale e di vedersi limitare in maniera esponenziale gli investimenti in tema di accesso a formazione e ricerca. La costante ascesa del numero di giovani medici italiani, preparati e motivati, che decidono di emigrare in altri Paesi per trovare asilo in realtà sanitarie che offrono ben più allettanti prospettive di crescita professionale, umana e sociale, dovrebbe rappresentare motivo di ulteriore riflessione sul futuro della Sanità Italiana[10]. Tale fenomeno desta particolare preoccupazione per l'ambito chirurgico: il Rapporto Osservasalute 2010 ha evidenziato come negli ultimi tre anni le scuole di specializzazione a indirizzo chirurgico non abbiano visto assegnati tutti i contratti di formazione messi a concorso[11]. Questo anche perché i giovani medici sono consapevoli dei rischi e temono di incappare nel corso della carriera, laddove scelgano di passare la vita in sala operatoria, in denunce da parte dei pazienti. Nel nostro Paese, quindi, è in atto una sorta di fuga dalla chirurgia, anche a causa dell'eccessivo contenzioso dovuto alla mancata depenalizzazione dell'atto medico, unico caso al mondo assieme al Messico, lacuna normativa che è peraltro all'origine della pratica diffusa della medicina difensiva, ovvero il ricorso a costose indagini diagnostiche o a misure terapeutiche condotte principalmente non per assicurare la salute del paziente,

bensì come garanzia delle responsabilità medico legali
seguenti alle cure mediche prestate.

Nei giorni a seguire, Italia non mancò di essere presente per sostenere il padre col suo incoraggiamento nel corso di tutte le successive indagini strumentali. Purtroppo, il responso era stato impietoso: era stata rilevata la presenza di una metastasi cerebrale, che limitava fortemente la prognosi. L'equipe medica, dopo un approfondito consulto, decise di intervenire chirurgicamente. Il giorno dell'intervento Italia salutò il padre con un sorriso, mentre la sua sagoma distesa sulla lettiga scompariva dietro le porte scorrevoli del blocco operatorio, per poi abbandonarsi in un pianto dirotto appena si ritrovò lontano dagli occhi di tutti. Dentro di lei, infatti, avvertiva una sensazione mista di impotenza e paura di perdere per sempre il suo papà.

Erano trascorsi dieci mesi da quel caldo luglio. Nonostante gli sforzi profusi dai medici, Italia aveva assistito all'inesorabile progredire del cancro che pochi giorni prima le aveva portato via il padre. Dopo essere rimasta temporaneamente in balìa della disperazione, era riuscita ad elaborare il lutto e stava cercando di riprendere possesso della sua vita quotidiana. Ricordatasi di avere in borsa un pacchetto di sigarette comprato la sera prima insieme a Giulia, spinta dal desiderio irrefrenabile di nicotina, lo recuperò con fare furtivo e si rifugiò al di là della finestra che dava accesso alla terrazza per fare qualche tiro, lontana da occhi indiscreti. Se sua madre l'avesse vista fumare, sarebbe andata su tutte le furie: come biasimarla?!

Appena affacciatasi all'esterno, alla vista della sagoma del Fatebenefratelli la sua mente ripercorse in un baleno i momenti più significativi di quella drammatica esperienza che la aveva privata dell'affetto a lei più caro. Rivolse un pensiero riconoscente ai medici che avevano prestato assistenza al padre e che quotidianamente svolgono la loro missione, nonostante le mille difficoltà e le criticità della Sanità del XXI secolo. Egoisticamente avrebbe voluto che il babbo fosse ancora con lei, su quella terrazza, ad attenderla per l'ennesimo rientro a casa oltre l'ora del "coprifuoco". Di contro, però, trovava conforto nell'idea che il padre era stato sottratto dalla morte a quel calvario di sofferenza dovuto alla chemioterapia e, soprattutto, alla paresi conseguente all'intervento. Era stato letteralmente sballottato tra una clinica privata per lungodegenti prima – infatti le poche strutture pubbliche erano sature – e l'assistenza domiciliare dopo; la madre, avendo esaurito i giorni di aspettativa per assistere il marito nelle settimane precedenti, era dovuta tornare al lavoro e nelle ore diurne all'assistenza del marito provvedeva la badante rumena, ex infermiera nel suo paese natale, che erano riusciti a reclutare tramite un passaparola in parrocchia. Spese, ovviamente, tutte a carico della famiglia, perché si sapeva che i tempi di attesa per la definizione della pratica per la richiesta del contributo di assistenza, che era stata presentata alla dimissione dall'ospedale, avrebbero superato la permanenza in vita del malato. Per la serie, la burocrazia sopravvive a tutto, anche alla morte! Ma tutto questo, ormai, era stato archiviato.

Del padre rimanevano i vividi racconti su leggende, miti, ed eventi storici, i caldi e rochi sorrisi dei momenti di felicità, lo sguardo spento degli ultimi sofferti momenti in vita, che ritrovava d'improvviso un'inattesa vitalità nell'incontrarsi con quello dell'amata figlia. Italia non piangeva più e si domandò se si fosse ormai rassegnata all'idea della scomparsa del padre o se semplicemente avesse finito le lacrime. Avrebbe dato tutto per sentire nuovamente le sue urla di rimprovero. Avrebbe dato tutto per poter di nuovo discutere, litigare e perfino arrabbiarsi con lui. Avrebbe dovuto capire prima quanto l'amava. Chiuse la finestra e andò diritta nella sua stanza col pensiero fisso al manuale di storia: il giorno seguente avrebbe dovuto sostenere l'interrogazione sulla Rivoluzione Francese. Doveva fare una bellissima figura, doveva farlo per lui. Ma prima di andare a letto passò dalla cucina per gettare nel cesto dell'immondizia il pacchetto di sigarette appena aperto.

Proposte

- Eliminare le interferenze della politica sulla sanità, affermando una netta distinzione tra definizione delle politiche sanitarie ed esercizio della governance clinica.
- Destinare maggiori risorse per la prevenzione e la modifica degli stili di vita (fumo, alcool, eccesso ponderale, sedentarietà), al fine di contenere il crescente bisogno di salute e recuperare risorse per rimuovere le disuguaglianze di salute.
- Effettuare una reale Programmazione/Pianificazione dell'assistenza sulla base del bisogno di salute espresso dalla popolazione, rilevato attraverso indicatori intelligibili.
- Evolvere il modello assistenziale ospedale-centrico a favore di quello integrato ospedale-territorio, attraverso l'implementazione di un sistema a rete che garantisca la continuità delle cure.
- Incentivare la collaborazione pubblico-privato al fine di sostenere l'innovazione tecnologica del sistema, utilizzando idonei strumenti di valutazione multidisciplinare e multidimensionale (assistenziale, economica, sociale ed etica).
- Rendere i cittadini consapevoli e partecipi dell'utilizzazione del SSN in modo da elaborare scelte autonome basate sui risultati che strutture e professionisti conseguono nell'erogazione delle cure.
- Implementare un modello assistenziale socio-sanitario, coinvolgendo il terzo settore, e promuovere la creazione di reti sociali intorno agli anziani, per i quali dovrebbe essere sostenuta l'assistenza "tra pari".

- Adottare politiche meritocratiche per accesso al percorso formativo della medicina, che dovrebbe essere reso adeguatamente professionalizzante, e per la selezione della dirigenza sanitaria, creando un contesto professionale responsabile ed ispirato ad etica e cultura di sistema.
- Ridurre i tempi medi di accesso alla professione medica ed incentivare l'accesso alla ricerca dei giovani attraverso la detassazione completa degli utili reinvestiti in ricerca per contrastare la "fuga dei cervelli".
- Depenalizzare l'atto medico al fine di eliminare il ricorso alla medicina difensiva e di rinnovare il rapporto di fiducia tra medico e paziente.

Note

[1] Alessandra Lavagnino, *La mala aria. Storia di una lunga malattia narrata in breve*, Sellerio, 2010.

[2] *Il Servizio Sanitario Nazionale. Una grande istituzione al servizio della tua salute*, Ministero della Salute, 2008.

[3] Bozza PSN 2011-2013, Ministero della Salute, 2010.

[4] Walter Mazzucco. *Evoluzione del concetto di salute e revisione degli indicatori tradizionali: l'esempio del tasso di mortalità infantile*, Capsula Eburnea 4 (5), 2009.

[5] OCSE, *Rapporto Health Data 2008* (www.oecd.org).

[6] *Relazione stato sanitario del Paese. 2007-2008*, Ministero della Salute, 2009.

[7] *Cause di Morte in Italia, 2008*, ISTAT, 2011 (www.istat.it).

[8] "La qualità professionale per la qualità delle cure", II Conferenza Nazionale della professione medica (Fnomceo), Roma, 2-3 dicembre 2010.

[9] Raffaele Latocca, Claudia Toso, Giancarlo Cesana, *Criticità della professione medica in Italia: confronto europeo e prospettive future*, "Journal Of Medicine & The Person", n. 4, dicembre 2003.

[10] *Proposte per migliorare la condizione dei Giovani Medici Italiani*, Segretariato Italiano Giovani Medici (S.I.G.M.), 2011 (www.giovanemedico.it).

[11] Rapporto Osservasalute 2010. Prex, Milano 2010.

5

Cultura

Lorenzo Vignali

Dopo le vacanze di Natale l'unico obiettivo di Italia era quella tanto attesa gita. L'unico problema era il costo. La madre con il suo magro stipendio da statale aveva più di una difficoltà a pagarle il viaggio, soprattutto dopo la malattia del padre e le ingenti spese alle quali erano andati incontro per sostenere le costose cure. Italia aveva anche rinunciato ai regali di Natale pur di essere mandata con la propria classe in vacanza per poter ammirare Napoli, Pompei e la costiera amalfitana. Italia quella gita se la meritava davvero; era stata promossa all'ultimo anno di Liceo Classico con il massimo dei crediti, aveva una predilezione innata sia per le materie scientifiche che per quelle umanistiche, ma le ore che la appassionavano maggiormente erano quelle di Storia dell'Arte. Tutti i giorni dopo il liceo, prima di avviarsi verso la periferia per tornare a casa, Italia si soffermava a osservare tutta la bellezza della Capitale. Ammirava l'arte di tutte le epoche, contemplava qualsiasi stile architettonico, aveva visitato tutti i musei della città. Per lei non era rilevante se l'espressione artistica apparteneva all'epoca imperiale romana, al Rinascimento o al periodo fascista; per lei l'arte era tutta da ammirare. Amava molto anche la letteratura; latina, greca, inglese e italiana non faceva differenza. Italia amava la cultura e ogni sua forma di espressione. I giorni passavano e Italia non sapeva ancora se sarebbe potuta andare con la sua classe a Napoli.

Il clima si faceva sempre più mite, le giornate più lunghe e i fiori iniziarono a sbocciare. L'arrivo della primavera per Italia significava felicità. Poteva passare molto più tempo all'aria aperta, leggendo un libro sdraiata in un parco o girovagando per la città fra una chiesa e una rovina. In tutta quella cultura però c'era qualcosa che non andava. Italia aveva come l'impressione che fosse un po' snobbata. Quando si trovava in fila per entrare in un museo intorno a sé non sentiva mai parlare in italiano, ma sempre e solo una lingua straniera. Italia non si spiegava come mai i suoi connazionali non ammirassero tutta quell'arte che solo nella penisola era presente. "Siamo una nazione ricca di storia e cultura eppure a nessuno interessa..." pensava fra sé e sé, "... se non ci fossero i turisti stranieri che tengono in vita le casse dei nostri musei...". Ebbene sì, Italia sapeva benissimo che senza un biglietto da pagare quei musei non avrebbero avuto le risorse necessarie per continuare a stare aperti. Nessuno investiva nella cultura, tantomeno lo Stato. Italia comprendeva l'importanza di alcuni settori in cui andava impiegato il denaro pubblico a differenza di altri, ma in quel modo non lo accettava. Snobbare così la cultura voleva dire rifiutare di sfruttare un patrimonio immenso che è presente nel nostro paese e che era ammirato da milioni di turisti ogni anno.

Secondo il rapporto di Federcultura, la spesa delle famiglie italiane per ricreazione e cultura continua a rappresentare circa il 7% della loro spesa totale e tra il 1999 e il 2009 in termini assoluti è aumentata del 24,3%. Anche i dati sulla fruizione culturale nel 2010 registrano un andamento positivo, a partire dal teatro con un incre-

mento del 13,5% rispetto al 2009, seguito dai concerti di
musica classica che vedono un aumento del 5,9%, da
mostre e musei +3,8% e dai siti archeologici +2,3%.
Il turismo culturale rappresenta un settore importantis-
simo per l'economia del Paese.
Le città d'arte rimangono infatti il prodotto più venduto
dai tour operator esteri, soprattutto europei, nei pacchetti
che hanno come destinazione l'Italia. Nel 2009 in parti-
colare, le mete cittadine hanno rappresentato il 63% dei
prodotti turistici commercializzati nel nostro Paese.

Il tempo passava e continuava a fare sempre più caldo.
La scuola si faceva sempre meno impegnativa e l'unico
problema era sempre quella maledetta gita. Il giorno che
la professoressa entrò in classe portando i bollettini per
pagare la retta del viaggio d'istruzione a Italia gelò il sangue. Non avrebbe mai voluto che arrivasse quel momento.
Tornando a casa pensava a come avrebbe potuto convincere la propria madre a fare questo sforzo economico. Italia
non trovava le parole. A fine pranzo riuscì a rompere il silenzio con poche sillabe: «Mamma, ci sarebbe da pagare il
bollettino della gita». Sua madre la chiuse subito lì: «Ne ri-
parliamo stasera Italia, ora vai a fare i compiti». Italia non
era per niente contenta, rimandare una decisione di solito
non faceva presagire buone notizie. Passò tutto il giorno
studiando in ansia finché non arrivò la sera. Italia non aveva il coraggio di chiedere ancora se fosse potuta andare in
gita oppure no. Sapeva di tutti i problemi che c'erano in famiglia dopo la morte del padre e si vergognava un po'. Ma
lei in quella gita ci sperava davvero. A cena la madre non le
disse nulla e anche Italia fece finta di niente.
 Passarono i giorni, fino a che la professoressa in classe
annunciò che il giorno dopo sarebbe stato il termine ultimo per pagare la retta. Italia non ci credeva, come aveva

potuto scordarsi di una cosa così importante? Come avrebbe fatto? Nel viaggio per tornare a casa le pensò di tutti i colori, ma nessuna idea era alquanto convincente. Entrata in casa trovò, come al solito, la madre a cucinare. Italia stava in silenzio e non era per niente felice. Ad un certo punto del pranzo la madre disse: «Italia, ma non andava pagato entro oggi il bollettino per il viaggio d'istruzione?» La ragazza non ci credeva; come faceva sua madre a saperlo? Non lo sapeva lei e non si ricordava di averlo detto in casa. In settimana c'era stato il consiglio di classe, forse qualche altro genitore aveva parlato. «Sì mamma, è domani» disse la ragazza un po' sorpresa. «Menomale l'ho già pagato ieri perché oggi pomeriggio le poste sono chiuse» concluse la madre con un po' di soddisfazione. Italia non credeva alle proprie orecchie, non era convinta di aver sentito bene. Invece era tutto vero. La madre spiegò a Italia che era riuscita a mettere qualche risparmio da parte dall'inizio dell'anno per potercela mandare. Italia quel giorno era talmente entusiasta che si dimenticò anche di studiare. Passò tutto il giorno su Internet a vedere immagini di Pompei e di tutti i luoghi che avrebbe visitato con i compagni di scuola. Sarebbe partita dopo un mese ma l'adrenalina era a mille. Per un qualsiasi ragazzo una gita significava soprattutto stare insieme agli amici, divertirsi e non andare a scuola. Italia oltre a tutto questo aveva una voglia immensa di visitare tutte quelle bellezze culturali.

La scuola si apprestava a finire e i giorni di quella vacanza a Pompei si avvicinavano. Tanta era la felicità che qualche giorno prima Italia iniziò a stressare la madre per aiutarla a fare la valigia. Oltre ai vestiti la ragazza inserì una macchina fotografica e un taccuino per appuntarsi ogni minimo particolare. La mattina della partenza la madre accompagnò Italia a scuola prima di entrare a lavoro. Salutò sua figlia e le diede qualche altra banconota per gli extra. Il viaggio d'andata sembrava lunghissimo nonostante le distanze non fossero esagerate. Arrivati sulla costiera amalfitana l'autista si diresse verso l'albergo per permettere ai ragazzi e ai professori di scaricare i bagagli e fare le prime visite guidate. Non appena furono di fronte all'albergo i professori iniziarono a chiamare in ordine ogni camera. Italia non sapeva con chi sarebbe stata in stanza, ma sarebbe andato bene chiunque, tanta era la contentezza. Anche con Ilaria, la loro compagna considerata "sfigata". I primi due giorni erano dedicati a Napoli. Italia non aveva viaggiato molto nella sua vita e quindi era molto contenta e un po' stralunata. Certo, aver vissuto a Roma abitua un po' a tutto, ma uscire dalla propria routine per chi non c'è abituato sconvolge. Aveva sentito molte storie su Napoli, ma invece trovò una bellissima città piena di storia e di cultura come piaceva a lei. Visitò il Museo di Capodimonte, il Palazzo Reale, la Cappella San Severo e tantissimi altri monumenti, di cui la ragazza romana rimase contenta e stupita. Stava sempre dietro alla guida per cercare di sentire bene e appuntarsi tutto, faceva domande e non si perdeva neanche un particolare. Il terzo giorno visitò la costiera amalfitana passando fra gli altri paesi come Positano, Vietri e Praiano. Italia rimase molto entusiasta di tutte quelle bellezze naturali. Fino a quel momento l'arte che aveva ammirato nella capitale era bene o male tutta creata dall'uomo, mentre durante il suo passaggio dai paesi sulla costa vicino ad Amalfi contemplò scogliere, grotte e splendidi parchi. Italia era a metà vacanza eppure aveva già vissuto tantissime emozioni, osservando moltissime rappresentazioni di vari tipi di cultura: era tutto quello che aveva sempre sognato da una gita, tutto quello per cui aveva tanto sperato e per la quale i suoi genitori avevano fatto tanti sacrifici. Il giorno successivo tutta la comitiva si diresse verso Pompei e le sue meraviglie. Anche nella città distrutta dall'eruzione del Vesuvio nel 79 d.C. Italia si comportò allo stesso modo. Sempre attenta e in cima al gruppo, ascoltava e chiedeva informazioni su ogni particolare. La guida, un napoletano di bassa statura dagli occhi verdi e vispi, era molto paziente e rispondeva con precisione e passione. Si vedeva che amava quel luogo.

Italia non sapeva quale immagine la affascinasse di più: la solitudine delle colonne, i volti sfumati negli affreschi, la drammatica visione dei calchi in gesso. Provò addirittura alcuni brividi all'idea di toccare qualcosa di leggendario e di mitico, di sentire l'epicità del luogo, di respirare la Storia con la S maiuscola. Di sicuro iniziò a immaginare la bellezza e lo splendore della città in epoche passate, cercando di visualizzare nella sua mente la sontuosità di quel tempio, domandandosi chi potesse vivere in quella casa piena di affreschi o da cosa scappasse quel cane orribilmente fotografato dalla lava per l'eternità in una posa innaturale.

La guida ricordò quando Pompei era una tappa obbligata del Grand Tour, il lungo viaggio effettuato dai ricchi giovani dell'aristocrazia europea che a partire dal XVII secolo arrivavano in Italia per perfezionare la loro educazione. Fra questi Goethe, che rimase sconvolto dalla straordinarietà del luogo. Salendo su un blocco di marmo la guida assunse una posa seria e cominciò a citare un passo dello scrittore tedesco, tratto dal suo *Viaggio in Italia*, del 1787: «*E lo spettacolo desolante che si leva da questa città, prima sepolta da una pioggia di lapilli e cenere, poi sottoposta al saccheggio di chi l'ha riportata alla luce, ancora riesce a trasmettere il gusto artistico di un popolo, di cui nemmeno il più fine conoscitore ha un'idea, né sentimento, né alcun bisogno*».

Nonostante gli sforzi della guida di rendere l'esperienza ancora più immersiva, molti dei compagni di Italia sembravano svogliati e disinteressati, intenti soprattutto a indicare le belle turiste straniere che affollavano gli scavi.

La ragazza non capiva come mai non fossero attratti da quelle meraviglie, ma preferiva concentrarsi per non perdere nemmeno un dettaglio di quel luogo per lei magico. Mentre si dirigevano verso l'Anfiteatro Italia si affiancò alla guida, assetata di risposte che solo il piccolo napoletano poteva soddisfare.

«Perché quella zona è recintata da transenne?» chiese la ragazza, indicando un gruppo polveroso di massi e detriti.

La guida fece un grande sospiro, facendo sparire il sorriso dalla sua faccia.

«Lì sorgeva la Schola Gladatoria, crollata pochi mesi fa, il luogo dove venivano forgiati i potenti gladiatori. Chi conosce bene il sito archeologico sa benissimo che la "vita" di Pompei è appesa a un filo da molti anni.

Nel 2005 l'allora soprintendente Pietro Giovanni Guzzo stilò un dossier sullo stato strutturale del sito archeologico, dal quale emerse che il 70% degli edifici necessitava di interventi di restauro e messa in sicurezza: il 40% con la massima urgenza perché in stato pessimo o addirittura con un cedimento.

Poco o nulla è stato fatto. Anzi, a volte sotto il nome di restauro si sono compiuti danni permanenti e irreparabili. La situazione emergenziale è sotto gli occhi di tutti, ma molti subiscono passivamente, nascondendosi sotto la litania della mancanza di risorse».

Italia non poteva credere a quello che sentiva.

«Ma come, con tutti i soldi che entrano dai turisti non siamo capaci di mantenere al meglio questo splendido sito?»

Un sorriso riapparse sulla faccia della guida, rispondendo compiaciuto alla domanda piena di ottimismo mischiato a ingenuità della giovane ragazza.

«Sfatiamo un luogo comune: Pompei è un sito in perdita. L'area archeologica più grande e sorprendente del mondo è visitata ogni anno da metà dei turisti che entrano al centro Georges Pompidou di Parigi (tre milioni contro sei). Perché? Mancanza di servizi decenti, contesto ambientale difficile, ricettività a dir poco scadente, una gestione poco brillante del sito archeologico, il problema dei cani. Manca un governo serio del luogo, con una soprintendenza che non riesce a sopperire a tutti i problemi. Pompei si avvia verso un nuovo declino».

Queste ultime parole rattristarono enormemente Italia che non se la sentì di fare altre domande, ma abbassando la testa cominciò a pensare fra sé e sé. Che senso aveva continuare a scavare? Tanto quello che riportiamo alla luce, quello che restituiamo al mondo, non lo sappiamo gestire e lo mandiamo in rovina per sempre. Perché non ricoprire Pompei con la stessa cenere spenta che l'ha preservata per secoli, affidandola alle generazioni future, sperando che possano essere migliori, visto che peggiori non si può. Siamo eredi senza merito di una ricchezza che appartiene all'umanità e non solo a noi o a poche persone. Questa ricchezza è quanto di meglio abbiamo da offrire al mondo e siamo responsabili di questo di fronte al mondo. L'immagine dell'Italia all'estero è sfregiata dall'incuria della bellezza ricevuta in dote. Custodire e tramandare la nostra arte, la nostra storia, è la definizione più elementare di civiltà. Possibile che non ce ne rendiamo conto? Possibile che non riusciamo a evitare che Pompei muoia un'altra volta?

Un velo di tristezza e un'insensata nostalgia non abbandonarono Italia per tutta la giornata, culminata con il ritorno in un albergo di Torre Annunziata.

Passato l'entusiasmo per i primi giorni di viaggio Italia ebbe un maggior occhio critico verso ciò che vedeva. Si era accorta che tutto ciò che aveva ammirato non era tenuto tanto in considerazione da chi avrebbe dovuto curare la manutenzione. Secondo lei non c'era molta attenzione in quegli edifici di così tanta rilevanza storica. Anche a Roma aveva notato le stesse mancanze e a Napoli stava constatando che il problema non era solo della Città Eterna. Nel proseguo della gita a Ercolano, che aveva condiviso la stessa sorte di Pompei, Italia ebbe modo di dibattere, anche in maniera particolarmente accesa, con un suo compagno di classe. Durante la visita agli scavi sentì un commento dal fondo del gruppo. «Ma che ci siamo venuti a fare qua in mezzo a qualche pietra vecchia di duemila anni?» fu questa l'espressione che disse un ragazzo in classe con Italia in un momento di silenzio e che quindi sentirono tutti, suscitando le risate di molti compagni. La ragazza tanto attenta alla cultura rimase esterrefatta sia da quella dichiarazione sia perché i professori, pur avendo udito quel discorso, non fecero una piega. Con calma si avvicinò al ragazzo e con un tono parecchio infastidito gli disse: «Ma non ti vergogni a dire certe cavolate? Non hai idea di che valore culturale possano avere queste macerie? Non ti rendi conto che qua sono vissuti i nostri antenati? Che senza di loro la nostra civiltà non esisterebbe?». Dopo questo sfogo Italia si sentiva sollevata e in un certo senso in pace con se stessa. Il ragazzo dopo qualche secondo di esitazione per quel rimprovero che non si sarebbe mai aspettato, rispose: «Io non prendo lezioni di vita da una secchiona come te. Pensa pure a studiare e alla tua cara cultura. Quando avrò fatto fortuna e guadagnerò molto più di te rimpiangerai di aver sprecato il tuo tempo a sgobbare». Italia si sentì sprofondare sentendo quelle parole davanti a tutta la classe. Nulla poteva far cambiare idea alla ragazza sull'importanza della cultura ma quelle frasi la mandarono in crisi. Non sapeva come rispondere e alla fine chiuse la discussione con un «Avrai ragione te allora...» che sapeva tanto di sconfitta. Per il resto della giornata cercò di non pensare a quel momento; in fondo quel ragazzo con cui aveva avuto il diverbio non godeva di tutta la sua stima e quindi accettava anche il fatto che non la pensasse come lui. "Alla fine non si può essere tutti studiosi", pensò fra sé e sé. Non fu più una gita allegra, quel dibattito l'aveva turbata. Tornata in albergo, come di consueto, andarono tutti in camera prima della cena. Italia, mentre la sua compagna di stanza era in bagno a farsi la doccia, si sdraiò sul letto a riflettere. Non riusciva a capire in quale modo la sua generazione fosse attratta maggiormente dai soldi che dalla cultura. «Eppure viviamo in Italia» scappò dalla bocca di Italia mentre era in sovrappensiero. Siamo uno dei paesi con la maggior quantità di monumenti, chiese e reperti storici – continuò a pensare – ma nessuno sembra comprenderlo. Quando la professoressa fece l'ispezione nelle camere e vide Italia un po' titubante e imbronciata, comprese benissimo cosa c'era che non andava. «A troppe poche persone interessa della cultura, soprattutto la nostra» disse dolcemente a Italia. «Ai livelli alti guardano il nostro patrimonio culturale come una palla al piede, come una spesa invece di pensarlo come un vantaggio che molti Stati non hanno. Ai tuoi coetanei non importa niente di niente della nostra cultura e dei nostri monumenti. Non interessa chi c'era prima di noi su questa terra, come la pensava, cosa ha costruito, come erano le loro tradizioni. Eppure questi popoli che ci hanno anticipato hanno lasciato talmente tanti reperti che è impossibile non accorgercene e ignorarli. Qualsiasi piccolo borgo italiano, qualsiasi piazza di una città ha una storia ben precisa che nel peggiore dei casi ha un secolo mentre in tanti altri casi risale anche a diverse migliaia di anni. Sulla nostra penisola si sono succeduti tantissimi popoli con usanze, tradizioni e costumi differenti che hanno lasciato qualcosa di loro nelle nostre terre.

Oggi la maggior parte del nostro paese, e purtroppo anche chi lo amministra a tutti i gradi, troppo spesso non rispetta la nostra terra fregandosene delle tradizioni e dei reperti culturali che abbiamo la fortuna di possedere». Dopo questo sfogo dell'insegnante Italia si sentiva molto più sollevata. Era contenta che qualcuno condivideva le sue preoccupazioni e le sue angosce. Ma a quel punto intervenne la compagna di stanza che finora era rimasta in silenzio: «Secondo voi quanto importa della nostra cultura ai disoccupati o a chi non ha uno stipendio per arrivare a fine mese? E ai disabili? Ai malati che aspettano una cura per il loro problema? A coloro che hanno una ditta in crisi e sta fallendo?» La ragazza colpì nel segno; nonostante avesse accolto positivamente lo sfogo dell'insegnante, aveva questi dubbi e pensava fosse giusto porli anche a loro. «Non pensate che queste persone con tali problemi, a cui si possono aggiungere anche tanti altri casi, siano in disaccordo con quello che avete detto? Secondo voi preferiscono che lo Stato, la Regione, la Provincia e il Comune investano nella cultura o nei problemi che hanno loro? Se tu stessi per perdere il lavoro come la penseresti? Se tu avessi un male al quale ancora la ricerca non ha trovato una soluzione? Se tu fossi disabile e la tua città avesse molte barriere architettoniche? Sai dare una motivazione convincente di "cultura" anche a loro?». Italia non sapeva cosa rispondere, pensava di aver toccato il fondo nel pomeriggio, ma probabilmente si sbagliava. Tutto quello che aveva sentito dire era logico e sensato. Era difficile dare torto alla sua amica. Dopo qualche minuto di silenzio Italia esordì nuovamente: «Hai perfettamente ragione, ma anche la cultura ha un suo peso. Se vogliamo che la nostra generazione e quelle successive siano degne di questo paese dobbiamo dare alla nostra cultura il peso che le spetta». Il dibattito si chiuse così perché era l'ora di cena. Italia aveva capito che "nel suo mondo" poteva esistere anche solamente quella bella cultura che aveva sempre adorato, ma non appena usciva dal suo per entrare nel mondo reale c'erano anche altri problemi da risolvere, oltre a quello culturale. La gita si concluse e la classe fece ritorno a Roma. Italia quando tornò a casa stette tutta la sera a raccontare alla madre quello che aveva visto. Parlò talmente tanto che non cenarono neanche e andarono direttamente a letto. La madre era felice di aver fatto quei sacrifici vedendo la gioia di Italia. La ragazza molto stanca si buttò sul letto. I suoi dubbi sulla cultura erano quelli di tanti altri in tutto il paese.

Eppure secondo l'ultima ricerca di Unioncamere e Fondazione Symbola, la cultura può diventare uno dei fattori strategici per accrescere la competitività dell'intero sistema Paese. Tutto l'indotto che ruota attorno alla cultura frutta infatti al Paese quasi il 5% della ricchezza prodotta (4,9%, per l'esattezza: 68 miliardi di euro) e dà lavoro a un milione e mezzo di persone (il 5,7% dell'occupazione nazionale). Superiore, ad esempio, al settore della meccanica e dei mezzi di trasporto. Nel triennio nero 2007-2010 la crescita del valore aggiunto delle imprese del settore della cultura è stata del 3%, 10 volte tanto l'economia italiana nel suo complesso (+0,3%). Dato che si riflette sul numero di occupati: saliti di quasi un punto percentuale (+0,9%, +13 mila posti) a fronte della pesante flessione del 2,1% subita a livello complessivo. Il saldo della bilancia commerciale del sistema produttivo culturale nel 2010 ha registrato un attivo per 13,7 miliardi di euro. A livello di economia complessiva, invece, la bilancia indicava -29,3 miliardi. L'export di cultura vale circa 30 miliardi di euro e rappresenta l'8,9% sull'export complessivo nazionale; l'import è pari a circa 16 miliardi di euro e costituisce il 4,5% del totale.

Prima di addormentarsi Italia ripensò alle meraviglie che aveva visto in gita e le altre perle sparse per tutto il Paese che aspettavano solo di essere viste.

45 siti Unesco, più della metà del patrimonio culturale mondiale. Numeri che ci dovrebbero inorgoglire. Forse non avremo tanto petrolio, nemmeno tanto gas. Non possediamo né oro né diamanti. Abbiamo però alcune grandi, a volte persino immeritate, ricchezze: un paesaggio collinare, un inestimabile sito archeologico, uno sperduto borgo medievale, una magnifica residenza patrizia, musei dal contenuto prestigioso, la bellezza delle nostre città d'arte.

Proprio un bel Paese! Se solo…

Italia non riuscì a finire il pensiero. Le fatiche della giornata avevano avuto il sopravvento, facendola piombare in un sonno profondo.

Proposte

- Incentivare le visite guidate da parte delle scuole verso musei e luoghi di cultura affinché fin dalle scuole elementari se ne capisca l'importanza.
- Rendere i musei gratis per gli studenti di qualsiasi scuola italiana di ordine e grado e abbassare i prezzi per tutti i cittadini stipulando convenzioni od offerte.
- Nelle città universitarie inserire i laureandi nei musei che trattano le tematiche da loro studiate come tirocinanti che aiutano i visitatori.
- Incentivare l'investimento privato per facilitare l'innovazione e l'ammodernamento dei nostri musei e siti culturali, anche attraverso la defiscalizzazione.
- Incentivare la conoscenza degli ecomusei con agevolazioni per il turismo "studentesco" e non solo.
- Destinare i proventi dalla gestione e valorizzazione dei beni cultrali nell'ambito di una programmazione condivisa tra Stato e enti locali.

- Istituire sconti su libri e tasse o erogare crediti scolastici a chi in archi di tempo predefiniti visita un certo numero di musei o luoghi culturali.
- Investire nel turismo culturale, per aumentare il numero delle visite dall'estero, utilizzando strumenti di marketing più efficienti, tra i quali Internet e i social media.
- Rendere prioritari gli investimenti per la riqualifica di aree culturali a risschio crollo, partendo da Pompei.
- Riformare il sistema di governo pubblico dei beni culturali, integrando le funzioni di tutela con quelle di valorizzazione. Lasciare ai Comuni le funzioni ordinarie di conservazione del patrimonio, riservando allo Stato la tutela delle aree di interesse nazionale e di maggiore criticità. Riconoscere alle Regioni una piena potestà legislativa sulla valorizzazione, secondo il dettato della Costituzione.

Note

[1] VII rapporto annuale Federcultura 2011 (http://www.federculture.it /rapporto.html).
[2] http://www.symbola.net/html/article/LItaliacheverra

6

Università

David Ragazzoni

Era un soleggiato sabato pomeriggio di inizio maggio. L'aria odorosa di vita e prati in fiore pervadeva la stanza attraverso la finestra aperta su un piccolo parco giochi del quartiere, mentre a tratti una leggera brezza portava il suono gioioso e inquieto delle risate dei bambini. Italia aveva deciso che era giunto il momento di pensare per davvero al proprio futuro, a dove, come, chi e con chi sarebbe stata dopo la maturità e quell'estate che si preannunciava dolce e amara come nessuna prima. Aveva già compiuto il rituale dei cento giorni e d'un tratto si era accorta che quel futuro – immaginato con ambiziosa e ingenua fantasia assieme ai compagni di fronte allo scoppiettio del falò in spiaggia, accompagnando i pensieri con le canzoni di Vasco alla chitarra – adesso era tutto, ma proprio tutto, nelle sue mani. Si sentiva grande e responsabile e anche un po' spaventata. Andare all'università le era sempre sembrata una prospettiva lontana, una cosa "da grandi", un momento in cui a pieno titolo si fa irruzione nella vita per prepararsi a giocare il nostro ruolo nel mondo nel migliore dei modi. Questo pensiero la emozionava e non vedeva l'ora di mettersi alla prova. Ma si sentiva inadeguata a una scelta così importante: non perché non sapesse se continuare a studiare o meno: per lei lo studio era sempre stato vita, passione, strumento per emanciparsi, maestro straordinario da quando le aveva insegnato il valore della determinazione costante nel perseguire con le sole proprie forze un obiettivo. A renderla inquieta più di ogni altra cosa era la scelta della facoltà: sentiva una chiusura improvvisa alla bocca dello stomaco ogni volta che rovesciava sul tavolo impregnato di studio la scatola con le brochure e i depliant che aveva raccolto sulle università italiane. Si trattava di una scatola bassa, dalla base molto larga, in cui per anni il padre aveva conservato le paia di scarpe vecchie che di volta in volta smetteva di portare, nell'eventualità che potessero un giorno tornare utili. Alla fine dell'ultimo anno di liceo, Italia, trovandola svuotata, l'aveva subito fatta sua e ci aveva riposto, con quella cura che si accompagna a grandi e inconfessate speranze, il materiale diligentemente raccolto negli ultimi mesi. Le piaceva l'idea che quella scatola, così consumata e rivestita da più giri di scotch per evitare che i fianchi cedessero, contenesse adesso le prime, incerte tracce dell'Italia futura. Del resto, le scarpe che fino a quel momento vi erano raccolte avevano permesso a suo padre di camminare moltissimo: quella scatola, con quel contenuto, aveva raccontato fino ad allora i mille percorsi di una vita passata. Adesso, invece, traboccante di libretti e appunti, lasciava intravedere il percorso di una vita ancora tutta da compiere. Italia osservò con i suoi intensissimi occhi verdi il materiale che aveva rovesciato sul tavolo. Richiamata dalle grida spensierate dei bambini che si rincorrevano nel prato, per un attimo fu invasa dal desiderio di poter riavvolgere le lancette dei propri diciannove anni. Una sensazione che aveva avuto, rapida e intensa, anche un mese e mezzo prima, quando il 17 marzo, come tutti gli anni, aveva soffiato sulle candele della torta. Ma quella volta, entrando nel suo ultimo anno da *teenager*, aveva percepito quasi fisicamente la responsabilità che l'arrivare a quella linea immaginaria di confine le metteva addosso. Anche adesso provava qualcosa di molto simile. Volse il suo sguardo, splendido e intenso anche quando velato di pensieri, verso la scatola riversa a terra, e rilesse, lettera per lettera, la scritta che vi aveva apposto in rosso e verde sullo sfondo bianco di uno dei fianchi: "Materiale Università", quasi a nascondere, dietro l'oggettività asettica di quelle due parole, l'importanza di una scelta ancora tutta da compiere. Indugiò con lo sguardo e con il pensiero sulla parola "Università" e subito avvertì la chiusura allo stomaco farsi più pressante. Aveva diciannove anni, sentiva di non possedere ancora gli elementi necessari per fare una scelta consapevole. E se si fosse poi accorta di avere imboccato la strada sbagliata? Non voleva fare come tanti suoi amici e amiche più grandi che avevano scelto a caso una facoltà rispetto a un'altra, o per seguire le amicizie con cui erano cresciuti o per non perdere l'amore o per soddisfare i desideri repressi dei genitori. No, Italia voleva fare una scelta pienamente consapevole, studiare qualcosa che la rendesse felice e che le facesse brillare gli occhi quando ne parlava. Aveva già qualche idea a proposito: l'estate prima aveva frequentato due corsi di orientamento universitario organizzati dalla Normale e dalla Scuola Sant'Anna di Pisa per i ragazzi all'ultimo anno di superiori, e in quelle due settimane trascorse nella splendida Toscana, tra Colle Val d'Elsa e Volterra, aveva avuto modo di saggiare il proprio interesse e la propria attitudine per le diverse discipline, per capire quale potesse essere davvero la sua strada. Era indecisa tra l'amore per la storia dell'arte e la passione, più percepita che sperimentata, per il mondo del diritto. Le poche ore di educazione civica che le avevano fatto fare a scuola le piacevano da impazzire: a tratti pensava che non ci fosse nulla di più bello che conoscere nel dettaglio le istituzioni del proprio paese, il modo in cui i poteri e le competenze sono distribuiti, in cui viene perseguito l'interesse generale di una Nazione e gli strumenti attraverso cui i cittadini, tutti i cittadini, sono messi nelle condizioni di far sentire la propria voce. Più di ogni altra cosa le piaceva la parola "uguaglianza", tanto che ogni volta che la incontrava sui libri di storia, filosofia ed educazione civica la sottolineava con vigore, quasi a difenderla, e accanto alla colonna di testo vi scriveva "Italia", perché in quella parola sentiva pulsare una parte fondamentale di sé e del proprio carattere. Al termine di quelle due settimane di orientamento aveva stretto amicizie che intuiva sarebbero state importanti e che aveva coltivato durante l'inverno, in particolare due. Erano una ragazza di Teano, riservata ma dall'ampio sorriso, alla quale la legava la stessa passione per il diritto, e un ragazzo sardo, di Nuoro, col quale per tutto l'inverno si era scambiata lettere scritte con inchiostro di china, in cui lui le raccontava delle sue giornate e della passione per la fotografia e per la musica: quei fogli, assieme ai messaggi ricevuti da altri ragazzi e ragazze conosciuti a Colle e a Volterra, parlavano di sogni, di progetti per il futuro, di sentimenti d'amore e di timore, della vita, e per questo Italia, man mano che rispondeva, li aveva raccolti in un cassetto. Le ritornarono in mente le parole di *Un'emozione per sempre*, la canzone che aveva fatto da colonna sonora a quelle sue due bellissime settimane, mentre la sera, sdraiata nella campagna toscana con lo sguardo perso tra le stelle, provava con gli altri a chiedersi "Che ne sarà di noi?". Uno stormo di ricordi e di emozioni le riaffiorò prepotentemente dentro: decise di mettersi seriamente al tavolo e di rileggere con convinzione ancora maggiore quel materiale in cui tante altre volte aveva cercato l'Italia che sarebbe stata. Ma il suo cuore e la sua mente avevano già deciso. Voleva lasciare Roma e trasferirsi al Nord, in una città universitaria ma non dispersiva come la capitale, che sapesse darle insieme cultura, tranquillità, evasione. In cui non fosse necessaria la metro per spostarsi, in cui potesse andare a lezione in bici. Sapeva che non sarebbe stato facile e che probabilmente avrebbe dovuto parlarne più volte con la madre prima di convincerla che quella fosse sul serio la scelta giusta per lei: la scelta che la metteva in condizioni di libertà e di responsabilità. Che le avrebbe consentito di essere una giovane donna e non più un'adolescente. Da sempre, del resto, era convinta che le scelte davvero importanti vanno intraprese ascoltando tutti preventivamente ma, alla fine, bisogna ascoltare soltanto se stessi. Ed era persuasa più di ogni altro in classe sua che scegliere l'università sotto casa e la facoltà meno impegnativa o più gettonata fosse un modo per falsificare e imbrigliare il proprio futuro. Alla fine di quel pomeriggio, quando ripose il materiale nella grande scatola di suo padre, Italia finalmente sapeva chi e dove sarebbe stata a settembre. Una studentessa di giurisprudenza motivata e appassionata. Scelse Firenze, in quella Toscana di cui si era perdutamente innamorata l'estate prima.

«Tu hai capito cosa intende la Prof. con "controllo accentrato di costituzionalità"?». Italia alzò lo sguardo dal quaderno dove stava rapidamente prendendo appunti, nel denso silenzio dell'Aula Magna Storica della Facoltà, tagliato soltanto dalla voce regolare della docente e, di tanto in tanto, dal colpo di tosse di qualche studente. Italia amava in modo particolare le mattine del lunedì, del martedì e del venerdì di quel secondo semestre: il corso di Costituzionale II la appassionava tantissimo e rafforzava quella spiccata propensione per il diritto pubblico che nel corso di quel primo anno di università aveva scoperto in sé. Era sempre più convinta che la Costituzione fosse tra i testi più belli che si potessero leggere e studiare, e pensava che chiunque fosse impegnato nelle istituzioni, nella vita pubblica e nell'agone politico dovesse avere la Carta dei padri costituenti come faro della propria azione. Inoltre, la capacità di quella docente, così giovane eppure così brava, di spiegare in modo limpido concetti anche complessi le faceva amare quella materia ancora di più: aveva poco più di quarant'anni ed era già professoressa ordinaria, un'eccezione nel panorama universitario nazionale. Italia pensava ad altri docenti che aveva avuto in quel primo anno a giurisprudenza e non trovava equivalenti, né anagrafici né qualitativi, a quel combinato di bravura e chiarezza.

Secondo i dati CNVSU contenuti nell'XI Rapporto sullo stato dell'università (rilasciato nel gennaio 2011)[1], i professori ordinari in Italia con più di 60 anni sono quasi il 50% (7.800 circa), e di questi oltre 3.000 (circa il 20% del totale) hanno più di 65 anni (soprattutto nelle Scienze fisiche, chimiche, mediche, storiche, dell'antichità, politiche e sociali, nei settori di Ingegneria civile e Architettura). Professori ordinari con età inferiore ai 51 anni (più del 20%) si riscontrano maggiormente nelle Scienze matematiche, giuridiche, economiche e statistiche, nei settori di Ingegneria industriale e dell'Informazione. Soltanto il 5% dei professori associati ha meno di 41 anni. La presenza di docenti di ruolo universitari donne è pari al 35% (novembre 2010), con una media percentuale del 20% tra gli ordinari (un ordinario donna ogni quattro ordinari uomini).

Alzando la testa dal quaderno per rispondere alla domanda, Italia non sapeva che quel venerdì mattina, oltre all'amore per la Costituzione, qualcosa le avrebbe preso il cuore. Qualcosa di molto particolare e, ancor di più, di inatteso. Era la prima volta che Giorgio le rivolgeva la parola, per quanto l'avesse notato già in altre occasioni nel cortile della Facoltà: era rimasta colpita dalla luce che gli brillava negli occhi quando distribuiva alle altre matricole volantini sulla tutela del diritto allo studio, sull'urgenza di preservare l'università pubblica e il sistema delle borse di studio per gli iscritti meritevoli e privi di mezzi. Giorgio era stato eletto rappresentante degli studenti nel Consiglio di Facoltà e Italia aveva sempre ammirato l'appassionata determinazione con cui quel ragazzo si impegnava per le proprie idee. Pure Italia sentiva forte in sé il bisogno di un impegno in prima persona, e ogni volta che leggeva i giornali sentiva il cuore batterle più forte e un'emozione crescerle dentro, difficile da controllare. "Possibile che noi non ci siamo?! Che siamo del tutto assenti oppure, quando si parla di noi, semplice carne da slogan?!", si chiedeva sfogliando i giornali invasi dalle solite promesse ministeriali di misure "per i giovani" e pensando a chi, come lei, aveva lasciato la propria città per iniziare, tra sacrifici e speranze, una vita nuova e diversa. "Dovremmo prepararci a essere il motore di questo paese e invece siamo soltanto fantasmi, figli di sconosciuti, di una società troppo presa dalla tutela del presente! Immobili in queste sabbie mobili, veniamo nominati da chi promette di cambiare tutto perché tutto rimanga com'è!". Per questo segretamente ammirava la determinazione con cui Giorgio metteva la faccia sulle proprie idee e sui valori in cui lui, lei e tanti come loro credevano. Quando sollevò la testa per rispondere alla domanda sulla lezione del Prof. Mazzini, Italia perse di nuovo i propri occhi in quello sguardo intelligente e fiero e si accorse che era la prima volta che, di fatto, parlava con Giorgio. Con quel ragazzo di cui tante volte aveva segretamente studiato il sorriso, le movenze, il linguaggio.

Al termine della lezione, entrambi uscirono dalla Facoltà e, prima di tuffarsi nell'"acquario" (la sala studio affacciata su Via Curtatone e Montanara dove Italia quasi

sempre si fermava a studiare) fino all'ora di pranzo, decisero di fare una passeggiata insieme sui Lungarni. Era la fine di marzo e le acque del fiume rimandavano i riflessi del tiepido sole che da qualche giorno era tornato nei cieli fiorentini dopo una settimana ininterrotta di pioggia. Non erano i volti "turistici" di Firenze che Italia amava, ma quella bellezza schiva che si lascia scoprire soltanto lentamente, vivendoci e perdendosi per le sue strade, interpretandone i tetti, le terrazze, gli scorci, i tramonti e le sere stellate ogni volta sulla base dell'emozione del momento. Esattamente come le stava capitando quella mattina, quando la passeggiata verso il Ponte Vecchio assieme a Giorgio dava a quel percorso tutto un altro significato. Quel ragazzo le piaceva, e ogni parola che usciva dalle sue labbra rafforzava in lei quella sensazione. Parlarono di se stessi, delle loro vite e di cosa li aveva portati a Firenze. Giorgio era nato e cresciuto in un paesino in provincia di Potenza e da sempre aveva capito che per lui poter esprimere l'amore naturale per la propria terra sarebbe stato più difficile che per gli altri: più complicato perché dopo il liceo il suo destino era quello di contemplare un cielo sempre più su, sempre più a Nord. Anche se veniva da un cielo più settentrionale rispetto a Giorgio, Italia si sentiva molto vicina a quella esperienza: anche lei aveva lasciato Roma per costruirsi un percorso autonomo ed era convinta che l'università per un giovane potesse essere lo strumento principale per conseguire un'uguaglianza, se non di fatto, quanto meno di opportunità. «Un ragazzo come noi» disse Italia a Giorgio, fissando i propri occhi verdissimi in quelli scurissimi di lui, «non dovrebbe giocare al ribasso, ma gli dovrebbe essere insegnato di sognare, di scommettere, di osare: non dovrebbe mai smettere di pensare che il suo diritto più grande è quello di sentirsi felice. Non trovi?».
«Hai ragione, ma quello che dici non è un concetto che na-

sce così, per caso: deve essere inculcato dai genitori, dalla famiglia, dagli insegnanti. Se avessi scelto l'università più vicina a casa, non sarei lontano, qui, adesso. Andare lontano nella vita significa, a volte, anche avere il coraggio e la possibilità di andare lontano da casa». «Hai detto bene: la possibilità. Io penso che tutti dovremmo essere messi nelle condizioni di avere le stesse possibilità, di correre scattando dalla stessa linea di partenza... Io, ad esempio, per pagarmi gli studi questo primo anno di università non ho avuto scelta: da ottobre ogni sera lavoro in un albergo del centro. Attacco ogni pomeriggio alle 18, finisco a mezzanotte, e ti assicuro che dopo un'intera giornata di lezione la stanchezza a volte mi fa tremare le gambe e mi annebbia la vista. La mia cena è un panino al volo sul bus mentre vado dalla facoltà al lavoro, portandomi dietro il cambio già la mattina alle otto quando esco di casa, sapendo che non riaprirò quella porta fino all'una del mattino seguente».

Tenace e desiderosa di acquisire competenze professionalizzanti, Italia non conosceva quel misto di sfiducia e rassegnazione che caratterizza i NEET (*Not in Education, Employment or Training*), la popolazione giovanile tra i 15 e i 29 anni che non studia né lavora né segue corsi di formazione o aggiornamento professionale: una fetta di paese fuori dal circuito formativo o lavorativo.

Il nostro paese ha il triste primato europeo su questo terreno, con oltre due milioni di giovani (1/4 dei giovani in quella fascia d'età) nel 2009, un milione dei quali nel Mezzogiorno[2].

Giorgio si sentiva sorprendentemente vicino a quella ragazza: aveva quasi l'impressione di conoscerla da tanto, tantissimo tempo... Gli venne d'impulso di prenderle le mani, mentre parlava, e di chiederle, fissandola in quegli occhi verdi così belli da far male: «Italia, perché, invece che pranzare e andare a lezione, non facciamo di testa nostra oggi, e seguiamo soltanto la nostra piccola ricerca della felicità? Prendiamo il treno, adesso, e andiamo a Pisa! È una città che sono sicuro ti entrerà nel sangue... Fallo per me... Fallo per noi». Erano occhi negli occhi, e Italia non seppe dirgli di no. In fondo, non pensava di fare nulla di male se, da fiorentina acquisita, avesse visitato Pisa... E se avesse saltato la poco vivace lezione di Privato. Era Giorgio a chiederglielo, e sfiorando la mezza libertà di un pomeriggio rubato allo studio e riconquistato alla vita, si avviò con lui verso la stazione di Santa Maria Novella.

Quando scesero dal treno, a Italia parve di respirare un'aria di casa. Non tanto perché, proprio nel momento in cui arrivarono, veniva annunciato a gran voce un treno in partenza per Roma. Ma per i tanti ragazzi che in quel momento affollavano la piazza di fronte alla stazione. Saranno stati quasi un centinaio e tutti indossavano una maglietta arancione con la scritta "Non più"; ai loro piedi, sparse per terra, altrettante scatole spruzzate di rosso, ciascuna con una parola diversa sul fianco più lungo. A Italia venne subito in mente la "sua" scatola, quella in cui per tutto l'ultimo anno di liceo aveva raccolto il materiale sulle facoltà, e questo pensiero, istintivamente, la fece sentire ancora più a casa. «Fermiamoci un attimo», le disse Giorgio senza guardarla ma tenendola per mano. Si avvicinarono a una delle macchie arancioni che si agitava nella folla con in mano un megafono: «Perché siete qui? Per cosa manifestate?». La macchia arancione lo guardò con i suoi occhi azzurri infossati in occhiaie profonde, e con voce ferma gli rispose: «Manifestiamo per il nostro futuro. Siamo in piazza per gridare alla istituzioni, alla politica, ai cittadini, a tutti coloro che vorranno e non vorranno ascoltarci che noi non siamo più disposti ad accettare una vita fondata sul precariato. Vogliamo che sia riconosciuto concretamente il nostro diritto alla ricerca della felicità; vogliamo poter pensare che un giorno potremo anche noi avere dei figli, un lavoro che amiamo, una casa propria senza un mutuo che si trascinerà per vent'anni. Vogliamo tornare a poter sperare nella possibilità di essere persone».

A Italia e a Giorgio, che lo ascoltavano in empatico silenzio, il ragazzo spiegò che tutte quelle scatole componevano un vocabolario e, di riflesso, un'immagine di Paese: «Questo centinaio di scatole sono solo alcune delle parole che disegnano lo stato di oggi, ed esprimono una realtà che noi vogliamo abbattere, una volta per tutte». Italia lanciò subito un occhi oalle scatole intorno a lei: "retorica del rinnovamento", "università senza sbocchi", "stage non retribuiti", "cultura mortificata", "comunicare senza essere"... Ma anche "guerra", "inquinamento", "personalismo", "mafia"... Tra le ragazze che gli si agitavano accanto, Giorgio lesse "razzismo", "omofobia", "indifferenza", "egoismo". Quel corteo di studenti liceali, universitari e lavoratori precari avrebbe attraversato le strade del centro storico della città: avrebbe poi innalzato, scatola su scatola, un muro che alla fine avrebbero abbattuto loro stessi, lanciandovisi contro in corsa. «È un gesto simbolico» spiegò a entrambi il ragazzo col megafono, «con cui vogliamo risvegliare sia la cittadinanza sia i nostri coetanei. Abbiamo deciso di innalzare la muraglia da abbattere in Piazza Garibaldi, perché vogliamo ricordare a tutti che il nostro paese, così come è oggi, richiede di essere nuovamente liberato e unito. Tocca soprattutto a noi ricostruirlo!». Giorgio e Italia seguirono il corteo che si snodò per le strade come un lungo serpente, dalla stazione, invadendo il Corso, fino al Ponte di Mezzo. Qui i ragazzi si slanciarono tutti insieme a corsa, ciascuno con una scatola in mano, riversandosi nell'adiacente Piazza Garibaldi e dando avvio a una serie di testimonianze in diretta che avrebbero preceduto la costruzione del grande muro da abbattere.

Si susseguirono, per più di un'ora, racconti di precari della ricerca, di studenti lavoratori, di sindacalisti, di ragazze madri che si dividevano fra tre lavori e i corsi serali all'università. Italia rimase colpita soprattutto dall'esperienza di due borsisti di ricerca che, dopo una laurea con lode, un dottorato e cinque anni di precariato, adesso iniziavano un secondo dottorato in un altro paese perché l'accademia italiana non riusciva ad assorbirli né a offrire loro prospettive di inserimento. Non riusciva a capire come un paese potesse essere così suicida da investire per anni nella formazione dei propri ragazzi per poi buttarli in mezzo di strada, od ostracizzarli, come avveniva nel caso dei più fortunati. «Ma porca miseria!», i suoi occhi verde smeraldo si fecero rossi di pianto trattenuto. «Indignarsi certo non basta, ma non può essere questa la prospettiva di vita per chi investe per anni nella propria formazione!» I discorsi sul merito che sentiva ripetere di continuo dai suoi professori e dai compagni di diversa estrazione politica la annoiavano e li trovava, in fondo, anche molto ipocriti. Alla finta litania sul merito preferiva l'idea di un "merito democratico" o, meglio, di un "merito in democrazia", che puntasse alla valorizzazione dei risultati conquistati sul campo, in una gara in cui tutti potessero fare lo scatto iniziale dalla stessa linea di partenza, senza per questo pretendere che i punti di arrivo fossero anch'essi livellati. Italia spesso ripensava all'immagine evocata da un autore di cui aveva letto moltissimo, Amartya Sen, di un flauto e di tre bambini che lo desiderano in egual modo: il primo perché è l'unico a saperlo suonare; il secondo perché è povero e non possiede altri giocattoli; il terzo perché è lui ad averlo costruito con le proprie mani. A chi dare il flauto? In un mondo "giusto" dovrebbe prevalere la logica dell'utilità, quella dell'eguaglianza o la difesa del diritto ai frutti del proprio lavoro? Italia ogni volta arrivava alla stessa conclusione: occorre mettere gli individui, al di là delle loro differenze iniziali, nella possibilità della libertà di scegliere il proprio progetto di vita... Non condivideva l'esortazione di molti a lasciare il paese, una volta conseguita una brillante laurea in giurisprudenza. «Laureati prima che puoi col massimo dei voti, preferibilmente in diritto internazionale, e vai a lavorare all'estero: Ginevra o New York o Parigi, purché fuori da questa palude!», era il consiglio che spesso le veniva da un vecchio zio verso cui Italia nutriva grande fiducia e rispetto. Ma dentro di sé era convinta che scappare in un altro paese, andarsene, voltare le spalle, fosse una via di uscita preziosa ma anche, in fondo, un atto di egoismo e insieme una grande ingiustizia: un egoismo in parte più comprensibile ma certo non così diverso da quello (sociale, politico, istituzionale) che campeggiava a caratteri cubitali su una delle scatole in mano ai ragazzi; un'ingiustizia per chi ama il proprio paese e desidera provare a restituirgli quanto ha avuto la fortuna di ricevere.

Fenomeni come quelli del brain drain, *del* brain gain *e, più in generale, della* brain circulation *hanno modificato radicalmente il fenomeno dell'emigrazione italiana negli ultimi anni: oggi l'Italia rimane, con 4.115.235 residenti all'estero[3] (per lo più in Stati membri dell'Unione: in ordine decrescente di preferenza, Germania, Svizzera, Francia, Belgio e Gran Bretagna), tra i paesi dell'UE con il più alto numero di emigrati (57% dei quali originari del Meridione, il 29% del Nord e il restante 14% dell'area del Centro), ma ad essere cambiato è il profilo professionale di quanti scelgono di diventare italiani senza Italia. Si tratta soprat-*

tutto di tecnici e operai specializzati, imprenditori e giovani ricercatori, molti dei quali provengono già da un'esperienza di migrazione interna, da Sud a Nord del paese. È un'emigrazione "intellettuale" quella che porta un milione e mezzo di italiani tra i 18 e 34 anni a trasferirsi all'estero, con una triplicazione, negli ultimi dieci anni, dei giovani laureati emigrati[4]. Un'internazionalizzazione vissuta non come opportunità ma come exit strategy *per lo più a senso unico, in un contesto di forte asimmetria tra spinta a partire e opportunità di ritorno; una perdita emorragica che troppo raramente riesce ad essere compensata o con il rientro o con l'attrazione di capitale umano straniero nelle nostre università e centri di ricerca. Basti pensare alla sola mobilità studentesca universitaria nella formazione di I e di II livello: nel 2008, secondo l'Ocse, gli universitari che hanno studiato in altri paesi sono stati 3.342.092 tra i quali, per quanto riguarda l'Italia, 42.433 in uscita e 68.273 in entrata.*

Questi ultimi sono quasi il doppio rispetto al 2000, ma ancora pochi rispetto al livello di studenti stranieri che si riscontra negli altri grandi paesi europei[5].

Guardando Giorgio e i suoi occhi intensi che bevevano ogni parola di un esponente del mondo sindacale in quel momento al megafono, Italia pensò che quel suolo, quel cielo, quel paese era quanto desiderava avere nella vita. E forse anche quel ragazzo. Più di ogni altra cosa sognava quelle cose per il proprio futuro.

Anche in questo Italia era una ragazza controcorrente: l'Eurispes ci ha consegnato a febbraio 2011 un quadro preoccupante per l'affezione dei più giovani al paese: il 50,9% dei giovani italiani tra i 25 e i 34 anni dichiara che vorrebbe trasferirsi all'estero; il 39,4% degli italiani tra i 25 e i 34 anni e il 37,1% di quelli tra i 18 e i 24 ritiene addirittura una sfortuna risiedere in Italia, dove 1/3 della popolazione giovanile in quella fascia d'età è disoccupato[6].

Forse non avrebbe potuto ottenerle subito: Ulisse, prima di riassaporare la bellezza di Itaca e riperdersi negli occhi e nel profumo di Penelope e nel sorriso del figlio, aveva dovuto stare via vent'anni. Sperava, Italia, che vent'anni all'estero non fosse ciò che il destino avesse in serbo per lei: quattro, cinque anni potevano essere una grandissima opportunità per internazionalizzare la propria formazione, magari in Europa o negli Stati Uniti subito dopo la laurea, con un'esperienza di lavoro o, ancora, di studio. Ma pensava che troppe volte le esigenze delle giovani generazioni corrono veloci, troppo veloci, rispetto ai tempi della politica e della vita istituzionale del paese... Ricordava con amarezza un dato che aveva letto su un testo per l'esame di Costituzionale: solo nel 2001 è stata approvata, dopo un dibattito parlamentare risalente al 1908 (e dopo 143 progetti di legge non maturati tra il 1955 e il 2001), la legge sul voto degli italiani all'estero, che ha finalmente dato voce politica e rappresentanza ai nostri connazionali emigrati. Cosa diventa un paese che matura un ritardo così forte su un terreno tanto cruciale? L'Erasmus, poi, era per Italia fuori da ogni possibilità: la borse erogata non le avrebbe consentito di sopravvivere senza un sostanzioso contributo da parte della propria madre, e la ragazza sapeva che questo non era proprio possibile.

Nell'anno accademico 2008/2009 17.754 studenti universitari italiani hanno compiuto esperienze di studio all'estero grazie al Programma Europeo Erasmus, su

un totale, a livello dei 27 Stati membri, di 168.153 (no-
nostante lo scarno sussidio comunitario di 272 euro al
mese, che finisce per favorire i figli di famiglie bene-
stanti e su cui intende lavorare l'iniziativa "Universal
Erasmus" lanciata nel 2009); a venire in Italia sotto la
copertura di questo programma sono stati, invece,
15.530 studenti. La Spagna è al primo posto sia come
sorgente che come paese di accoglienza di studenti
Erasmus: in Spagna, secondo fonti locali, gli italiani
sono passati da 59.743 nel 2003 a 170.051 nel 2010[7].
Dal dicembre 2007 al giugno 2008 è stato costituito a
livello comunitario il Forum sulla mobilità giovanile,
presieduto dalla portoghese Maria João Rodrigues, col
compito di fotografare la situazione della mobilità dei
giovani garantita dai programmi comunitari esistenti
(non solo Erasmus, ma anche programmi per studenti
medi, educazione non formale, volontariato, mondo
delle imprese, arte, musica e sport) e di elaborare pro-
poste per implementarne la portata. Nel documento fi-
nale elaborato dal Forum si legge che dei novanta mi-
lioni di giovani tra i 16 e i 29 anni nei ventisette Stati
membri, solo trecentomila partecipano annualmente
ai programmi di scambio promossi dall'UE. Anche i
dati aggregati della mobilità geografica non sono parti-
colarmente felici: solo il 18% dei cittadini europei si è
trasferito in una regione diversa da quella d'origine; il
4% ha cambiato Stato membro e solo il 3% si è trasfe-
rito al di fuori dell'UE (al contrario degli Stati Uniti,
dove almeno il 32% dei cittadini vive in uno Stato di-
verso da quello di nascita).

Ma quelle testimonianze di forza e umiltà e determinazione e speranza che sentiva risuonare in piazza la raffor-
zarono nei suoi propositi. Quella, contrariamente a quanto

diceva qualcuno, era la parte migliore, non peggiore del Paese. Lei stessa era arrivata fin lì tra tanti sacrifici e non avrebbe certo smesso di correre soltanto perché dopo la fine degli studi non aveva la certezza di sapere cosa l'avrebbe aspettata. Giorgio si riavvicinò a lei per stringerle le braccia da dietro intorno alla vita e, nel darle un bacio – il primo – sui capelli profumati di vento e femminilità, le chiese: «Queste persone mi fanno sentire orgoglioso di impegnarmi ogni giorno, di studiare con passione e di provare, nel mio piccolo, a fare di questo paese un luogo migliore, per noi e per chi verrà. E sai cosa ti dico, Italia? Noi dobbiamo avere il coraggio di esporci, di uscire dall'ombra, dobbiamo avere il coraggio delle nostre idee, di osare, di schierarci, di metterci la faccia, di gridare anche se il nostro grido romperà le convenzioni, anche se deluderà qualcuno, anche se infastidirà molti. Ma io voglio trasmettere a mio figlio l'idea che lo studio e la formazione, non il carrierismo o l'apparire, sono la leva principale per migliorare la propria condizione. È soprattutto se l'università in questo paese tornerà a funzionare per davvero, che la nostra democrazia potrà essere finalmente inverata, e consentire a tutti coloro che lo meritano – non importa se siano figli di un contadino del Sud o di un operaio nelle acciaierie di Piombino o di un avvocato di Milano – di realizzare il proprio progetto di vita. E di essere felici».

Italia si girò di scatto e lo baciò con trasporto, ad occhi chiusi. Quel pomeriggio, al termine degli interventi, i ragazzi si schierarono sulla stessa linea di partenza e si lanciarono a corsa contro il muro di cartoni che avevano eretto. Italia e Giorgio pure corsero e fecero gli "anarchici" di fronte ai passanti e alla cittadinanza che si era fermata a guardare e ad applaudire. Lei sferrò un calcio determinato alla scatola "università senza sbocchi", lui a quella con su scritto "mafia". Era convinto, infatti, che le mafie fossero una vera piaga per il paese, ma ancora di più lo fosse il comportamento "mafioso" di gran parte della caste e dei gruppi chiusi che operavano nei diversi settori e che nei confronti delle giovani generazioni procedevano per lo più per cooptazione e non per selezione sulla base del merito e delle competenze. Gli atteggiamenti corporativi delle categorie, anche all'università, erano un'altra scatola cui quei ragazzi in corsa davano un calcio per sempre.

Al termine di quel pomeriggio, Italia e Giorgio percorsero a piedi il centro della città: passarono di fronte alla splendida facciata asimmetrica della Normale, quasi un *trompe-l'oeil* sullo sfondo del cielo; si sedettero sulle panchine tra il verde e i piccioni di Piazza dei Martiri della Libertà, di fronte alla Scuola Sant'Anna; passeggiarono intorno alla Torre, fino a sbucare nuovamente sui Lungarni. Tornando in stazione per riprendere il treno per Firenze, Italia si fermò in una libreria del Corso e, assieme a *La voce a te dovuta* di Salinas, un poeta che amava molto, volle comprare *Non è il paese che sognavo. Taccuino laico per i 150 dell'Unità d'Italia* del Presidente emerito Carlo Azeglio Ciampi. Decise di acquistarlo non soltanto perché leggere il proprio nome nel titolo le provocava un leggero tuffo al cuore. Ma soprattutto perché Ciampi aveva studiato a Pisa, prima alla Normale e poi all'Università, era il simbolo di quella umile determinazione che tanto ammirava e aveva servito le istituzioni con lungimiranza e grande attenzione per le aspirazioni e i bisogni della parte più giovane del paese. Italia non poteva certo leggere nel futuro: se avesse potuto, avrebbe visto che quelle pagine le sarebbero tornate, un giorno, molto utili. E avrebbe anche scoperto che Giorgio, entrato quel giorno per davvero nella sua vita, non ne sarebbe uscito così presto. Le loro strade, in parte, si sarebbero divise già l'anno dopo, quando lui avrebbe lasciato giurisprudenza per informatica, la sua vecchia passione.

Ma, come canta Eros Ramazzotti, "ciò che c'è in fondo al cuore non muore mai... se c'hai creduto una volta lo rifarai...". E Italia credeva in quel verso con tutta se stessa.

Proposte

- Introdurre un periodo di ricerca all'estero di sei mesi obbligatorio per tutti i dottorandi, necessario per il conseguimento del titolo.
- Riformulare la struttura del dottorato di ricerca, in modo da inserire il dottorando appieno e in forma istituzionale (già dal secondo anno) nelle attività di ricerca e didattica della propria area, così da permettergli di acquisire esperienze strutturate di *teaching* (possibilmente in inglese e con co-partecipazione nella formulazione del syllabus) da far valere anche all'estero.
- Rendere obbligatorio, per ordinari professori di I e II fascia, un numero minimo di pubblicazioni in inglese ogni tre anni e un soggiorno all'estero periodico di ricerca per il mantenimento della propria posizione: la valutazione dell'attività di didattica e di ricerca deve essere costante e trasversale nel corso della carriera.
- Aumentare in modo consistente l'importo delle borse Erasmus per incrementare la mobilità degli studenti italiani a livello comunitario.
- Riformulare l'accesso al diritto allo studio, anticipando il momento dell'assegnazione della borsa di studio rispetto a quello dell'iscrizione.
- Invertire il processo nell'assegnazione delle borse di studio: prima si definisca una soglia (anche alta) di reddito, poi si proceda secondo una graduatoria di merito.
- Garantire una piena cittadinanza studentesca: oltre all'alloggio, alla mensa e al supporto economico, è fondamentale anche assicurare i diritti di cittadinanza.
- Potenziare il legame studenti universitari-città, investendo su cultura, creatività e inventiva dei primi e sviluppando la terza funzione dell'università di oggi (rapporto col territorio), accanto alle due classiche dell'università humboldtiana (didattica e ricerca).

- Preservare e ampliare la collegialità (di vita e di ricerca) delle comunità di studio nelle "Scuole Superiori" e nei centri di formazione d'eccellenza e cercare di sviluppare al massimo, anche nelle normali università, progetti interdisciplinari e realizzazioni a più mani (e a più competenze) di pubblicazioni che solo possono nascere nelle "comunità di ricerca".
- Implementare la mobilità degli studenti e dei ricercatori sul piano regionale, nazionale e internazionale, tanto in entrata quanto in uscita, attraverso un numero maggiore di collaborazioni, forme di *partnership* e *joint-programs* istituzionalizzati tra atenei.

Note

[1] http://www.cnvsu.it/_library/downloadfile.asp?id=11778
[2] *Noi Italia. 100 statistiche per capire il Paese in cui viviamo*, Rapporto Istat, 2011. La sezione "Istruzione" con i dati sui giovani che non lavorano né studiano è disponibile online all'indirizzo: http://noi-italia.istat.it/index.php?id=7&user_100ind_pi1[id_pagina]=78&cHash=2ea1b16f9a5b66e9ca0c6a0f9de2064d.
[3] Rapporto Italiani nel Mondo 2011 (Fondazione Migrantes): elaborazione su dati Aire e Istat.
[4] Patrizia Audenino, Maddalena Tirabassi, *Migrazioni italiane*, Mondadori, 2008.
[5] Rapporto Italiani nel Mondo 2011 (Fondazione Migrantes).
[6] Rapporto Italia 2011 di Eurispes: http://www.eurispes.it/ index.php?option=com_content&view=article&id=2236:rapporto-italia-2011&catid=47:rapporto-italia&Itemid=222.
[7] Rapporto Italiani nel Mondo 2011 (Fondazione Migrantes).

7

Territorio

Gaia Checcucci

95 scalini... 95 tremendi ma bellissimi scalini. Questa era la distanza tra l'ingresso e l'ultimo pianerottolo del palazzo dove viveva.

Durante gli anni dell'università aveva più volte cambiato alloggio in una scientifica manovra di avvicinamento al centro storico fiorentino che era ormai giunta alla fase finale.

Quando Marisa, compagna di Facoltà, le confessò pensierosa che l'altro inquilino del "bilocale vista palazzo Pitti" nel quale abitava se ne era andato e che pensava a lei come sostituto, Italia sperimentò cosa fosse il concetto di pensiero-azione. In tre giorni si era stabilita da Marisa ed ora, come quasi tutte le sere da ormai sei mesi, stava lanciandosi su per gli scalini per gustarsi la vista e la luce della piazza al tramonto, col pullulare di turisti, con il colore rosa del cielo sopra il Palazzo che fu dei Medici. Era il suo modo di contemplare la città che la stava accogliendo per gli studi, prima freddamente poi in un abbraccio che ti toglie il respiro e ti fa vivere in una semiperenne sindrome di Stendhal. Aveva superato la metà del suo percorso universitario, ma la determinazione di finire al più presto non l'aveva ancora abbandonata.

«Ita, ho telefonato al trombaio, non c'è più bisogno che venga, il sig. Piero del piano di sotto ha sistemato il rubinetto, poi ti spiego. Torno tardi, besos, Mary».

Il post-it di Marisa attaccato sul portone le diede il tempo di riprendere fiato e nello stesso tempo la fece sorridere. Il termine trombaio è usato a Firenze per indicare l'idraulico, e proprio per il facile accostamento a termini più da film di Monicelli, Italia, seppur conscia del reale significato, non era mai riuscita a togliersi dalla mente l'immagine di un simpatico energumeno che si approfittava di qualche malcapitata studentessa con la lavastoviglie rotta.

In realtà stavolta non c'era nulla di serio, il rubinetto del bagno non chiudeva bene e un filo d'acqua scendeva continuo; ma non era questo il punto, era il principio.

Italia riconosceva in un manuale del WWF allegato ad un Almanacco di Topolino, che lesse in una lontana estate a Marsala, una delle sue tappe formative basilari. Sembra buffo ma è così. Lì si diceva che l'italiano medio si lava i denti per un minuto tenendo aperto senza motivo il rubinetto per tutto il tempo.

Calcolando due lavaggi di denti al giorno per sette giorni la settimana e moltiplicando per milioni di cittadini veniva fuori un numero impressionante di ore nelle quali l'acqua veniva semplicemente sprecata. Milioni di litri d'acqua che ogni anno venivano sprecati solo per la pigrizia di chiudere un rubinetto anziché usare l'acqua solo per bagnare le setole dello spazzolino e poi per sciacquarsi la bocca. Nella differenza fra i 10 secondi impiegati per queste due banali operazioni e i 60 secondi impiegati per pigrizia, c'era tanta acqua da poter dissetare migliaia di assetati.

Italia ricordava ancora quel libro, il sapore del latte alla mandorla che beveva mentre memorizzava in maniera indelebile come le azioni di ogni giorno, le più banali, se compiute senza criterio, possano avere conseguenze su scala globale.

L'Italia è uno dei Paesi nel quale il consumo di acqua pro capite è più alto e dove le reti perdono la più alta percentuale di acqua.
Il consumo medio di un italiano si aggira attorno ai 200 litri al giorno. Le reti raggiungono percentuali di perdite la cui media a livello nazionale è del 40%, ma si spingono anche oltre fino a raggiungere il 55% in alcune zone del Sud, ben ampiamente sopra le medie europee[1].

E ricordava ancora meglio i pomeriggi al mare durante la villeggiatura dalla nonna, quel mare meraviglioso, quell'acqua dalle sfumature che andavano dal verde smeraldo al blu intenso. Certo, le grandi città hanno un fascino diverso e neanche paragonabile: Roma e Firenze su tutte, con il Tevere e l'Arno che le attraversano e lungo le cui sponde Italia amava passeggiare e correre. La corsa della domenica mattina alle Cascine lungo quel fiume che "d'argento" oggettivamente non era più, ma il cui fascino restava indiscutibile, la faceva sentire molto "fiorentina". Aveva capito che tra i fiorentini e quel fiume c'è un legame tutto particolare, una sorta di cordone ombelicale non reciso, un misto di amore e timore riverenziale nei confronti di "colui" che nel 1966 aveva esondato, arrecando una ferita indelebile a Firenze, all'Italia e al mondo intero. L'alluvione del 1966... Italia aveva davanti agli occhi quando lo scorso autunno per tre giorni consecutivi non aveva mai smesso di piovere e man mano che passavano le ore sempre più fiorentini si affacciavano alle spallette dell'Arno e fissavano il fiume che si ingrossava, quasi raccomandandosi di non esagerare troppo e di stare buono al proprio posto. Aveva così prestato più attenzione agli articoli di giornale che ricordavano l'evento del 1966 e ai vari commenti degli esperti che spiegavano come poter evitare che in condizioni analoghe si ripetesse quella sciagura. Aveva compreso che alcune cose erano state fatte ma che gli interventi principali che potevano garantire la sicurezza di Firenze ancora non erano stati realizzati e che occorrevano moltissimi soldi. Da allora anche Italia, nei giorni di pioggia, buttava un occhio a quel "fiume torrentizio" e si accertava che se ne stesse al proprio posto. Sì, questo la faceva sentire ancor più parte integrante di quella città e non ospite di passaggio.

La storia di Firenze è contrassegnata da moltissime alluvioni: dal 1177 in poi sono documentate 56 inondazioni del centro storico di Firenze, di cui 8 estremamente disastrose. Tra queste ultime l'alluvione del 1966 risulta tra le più gravi e in ogni caso, tra le catastrofi idrogeologiche che hanno colpito l'Italia, quella che maggiormente ha segnato l'opinione pubblica. Non sono disponibili dati univoci sui costi sostenuti per affrontare i danni provocati dall'alluvione, ma, a solo a titolo di esempio si ricorda che gli stanziamenti del Governo previsti per i soli interventi di immediato soccorso alla popolazione e alla messa in sicurezza dei beni artistici furono di 4,3 miliardi di lire dell'epoca che, in termini reali, sono pari a 40 milioni di euro attuali. Tutto ciò senza considerare il valore del patrimonio artistico che è stato distrutto.
Gli attuali sistemi di modellazione ed analisi hanno permesso di ricostruire il quadro degli effetti di una ipotetica nuova inondazione di intensità paragonabile al '66, identificando le aree che oggi possono essere allagate e fornendo gli strumenti per quantificare i possibili danni connessi al ripetersi di un tale evento. Infatti mediante la pianificazione di assetto idrogeologico (PAI) del Piano di bacino, redatta dall'ente che si occupa di pianificazione e di programmazione nell'ambito della difesa del suolo – l'Autorità di bacino dell'Arno[2] –

è stato possibile definire sia lo stato di pericolosità idraulica che il rischio per tutto il bacino del fiume toscano. Attraverso il piano "Rischio Idraulico" l'Autorità ha individuato gli interventi necessari per mettere in sicurezza il territorio, principi che vanno bene per la maggior parte della rete idrica italiana: si tratta nella maggior parte dei casi di "casse di espansione", ovvero aree di esondazione controllata nelle quali è previsto che il fiume debba allagare, evitando così che arrechi maggiori danni dove vi sono più insediamenti abitativi e, quindi, persone. Si tratta di numerosi interventi di rilevante impegno economico, che se stimato in costi attuali, ammonterebbe a diversi milioni di euro.

Certo il mare, quel mare della "nonna" le mancava: le sembrava di sentire ancora l'odore delle melanzane che le preparava già dal primo mattino e che lei gustava a qualsiasi ora del giorno... e i dolci, i cannoli, la cassata... quegli odori, quei sapori poteva risentirli tuttora se ci pensava e chiudeva gli occhi. Tutto allora le sembrava perfetto; e pazienza se talvolta l'acqua non arrivava in casa e bisognava tornare al mare per darsi una rinfrescata... E sì, era vero anche, come sentiva dire in casa, che quel brutto rigagnolo che finiva proprio dietro gli scogli non doveva esserci perché inquinava e maleodorava terribilmente e che il Sindaco aveva promesso di fare il depuratore che però poi non aveva fatto... Per lei, allora, era di gran lunga preponderante la bellezza della tavola blu e dei riflessi scintillanti che provocava il caldo sole d'agosto.

Le rilevazioni dicono che lo stato di funzionamento dei nostri acquedotti è insoddisfacente e richiede pesanti e costosi interventi. Analogamente lo è la copertura per la fognatura, che serve l'85% circa della popolazione con punte in negativo nelle isole, dove si attesta sul 75%. Ancora più grave la situazione della depurazione che copre solo il 70% della popolazione, con il minimo del 55% circa sempre nelle regioni del Sud.

I numeri evidenziano le condizioni assai preoccupanti nelle quali si trova il nostro paese: è noto il costante rischio di condanna comunitaria nell'ambito della procedura di infrazione per i numerosi impianti non conformi alla Direttiva CE 271/1991, che prevedeva obiettivi e scadenze per la qualità degli scarichi. Ciò risulta particolarmente preoccupante se si tiene conto che la successive direttive comunitarie, in particolare la Direttiva CE 2000/60, cornice normativa europea di riferimento in materia di governo delle risorse idriche, recepita nel nostro ordinamento con il D. Lgs. 152/06, impone il raggiungimento del buono stato di qualità di tutti i nostri fiumi, laghi e più ampiamente di tutti i corpi idrici entro il 2015.

Il fabbisogno di investimenti di cui l'Italia necessita in un arco temporale di 15/20 anni ammonta a circa 60 miliardi di euro.

Si tratterebbe di non meno di 2,5/3 miliardi annui che si dovrebbero spendere per raggiungere i livelli di servizio previsti dalle normative vigenti, con un investimento nel settore idrico pari allo 0,15% del PIL. Si tenga presente che la stima del fabbisogno annuale di investimenti nei paesi ad alto reddito come percentuale sul PIL va dallo 0,35% al 1,2%; quella a reddito medio dallo 0,54% a 2,6%, quella a basso reddito dallo 0,7% al 6,3%[3].

La media di investimento pro capite attuale è desumibile dalle previsioni contenute nei programmi di investimento elaborati dalle Autorità d'ambito, ovvero dagli Enti Locali che in forma di consorzio pianificano

quali sono gli interventi necessari per il proprio territo-
rio, sia per l'acquedotto che per la depurazione e la fo-
gnatura. A fronte di ciò, prevedono gli investimenti che
servono per coprire tali interventi e stabiliscono le ta-
riffe che i cittadini devono pagare per avere un servizio
idrico che garantisca loro un approvvigionamento di
acqua costante e sufficiente, sistemi fognari e impianti
di depurazione che consentano ai reflui di essere trat-
tati prima di tornare all'ambiente. Dalle pianificazioni
d'ambito, il fabbisogno pro capite *che si desume am-*
monta a 30/35 euro (si va da un massimo di 41 ad un
minimo di 29) a fronte di almeno quasi il doppio che
studi specialistici e mirati hanno dimostrato sarebbe
necessario.
A ciò si aggiunge il raffronto tra le previsioni di investi-
mento e il tasso di realizzazione degli stessi non rag-
giunge il 56%: l'effettiva spesa, dunque, è in realtà lar-
gamente inferiore sia alle previsioni dei piani d'ambito
sia ai fabbisogni rilevati, attestandosi su circa 15 euro
per abitante.
Si comprende dunque come siano indispensabili in-
genti investimenti per avviare interventi che consenta-
no in primis *di realizzare sistemi fognari, depurare le*
nostre acque e mantenere fede agli impegni comunita-
ri, pena ulteriori pesanti infrazioni che si abbatteranno
sul nostro paese con conseguenze negative in termini
di qualità della vita per tutti i cittadini, di immagine a
livello comunitario e, non ultimo, sotto il profilo pret-
tamente economico laddove il nostro paese si trovasse
costretto a pagare ingenti sanzioni per inadempimento
delle Direttive[4]*.*

Sì, lei era senza dubbio una persona consapevole e negli
anni aveva coltivato una sorta di sua personale educazione

al consumo delle risorse che non per questo l'avevano fatta diventare una fanatica ecologista o quant'altro, anzi, a dirla tutta sentiva che quell'allegato a Topolino dei suoi 15 anni incominciava a diventarle un po' stretto.

Fu la doverosa visita di ringraziamento al sig. Piero, quello del piano di sotto, che la spinse a fare un passo avanti.

Piero, fra una noiosa ma orgogliosa spiegazione del suo intervento idraulico ed una spassosa analisi del suo *status* di pensionato intrisa di sarcasmo fiorentino, le spiegò di come in città ci fossero delle inquietudini su alcune tematiche ambientali che necessitavano di alcuni approfondimenti, di un confronto e di una seria riflessione comune.

Lì per lì Italia pensò al solito vecchietto iperattivo che si getta su ogni cosa nuova con ingenuità, poi però la dovizia di particolari e di nozioni, la voce che da personaggio alla "Amici miei", l'esilarante commedia di Mario Monicelli, diveniva sempre più riflessiva, quasi disillusa, la spinse a vederci chiaro.

L'appuntamento, come da volantino, era in doppio grassetto ed invitava per martedì alle 21 alla "sala della Ricreazione", sottolineando inoltre che, alla fine dei lavori, ci sarebbe stato un assaggio di lampredotto a cura di Mario "i' Trippaio", cosa che anziché rincuorarla le faceva temere che fosse una riunione amatoriale.

Erroneamente percepito dall'esterno come saletta biliardo o circolo post-lavoro, il luogo era in realtà una sala del '600 all'interno di un palazzo adibito a circolo culturale.

Dentro risiedevano almeno cinque associazioni fra volontariato sociale, assistenziale, culturale.

Fra la marea di messaggi, poster, avvisi appesi nelle bacheche dell'ingresso, quello con scritto *Comitato a favore dell'acqua pubblica* con l'immagine di una gigantesca mano che sovrastava un fiume, una montagna da cui sgorgava una sorgente e uno scorcio di pioggia dal cielo, insieme al *Comitato Inceneritore* con una freccia da pellerossa incendiata erano sicuramente quelli che attiravano più l'attenzione. "Bell'inizio", pensò: ebbe qualche scetticismo davanti a due immagini che la lasciavano perplessa per l'estremizzazione del messaggio, ma prevalse il desiderio di capire e di formarsi un'idea su temi sui quali non aveva mai riflettuto abbastanza.

Il brusio che le ricordava un *foyer* di teatro pieno di gente fra un atto e l'altro la guidò nella stanza giusta.

Entrò nella sala e, come in ogni occasione in cui ci si sente spaesati, cercò quasi disperatamente la figura del sig. Piero che la tolse subito dall'imbarazzo scorgendola lui per primo e cominciando subito ad introdurla ad alcuni dei presenti.

C'era la sig.ra Lina maestra d'asilo, Francesca medico oncologo, la sig.ra Agnese professoressa di Liceo, Marcello impiegato in banca, Rossella operaia in un'azienda di pelletteria, una marea di altre persone delle quali già non ricordava il nome, poi Giovanni un rugbista con l'hobby dell'avvocatura o forse un avvocato con l'hobby del rugby, e poi l'ingegner Edmondo detto "i' De Amicis" per un facile gioco di accostamento all'omonimo scrittore.

Poi tanti altri ancora, come Giulia che sembrava la ragazzina bellina con lo sguardo garbato, gli occhiali e con la vocina della canzone "dimmi chi erano i Beatles". Per ultimo Edoardo, un giovane biologo che si presentò definendosi disoccupato per ambizione personale. Un genio dell'autoironia, pensò Italia, tipica dei toscani.

Un microcosmo di gente diversa, di professioni, di età come mai avrebbe immaginato.

Come mai avrebbe pensato di udire, e lì per lì non lo aveva notato, quel continuo "professor Piero, professore possiamo iniziare?". Piero, quello del piano di sotto per intenderci, era conosciuto da tutti come il professor Piero Calamandrei, fisico del CNR, Centro Nazionale Ricerche, in pensione ed esperto in gestione delle emissioni. Trasalì e fece un mezzo sorriso pensando alla enorme difficoltà nel giudicare le persone.

Piero, accortosene, la cercò ancora con lo sguardo, e ancora una volta la mise a suo agio facendole l'occhiolino. I fascicoli che passavano di mano in mano fra i presenti fornivano il *planning* di lavoro e delle discussioni sui temi che sarebbero stati affrontati da lì ai prossimi tre mesi, con lo scadenziario delle riunioni e la dicitura dei vari responsabili. Era una bella organizzazione, uno staff di lavoro a tutto tondo.

Piero, o meglio, il Professore, presentò l'associazione ricordando che i temi oggetto di riflessione sarebbero stati due, il paventato inceneritore ipotizzato a nord di Firenze e l'attualissimo tema dell'acqua che sarebbe stato oggetto di riunione separata nei giorni a seguire.

Lanciando una *slide* allo schermo, iniziò subito quella che sarebbe potuta essere la prima lezione sul concetto di "gestione integrata dei rifiuti". Sembrava di essere al primo giorno di scuola, anche nella premessa, che però Italia apprezzò molto, ovvero quella dello spirito che animava questa riflessione: la volontà di capire con dati e numeri alla mano la situazione del territorio, gli scenari che si aprivano con la chiusura della discarica, la scelta della termovalorizzazione o incenerimento, l'effettivo pericolo per la salute di questi impianti e l'effettiva possibilità di alternativa a questa soluzione.

Le discariche sono luoghi nei quali vengono depositati in modo non selezionato i rifiuti di tutti i tipi, sia provenienti dalle attività umane che da ogni altro genere di attività.

L'uso della discarica come forma di smaltimento dei ri-
fiuti deve essere evitato: l'Unione Europea con la Diret-
tiva 99/31 ha previsto che in discarica debbano finire
solo materiali non riciclabili, e comunque con determi-
nate caratteristiche che non espongano nel lungo pe-
riodo la popolazione ai rischi derivanti da processi di
decomposizione che sono fortemente nocivi per la sa-
lute e per l'ambiente, come nel caso dell'inquinamento
delle falde acquifere. Vi sono sostanze i cui tempi di de-
gradabilità impiegano anche 1000 anni, per cui i danni
arrecati non sono soltanto diretti ma condannano an-
che le future generazioni alle conseguenze che le "non
scelte" attuali comportano. Altro pericolo sono le emis-
sioni in atmosfera dei gas se essi non sono preventiva-
mente trattati, con effetti negativi anche sui cambia-
menti climatici, come certificato dall'organizzazione
internazionale si cambiamenti climatici (IPCC). Il
Paese ha recepito integralmente la normativa europea
nel 2003, definendo anche un sistema di controlli e di
piani di sorveglianza al fine di consentire un costante
monitoraggio degli effetti derivanti. Infatti, a differenza
di alcuni paesi quali Germania ed Austria, ad esempio,
nel nostro paese lo smaltimento in discarica è il princi-
pale metodo di eliminazione dei rifiuti: oltre il 50% dei
rifiuti complessivamente prodotti finisce lì.
Il decreto legislativo 152/06 ha affrontato il problema
complessivamente, individuando una strategia che in-
dica le priorità di azione all'interno di quello che viene
definito un sistema di gestione integrato. In virtù di
ciò, per prima cosa occorre prestare attenzione alla
prevenzione e alla riduzione dei rifiuti che si produco-
no; poi la pratica del riciclo debitamente incentivato
(ad esempio la carta) e del riuso (bottiglie di vetro); per
ciò che non è possibile riutilizzare o riciclare si preve-

dono forme di gassificazione o analoghi trattamenti di recupero energetici. Infine, come terminale necessario della filiera per tutto ciò che residua, si prevede la termovalorizzazione e lo smaltimento in discarica alle condizioni sopra dette e sempre considerando la residua effettiva capienza delle stesse che sono in gran parte già oggi esaurite[5].

Italia pensava e ascoltava con avidità e ammirazione il suo vicino professore, e rifletteva sulle gravi conseguenze delle noncuranze del passato e, forse, anche del presente. Attorno a lei qualcuno iniziava a cedere con la testa che assumeva pian piano una postura reclinata... C'era invece chi si rivolgeva all'amico accanto e puntualizzava alcuni concetti a suo giudizio poco chiari con il tipico atteggiamento del "qui nessuno capisce tranne il sottoscritto...", e Italia non poteva fare a meno di chiedersi per quale motivo questa tipologia di persone stanno sempre "sedute" al coperto e al riparo della platea, invece che illuminare della loro scienza gli altri... C'era chi iniziava a rumoreggiare per la spiegazione giudicata troppo puntigliosa e perché quello che l'aveva spinto era essenzialmente il fatto di voler fare "una catena umana" per fermare il maledetto mostro vicino a casa e del resto gli importava ben poco... C'era anche, però, un bel gruppo di studenti universitari, se non ricordava male delle facoltà di chimica e di ingegneria che ascoltavano attentamente; ed anzi, qualcuno di loro partecipava con cenni di assenso all'esposizione che veniva fatta e non mostrava cenni di distrazione. A un certo punto una serie di voci si levarono dalla platea e contemporaneamente uno striscione fu srotolato con scritto "Difendiamo la nostra salute, no all'inceneritore" e, rivolgendosi al professore lo invitarono a spiegare gli enormi danni alla salute che avrebbe portato questo impianto e lo sollecitarono ad organizzare un blocco del cantiere al momento dell'avvio dei lavori. Il professor Piero invitò alla calma e ricordò che questo primo incontro voleva soprattutto illustrare nel modo più obiettivo possibile le problematiche che tutti quanti si trovano ad affrontare, le varie possibili soluzioni, cercando di capire se in effetti la scelta del termovalorizzatore fosse l'unica strada da seguire. Nei prossimi incontri si sarebbe chiesto di poter incontrare l'Amministrazione e i rappresentanti del governo cittadino per ascoltare direttamente da loro il motivo di quella scelta. Occorreva però, sempre secondo Piero, andarci preparati e informati il più possibile. Fu l'inizio della fine della riunione. Un paio di persone che "coordinavano" il gruppetto dei più agitati gridarono che a nessuno interessavano altre spiegazioni e che il tempo dei professori era finito... Chi aveva la casa lì doveva solo fare tutto per bloccare la realizzazione del "mostro".

Gli inceneritori sono impianti utilizzati per lo smaltimento dei rifiuti che si basano su un processo di combustione ad alta temperatura (incenerimento), che dà come prodotti finali un effluente, ceneri e polveri. Negli impianti più moderni il calore sviluppato durante la combustione dei rifiuti viene recuperato e utilizzato per produrre vapore, poi a sua volta sfruttato per la produzione di energia elettrica. La termovalorizzazione non è un'alternativa al riciclo o al riuso, bensì la modalità terminale di gestione di tutti i rifiuti che non possono essere oggetto di forme di recupero diverse. La termovalorizzazione è praticata in tutti i paesi europei molto più che nel nostro: in Francia, ad esempio, si raggiunge il 32%, in Germania dove il riciclo si attesta sul 42%, superato solo dall'Austria che raggiunge il 60%, l'incenerimento assorbe comunque il 22%.

Vi sono molteplici studi scientifici che prendono in considerazione i legami tra gli effetti degli impianti e la salute umana nelle diverse patologie. È difficile, come avviene tutte le volte che si tratta di stabilire i legami causa effetto tra alcune sostanze dannose e la salute in senso lato, dare certezze assolute e insindacabili. Sono troppi i fattori "a contorno" o "intermedi" che soggettivizzano le conseguenze a tal punto da rendere impossibile l'individuazione della linea di demarcazione. Dovrebbero essere valutati tutti gli inquinanti secondari e le loro interazioni: cosa estremamente difficile da fare.

L'ozono ad esempio ha oggettivi impatti negativi sulla salute e non deriva direttamente dall'incenerimento: sono tuttavia dimostrati gli effetti negativi dell'interazione tra gli inquinanti derivanti dalle combustioni e le radiazioni solari che generano ozono.

Un recente studio effettuato in Gran Bretagna sugli effetti tra alcune patologie tumorali e la presenza di impianti nelle vicinanze ha attestato che i rischi aggiuntivi di contrarre queste malattie sono estremamente bassi, e che un moderno inceneritore realizzato con le più avanzate tecnologie che sono presenti sul mercato influisce sull'assorbimento di diossina meno dell'1% rispetto al totale delle emissioni derivanti dall'ambiente.

Anche nel nostro Paese tra il 2001 e il 2004 è stato commissionato dal Ministro dell'Ambiente uno studio ad hoc[6] al Dipartimento di Fisica Tecnica de La Sapienza e al Dipartimento di Ingegneria Impiantistica dell'Università di Perugia, con l'obiettivo di valutare la "sostenibilità ambientale della termovalorizzazione". La ricerca ha evidenziato la sostenibilità e l'affidabilità delle moderne tecniche di termovalorizzazione, sostenendo che i rischi di insorgenza di patologie tumorali

sono stati abbattuti drasticamente e che i rischi di carattere sanitario connessi agli impianti di ultima generazione sono assolutamente trascurabili.
In ogni caso, secondo quanto stabilisce il Testo Unico delle Leggi Sanitarie, gli inceneritori devono essere realizzati lontano dalle abitazioni.

Italia osservava sconcertata il caos che nel giro di pochissimi minuti si era creato: le voci erano sempre più concitate e dal tono ascendente... Quasi tutti ormai si erano alzati in piedi e tra coloro che si incamminavano verso la porta e altri che formavano piccoli gruppi commentando l'avvenuto e scuotendo la testa, il professor Piero era l'unico rimasto alla propria postazione, impassibile, distaccato, quasi se l'aspettasse, davanti al proiettore. Anche gli studenti universitari che si era ripromessa di avvicinare erano spariti. Italia si avvicinò al suo vicino di casa e con aria interrogativa lo guardò. Il professore rivestì i panni del simpatico pensionato che conosceva prima di vederlo in cattedra e con quel sarcasmo fiorentino che tutto risolve la guardò e le disse: «Meno male che è finita un po' prima perché ho una gran fame e, detto tra noi, il lampredotto di sera è troppo pesante. Andiamoci a mangiare una bella pizza!». Si incamminarono anche loro verso l'uscita.

A Italia era comunque piaciuta quella serata: seppur con una fine imprevista che aveva in qualche modo soddisfatto solo coloro che non avevano interesse a conoscere nel dettaglio il problema, aveva percepito relaioni umane che non conosceva e vissuto una nuova esperienza. Sentiva il bisogno di rivivere un contesto del genere, essere anche lei voce attiva nella comunità, trovare compagnie stimolanti e potersi confrontare seriamente. Non poteva mica vivere solamente di studio?

Il successivo passo sarebbe stato quello di avvicinarsi a un'associazione. Sì, ma quale? Le sembravano tutte importanti, tutte utili, tutte interessanti.

Ma non ebbe nemmeno bisogno di scegliere, perché la risposta venne improvvisamente, durante un tranquillo pomeriggio di studio.

Proposte

- Impegno delle Istituzioni centrali e territoriali a mantenere sempre alta la soglia di attenzione per il dissesto idrogeologico, garantendo un flusso di risorse proporzionato, all'effettiva vulnerabilità dell'Italia sotto questo aspetto oltreché costante nelle modalità di erogazione.
- Trasformazione delle attuali Autorità di bacino nazionali in Autorità di distretto in coerenza con quanto accade negli altri paesi europei; cancellazione delle competenze in capo a tutti gli enti intermedi che si occupano di pianificazione in materia di difesa del suolo.
- Accentramento in capo alla Regione dell'attuazione di tutti gli interventi in materia di difesa del suolo con opportuno coinvolgimento degli enti locali nella fase della progettazione.
- Erogazione dei finanziamenti subordinata a cronoprogrammi stringenti e qualora la tempistica non sia rispettata, immediata revoca del finaziamento.
- Maggiore partecipazione dell'Italia alle iniziative comunitarie in materia di governo e gestione delle risorse idriche.
- Adozione di una politica unica e coordinata in materia di "governo della risorsa idrica", in coerenza con le previsioni comunitarie che prevedono un approccio sempre più univoco e coordinato tra i vari settori della difesa dalle acque, della difesa dell'acqua e della gestione del servizio.
- Definizione di una "legge obiettivo nazionale infrastrutture depurazione e ammodernamento reti" per promuovere con urgenza la

realizzazione di interventi necessari per scongiurare il rischio infrazioni comunitarie e per garantire la qualità della vita di tutti i cittadini, con canalizzazione delle risorse disponibili, procedure semplificate e previsione di tempistiche stringenti.

- Istituzione di un'Authority nazionale per la regolazione ed il controllo del settore idrico; con particolare riguardo all'esercizio della competenza della stessa in materia tariffaria si prevede la cessazione della stessa in capo ai Comuni.
- Incentivare la raccolta differenziata con meccanismi di premialità, o viceversa, penalizzazione, più incisiva, sulla tariffazione per coloro che non la rispettano.
- Investimento sulla conoscenza dei temi ambientali nelle scuole, fin dalle elementari, attraverso la presenza di esperti ed operatori del settore.

Note

[1] *Blue Book, i dati sul servizio idrico in Italia*, 2010 (http://www.acqua benepubblico.it/wp-content/uploads/2011/05/bluebook.pdf)
[2] Autorità bacino dell'Arno: Piano di Bacino – Piani Stralcio (http://www.adbarno.it).
[3] Organization for Economy Cooperation e Development-OECD, 2007.
[4] Federutility: http://www.federutility.it.
[5] Confservizi: http://www.confservizi.net.
[6] Federambiente: http://www.federambiente.it.

8

Volontariato

Luca Turcheria

Italia rientrò in casa, posò il suo zainetto sul tavolo e andò in bagno a lavarsi il viso dagli ultimi tratti di trucco ancora rimasti, segno della giornata trascorsa con gli altri ragazzi dell'associazione di volontariato "L'ARCOBALENO" nel reparto di oncologia pediatrica dell'ospedale Meyer di Firenze, dove avevano messo in scena una rappresentazione teatrale.

Regalare dei momenti di allegria e spensieratezza a quei bambini era qualcosa che la rendeva orgogliosa e la faceva sentire estremamente utile, oltre ad aver risvegliato in lei il vecchio amore per la medicina, coltivato ai tempi della malattia del padre.

Quella che volgeva al termine era stata una giornata molto pesante, e Italia si sentiva particolarmente stanca. Osservando le gerbere e le margherite comperate il giorno primo da Anna, la vecchia fioraia sotto casa sua, Italia si mise seduta sul divano, prese in mano il telecomando della TV, senza però premere nessun tasto, e si fermò a riflettere. Sentiva dentro una certa agitazione per il giorno dopo, una di quelle giornate che vorresti fossero già passate mentre invece ti attendono inesorabilmente.

Nonostante la stanchezza, aveva quasi paura di andare a dormire. L'eventualità di non prendere sonno e di continuare a pensare al domani era angosciante. Seduta sul divano appoggiò le gambe sopra una sedia, i suoi splendidi occhi verdi sembravano vagabondare da un posto all'altro del suo appartamento, da un oggetto all'altro, senza tuttavia soffermarsi su qualcosa di particolare, come una farfalla che vola da un fiore a un altro in primavera inoltrata.

Ebbero un attimo di pausa quando incrociarono la chitarra, una Ibanez, alla quale Italia era molto legata, comprata con i soldi regalati dai nonni per la maturità. Si alzò, prese la chitarra e piano piano iniziò un arpeggio; la dolce melodia che usciva da quello strumento la faceva stare meglio. La chitarra era la sua migliore compagna.

Fu in quel momento che dalle sue labbra fece capolino un tiepido sorriso, quasi schivo, legato ai ricordi che la legavano a quello strumento.

Sorrise Italia ripensando a quel giorno di fine estate scorsa quando si recò al negozio di strumenti in via Timavo e disse: «Buongiorno, io vorrei ricomprare la mia chitarra». Si, ricomprare! In questa società dove innamorarsi è quasi vietato, perché se ti innamori diventi possessivo, mentre invece devi consumare e gettare via tutto il prima possibile, Italia voleva ricomprare la sua chitarra.

L'aveva venduta pochi giorni prima per comprarne una nuova, elettrica. I ragazzi dell'associazione "L'ARCOBALENO" avevano deciso di creare un piccolo gruppo musicale per andare a suonare nei locali e tirar su così qualche euro da investire nelle varie attività dell'associazione. Perché di risorse le associazioni di volontariato ne hanno sempre meno. Ma ben presto se ne pentì. La chitarra ti deve dare delle emozioni e, quelle vere, quelle che non puoi descrivere, Italia le aveva provate solo con la Ibanez. Così prese finalmente la decisione. Il tempo necessario per vendere su Ebay quella elettrica e tornare in via Timavo con un filo di paura: che nel frattempo la chitarra vecchia fosse stata venduta.

Quando il proprietario, evidentemente sorpreso dal fatto che una persona possa in pochi giorni prima vendere e poi ricomprare lo stesso oggetto, gliela restituì. Italia sentì dentro di sé la stessa felicità che prova un bambino quando ritrova il suo gatto scomparso.

Il ricordo di questo particolare la faceva sorridere sempre. Ma quella sera era un sorriso diverso dal solito, quasi sopraffatto dall'attesa per il domani.

E pensare che erano settimane che Italia studiava intensamente l'esame di diritto costituzionale, che doveva sostenere la mattina seguente alla facoltà di Giurisprudenza, uno degli ultimi che la separavano dalla tanto attesa laurea.

Il suo sogno era quello di diventare avvocato, anche se aveva paura, quella paura che hanno tanti giovani che sognano, che si impegnano una vita per poterlo realizzare e poi invece si ritrovano a fare tutt'altro, perché in questa società la realtà troppe volte è una bestia divoratrice delle ambizioni giovanili.

Da alcuni giorni però sapeva che non avrebbe potuto recarsi all'università per l'esame di diritto costituzionale, poiché quel giorno doveva sostenere qualcosa di colossalmente più importante.

Maria l'aspettava al quinto piano dell'ospedale Meyer. Maria, una bambina di 4 anni affetta da leucemia linfoblastica acuta, doveva passare una dura giornata e non poteva fare a meno della sua amica universitaria.

Italia l'aveva conosciuta sei mesi fa, quando cominciò a frequentare quel luogo come volontaria in un'associazione che si occupava di allietare le ore dei bambini in ospedale, luogo del quale ora non può più fare a meno, in quanto, giorno dopo giorno, le stava dando molto di più di qualsiasi lezione o qualsiasi altra esperienza di vita, anche se era ben consapevole che quelle lezioni erano le basi per il proprio futuro. Frequentare giornalmente un ospedale pediatrico insegna a vedere la vita in modo diverso, ti fa dimenticare i difetti e le patologie del mondo e della società, nello stesso tempo ti mette di fronte all'evidenza più banale, che nessuno, accecato dalla quotidianità, riesce a focalizzare. L'evidenza dell'esistenza di certe cose, l'evidenza che il sorriso di un bambino malato di leucemia può dare molto di più di una lezione di diritto, ovvero di un lavoro ben fatto o di una scadenza rispettata. Il tempo si dilata. Italia, frequentando l'ospedale come volontaria due ore al giorno due volte a settimana, imparò a riconoscere ed apprezzare ciò che nella vita conta di più.

Si sentiva in qualche modo sollevata dal fardello della morte di suo padre. Il rimorso e la sensazione di impotenza di fronte alla malattia non l'avevano mai abbandonata. Ma ora poteva reagire, poteva rimettere le cose a posto, aiutando altre persone. Per questo aveva scelto quell'associazione, che la costringeva a entrare spesso nell'ospedale, un luogo che le rievocava bruttissimi ricordi da esorcizzare.

Sono soprattutto ragazzi giovani i volontari che si prendono cura del tempo libero dei bambini ricoverati. Ci sono dei ragazzi che li aiutano a fare i compiti, i meno amati da parte dei piccoli pazienti perché associati con il momento noioso dello studio. Poi ci sono i ragazzi come Italia che organizzano piccoli spettacoli, giochi vari e musica e così, tra una flebo e un prelievo, tra una terapia e l'ansia per l'esito della risonanza, questi bambini e i loro genitori, forse, si dimenticano di essere dentro un ospedale.

Sono circa 850.000 i cittadini italiani che svolgono attività di volontariato[1].
È maggiormente diffusa tra coloro che hanno un titolo di studio medio alto (laurea-diploma), il 54% risulta essere uomo e il 46% donna, per lo più di età tra i 30-54 anni, anche se negli ultimi anni sta crescendo il nu-

mero delle persone ultra cinquantacinquenni che si impegnano nel settore. Il fenomeno vede una diffusione maggiore nel centro nord del paese rispetto al sud, con in testa il Trentino Alto Adige con una frequenza del 21%. Le organizzazioni di volontariato sono 21.000, circa il 30% sono impegnate nel settore socio-assistenziale, il 28% nel settore della sanità, mentre negli ultimi anni stanno crescendo le associazioni impegnate in settori quali la cultura 13%, la protezione civile 10% l'ambiente 4%. Il nostro Paese è uno dei paesi Europei che si è dotato di una legge sul volontariato, la 266/1991, la quale recita: "La Repubblica Italiana riconosce il valore sociale e la funzione dell'attività di volontariato come espressione di partecipazione, solidarietà, pluralismo...". Nella stessa legge vengono istituite delle strutture per lo sviluppo e la crescita del volontariato su base regionale, i Centri di Servizio per il volontariato, che forniscono gratuitamente servizi alle Organizzazioni di volontariato.

Per essere definito "volontario" occorre rispettare alcuni requisiti enunciati dalla normativa: la gratuità assoluta delle prestazioni fornite dai volontari, l'esistenza di un vincolo di natura non contrattuale ma etico, la non distribuzione di eventuali utili, il fine solidaristico.

Bisogna segnalare anche la presenza di una serie di organizzazioni, anch'esse rientranti nella categoria "non-profit", che hanno caratteristiche affini e che vedono al proprio interno persone che si impegnano volontariamente, ma che appunto per quanto enunciato sopra presentano peculiarità dell'individuo o dell'organizzazione tali da non poter essere classificate come "volontari" ai sensi della legge 266.

È necessaria questa sottolineatura, poiché alcuni istituti segnalano una maggiore presenza di volontari in

Italia, andando ad estendere il concetto di "volontario".
Un'importante sentenza della Corte Costituzionale, la
75/1992, specifica ulteriormente la natura dell'impegno
volontario: "quale modello fondamentale dell'azione
positiva e responsabile dell'individuo che effettua spon-
taneamente e gratuitamente prestazioni personali a
favore di altri individui ovvero di interessi collettivi
degni di tutela da parte della comunità, il volontariato
rappresenta l'espressione più immediata della primige-
nia vocazione sociale dell'uomo, derivante dall'origina-
ria identificazione del singolo con le formazioni sociali
in cui si svolge la sua personalità e del conseguente vin-
colo di appartenenza attiva che lega l'individuo alla
comunità degli uomini. Esso è, in altre parole, la più
diretta realizzazione del principi di solidarietà sociale,
per il quale la persona è chiamata ad agire non per cal-
colo utilitaristico o per imposizione di un'autorità, ma
per libera e spontanea espressione della profonda socia-
lità che caratterizza la persona stessa".
Questa visione è completata nel disposto dell'art. 118
della Costituzione, dopo la modifica del titolo V del
2001 che sancisce: "Stato, Regioni, Città Metropolita-
ne, Province, Comuni favoriscono l'autonoma iniziati-
va dei cittadini, singoli e associati, per lo svolgimento
di attività di interesse generale, sulla base del principio
della sussidiarietà". È di particolare rilevanza la co-
struzione dei partenariati e delle sinergie a livello locale
tra il volontariato e le istituzioni, dove il partenariato
rappresenta uno strumento chiave per lo sviluppo delle
politiche di inclusione e di pari opportunità.
Dal rapporto ISTAT CNEL del 2008 sull'economia so-
ciale[2], il totale delle entrate delle organizzazioni di vo-
lontariato è passato (tra il 2001 e il 2003, periodo di ri-
ferimentodello studio) da 1.198 a 1.630 milioni di eu-

ro, con un importo medio di 78.000 euro. Le uscite so-
no passate da 1.145 milioni di euro del 2001 a 1.518
del 2003, con un valore medio di 72.000 euro.
Il 2011 è l'Anno Europeo delle attività di volontariato
che promuovono la cittadinanza attiva, scelta promos-
sa dalle organizzazioni di volontariato, di Terzo Settore
e della società civile fatta propria dal Consiglio del-
l'Unione Europea con la Decisione del 27 novembre
2009. L'Anno Europeo nasce dalla volontà di incorag-
giare e sostenere, in particolare attraverso lo scambio
di esperienze e buone pratiche, gli sforzi della Comu-
nità, degli Stati Membri, delle autorità locali e regiona-
li per creare nella società civile condizioni favorevoli al
volontariato nell'Unione Europea.

Italia era diventata una volontaria in modo quasi inci-
dentale. Una sera mentre era su Facebook la sua amica Giulia aprì la chat e iniziò a farle le domande di rito: "Come
stai? Oggi hai studiato? Hai visto Marco?" Ad un certo punto le chiese: "Italia domani dovresti farmi un favore! L'associazione L'ARCOBALENO, sai, quella dove io faccio del volontariato all'ospedale, ha organizzato una festa per i bambini e io dovrei suonare con la pianola le canzoni dei loro
cartoni animati preferiti. Ma il mio fidanzato mi ha chiesto
se domani vado con lui a Perugia, ha una gara di judo importante e ci tiene da morire alla mia compagnia, dice che
lo faccio vincere... L'unica che può sostituirmi sei te con la
chitarra, poiché ho sentito gli altri volontari dell'associazione che suonano qualche strumento ma purtroppo sono tutti
impegnati e non possono sostituirmi. Italia ti prego, non
posso dire di no né al mio fidanzato né tantomeno posso
mandare a monte la festa dei bambini... Ti prego, Italia".
  Italia rimase quasi sconvolta: "No... no... Non se ne parla, ma io! Io che svengo appena sento l'odore degli ospeda-

li...". In realtà non aveva più messo piede in un ospedale dalla morte del padre. Ma Giulia insistette e Italia alla fine fu quasi costretta ad accettare, nonostante i profondi dubbi e quel vaffanculo urlato all'amica, che tanto non avrebbe mai sentito attraverso la chat del computer.

Italia sul momento si pentì amaramente di aver accettato. Si sentiva agitata, cominciò a scaricare da Internet gli accordi delle sigle dei cartoni più conosciuti. Nel pomeriggio si recò all'ospedale; ad attenderla c'era Franca, la presidente dell'associazione, la quale le disse che Giulia l'aveva avvertita e la ringraziava della disponibilità. Franca, una signora sulla cinquantina dalle mani ben curate, aveva fatto una bella impressione ad Italia. Era una fissa della ragazza quella di guardare come prima cosa le mani delle persone che incontrava. Mentre salivano con l'ascensore al quinto piano, sentiva dentro di se un forte imbarazzo, aveva quasi paura di ciò che l'attendeva.

Entrò emozionata e spaventata da quella nuova esperienza. Si trovò davanti uno spettacolo inusuale, in mezzo a biliardini, giochi, tricicli, biciclette e giochi da tavolo come in qualsiasi sala giochi di una scuola, ma in più c'erano aste di flebo, bimbi privi di capelli e con la mascherina. Italia rimase basita per qualche minuto, poi, quando si accorse che in quella situazione non c'era la più pallida traccia di sofferenza, si chiese come fosse possibile e iniziò a porsi le domande sul perché si vive in un certo modo, perché si fanno certe cose, perché si attribuisce valore a cose che non lo hanno. Allora si accorse che un bambino che sta male è una porta aperta sul mondo e sulla vita. Un bambino apprezza tutto ciò che lo circonda, apprezza un sorriso, una carezza, la voglia di giocare e di non prendere sul serio il potenziale "mostro" che minaccia la sua esistenza. Italia capì alcune settimane dopo che il modo di porsi di un bambino verso la leucemia o un tumore sono il

60 per cento della terapia e della speranza di guarigione e in questo percorso è molto importante circondarlo di affetto e attenzione, senza però farlo sentire diverso dagli altri bambini, da quei bambini che corrono nel prati mentre lui sta facendo cicli di chemio.

Quando la caposala gridò: «Bimbi, è l'ora della cena», Italia si accorse che aveva trascorso più di due ore con quei bambini, e che queste erano volate. In pochi secondi prese una decisione molto importante: da qual pomeriggio Italia entrò a far parte in pianta stabile del gruppo volontari dell'Associazione "L'ARCOBALENO".

Maria la conobbe qualche settimana dopo: una bimba minuta, bionda, con due occhioni verdi straordinari. Aveva sempre la febbre, era molto pallida e anemica, e quando i genitori la portarono dal pediatra, pochi giorni dopo era già ricoverata con la diagnosi terribile: leucemia linfoblastica acuta. Il protocollo terapeutico prevede un primo approccio chemioterapico in regime di ricovero ordinario e poi, a seconda della risposta, si ricorre ad un consolidamento del trattamento che trova nel trapianto di midollo osseo l'ultimo presidio terapeutico. Italia condivise con i genitori tutto il percorso della malattia. Dentro l'ospedale aveva conosciuto molti bambini, era venuta a conoscenza di storie terminate a lieto fine e di altre dove invece il male aveva prevalso. L'importante per i volontari era di riuscire a staccare la spina una volta che uscivano dall'ospedale; perché bisogna rimanere solide anche di fronte alle notizie più brutte, magari quando un bambino ti chiede dov'è un suo amichetto e tu gli inventi che è tornato a casa a cavallo di un dinosauro, quando invece la sua nuova casa è l'infinito. Maria era entrata nel cuore di Italia e anche lei era diventata l'amica del cuore della piccola. Tutto ebbe inizio per una frase in dialetto siciliano che la mamma di Maria rivolse alla sua piccola. La piccola si era come innamorata di un bambino, ma a quell'età i maschietti sono schivi alle attenzioni delle loro coetanee. Così quando il piccolo non accettò l'ennesimo regalino che Maria, correndogli appresso, le voleva dare come segno del suo amore una figurina di Hello Kitty, sorridendo la mamma le disse in dialetto siciliano: «È inutili ca 'ntrizzi e fa cannola, lu Santu è di marmaru e nun suda». Era molto tempo che Italia non tornava nella sua Sicilia, la terra di sua madre, ma quella frase improvvisa e forte come un temporale estivo la riportò indietro alla sua fanciullezza. Si rivide lei stessa con la sua famiglia, a Marsala, e con Luca, uno dei suoi amori adolescienziali estivi, purtroppo anche questo non corrisposto.

Per quelle analogie Maria era entrata nel suo cuore. Ma per la piccola, dopo una risposta positiva, le cose andarono via via peggiorando e si arrivò alla decisione che fosse necessario effettuare un trapianto di midollo. Italia si era impegnata a fondo per trovare un donatore, si era iscritta all'ADMO e si era impegnata giorno dopo giorno a rendere più belle le giornate di Maria e degli altri bambini, tanto che negli ultimi 4 mesi si recava all'ospedale Meyer ogni volta che aveva un po' di tempo libero per stare con loro.

In Italia ogni anno molte persone necessitano di trapianto di midollo, ma purtroppo la compatibilità è un evento molto raro, che ha maggiori probabilità di esistere tra consanguinei. Per coloro che non hanno un donatore consanguineo, la speranza di trovare un midollo compatibile per il trapianto è legata all'esistenza del maggior numero possibile di donatori volontari tipizzati, dei quali cioè sono già note le caratteristiche genetiche, registrate in una banca dati.
Si valuta che in Italia siano necessari circa 1.000 nuovi donatori effettivi all'anno[3].

Una stima che è destinata a subire un notevole aumento, se si tiene conto che il trapianto delle cellule staminali presenti nel midollo è attualmente al centro di ricerche anche nel campo dei tumori solidi, mentre stanno diventando di routine alcune applicazioni in campo genetico.

Il midollo compatibile a quello di Maria fu infine trovato. Italia passò dalla gioia alla paura in un attimo. Il trapianto di midollo è l'ancora alla vita, è lo strumento che può salvarti, ma anche portare via per sempre la gioia e il buonumore che quella piccola bambina bionda dagli occhi verdi aveva condiviso con tutti.

L'operazione coincideva proprio con il giorno in cui Italia aveva l'appello d'esame. Ma non aveva avuto nessun dubbio, doveva stare accanto a Maria. Ci sarebbero stati sicuramente altri appelli...

La mattina seguente entrò in ospedale tesa come non mai. La croce rossa imperava all'ingresso e il portiere, con fare scostante, alzò la sbarra e sbuffò come sempre nel chiedersi come mai a certa gente venisse dato il permesso di entrare in macchina. C'era il solito via vai di gente, le mura colorate, i graffiti, i colori. Un ospedale pediatrico è un posto apparentemente tranquillo. Maria era pronta, aveva il sorriso sulle labbra, gli occhi vispi e sereni, mentre invece i genitori erano dannatamente agitati. Accolse Italia con un abbraccio e la rassicurò. Una bambina di 4 anni che rassicura genitori e amica, sembrava incredibile. Il professor Garibaldi era già pronto in sala operatoria. Maria sarebbe stata la prima. Nella breve ma interminabile attesa che precede la chiamata, Maria e Italia iniziarono a giocare a UNO, il gioco preferito della piccola.

L'infermiera arrivò puntuale con la barella. Era giunto il momento tanto atteso, ma allo stesso tempo tanto temuto.

Maria salì, come già altre volte aveva fatto, e il piccolo corteo composto da infermiera, genitori e amici si incamminò verso l'ascensore. Per Italia non era facile spiegare quello che si provava in momenti simili. Pensò che forse il modo migliore fosse affrontare il tutto inconsapevolmente con la massima tranquillità possibile, ma non era facile. Accettare che una persona che ami possa essere sottoposta ad una operazione potenzialmente fatale è qualcosa di tremendo, soprattutto per lei, che aveva già vissuto questa esperienza con il padre. Ma bastò guardare la tranquillità negli occhi di Maria per farle tornare un po' di sereno. La bimba salutò i genitori che avevano una gran voglia di abbracciarla forte e scoppiare in uno di quei pianti liberatori, ma davanti alla loro piccola dovevano ostentare una parvenza di serenità.

Italia l'accompagnò in sala operatoria, ai ragazzi dell'associazione la direzione dell'ospedale consentiva di fare questo. Lì tutti erano già pronti, le mura colorate, i camici colorati: anche quel luogo era a misura di bambino. Italia era tesa come le corde della sua Ibanez ed entrò tenendo per mano Maria, la mano di una bambina dagli occhi verdi come lei. Avrebbe dato tutto per portarla via da quel luogo. Il soffitto sopra il letto dell'anestesia era affrescato di disegni che raffiguravano animali: c'era una giraffa, un leone, una zebra, Maria esclamò sorridendo: «Non mi avevate detto che mi portavate allo zoo!». Tutti sorrisero. L'anestesista fece giocare Maria con il palloncino e le mise delicatamente la mascherina; la bimba annusò, respirò forte e cadde in un sonno profondo e innaturale.

Si dice che le donne hanno il pianto più facile rispetto agli uomini, per Italia non era così. Poche volte le accadeva di piangere. L'ultima volta dopo la morte del padre. Ma era maturata molto rispetto a quel tragico evento e, ricacciando indietro le lacrime, uscì per andare a rassicurare i genitori.

Andò tutto bene. Dopo un periodo di isolamento Maria era tornata a scorazzare libera per la corsia. Non ci fu rigetto, la leucemia regredì completamente e la vita poteva ricominciare.

Italia fu presa da una gioia irrefrenabile, le paure svanirono: Maria presto avrebbe potuto finalmente tornare a casa. La drammatica storia che aveva vissuto col padre non si sarebbe ripetuta.

Venti giorni dopo l'operazione Italia andò all'Università a dare il tanto sospirato esame: 28. Uscì dalla facoltà di Giurisprudenza ed entrò in una paninoteca, ordinando un panino mozzarella e prosciutto e una coca.

Si rese conto che ai tanti "perché" che le circolavano in testa c'era una sola risposta: impegnarsi in prima persona. Non era più il tempo di rimanere indifferenti, indignati o solamente critici. Pur non sapendo cosa fare, sentiva crescere dentro la voglia, o meglio l'esigenza, di impegnarsi in prima persona, per contribuire a migliorare questa società. Per questo, nonostante il poco tempo libero che aveva, continuò a essere volontaria nell'associazione.

Un pomeriggio mentre Italia era in casa a studiare suonò alla sua porta un corriere espresso, per consegnarle un pacco. Italia non attendeva niente, non aveva acquistato nulla online e non capiva chi poteva averle spedito qualcosa.

Prese il pacco, lo posò sopra il tavolo e l'aprì con trepidazione. All'interno c'erano due oggetti: una foto di Maria con il suo cane, un bellissimo Siberian Husky bianco e nero con due splendidi occhi azzurri, e un plettro per suonare la chitarra. Italia aprì il bigliettino: "Cara Italia, Maria sta abbastanza bene, da poco ha effettuato i controlli e tutto procede per il verso giusto. È felice! Ti scrivo per comunicarti che la prossima settimana ci trasferiamo per un periodo in Inghilterra. Mio marito dovrà occuparsi di alcuni eventi in vista delle Olimpiadi del 2012 e così abbiamo deciso che lo

seguiremo anche io e Maria. Ti abbracciamo forte Italia…
P.s.: il plettro ha un fine: ogni volta che lo userai per suonare pensa a noi che ti vogliamo un mondo di bene. Salutaci i ragazzi dell'associazione, siete fantastici. A presto!".

Italia fece un grande sorriso e ritornò a studiare con più vigore. Fra qualche mese avrebbe coronato il suo sogno: la laurea in Giurisprudenza. Ma dopo?

Proposte

- A 20 anni dalla legge 266/1991 occorre una revisione della normativa, anche alla luce dei cambiamenti in corso, mantenendo fermi i due punti cardinali del volontariato: la gratuità dell'azione e la solidarietà.
- L'Italia si faccia promotrice in seno alle istituzioni europee per una armonizzazione del volontariato e della figura del volontario fra i 27 paesi europei, anche per la realizzazione di una Europa del volontariato e della solidarietà.
- Rilancio del volontariato come elemento di PARTECIPAZIONE e di CITTADINANZA ATTIVA anche attraverso il coinvolgimento delle scuole e delle associazioni dei pensionati.
- Tassazione delle rendite finanziarie e destinazione di una quota derivante da tale operazione alle associazioni di volontariato impegnate in progetti di solidarietà.
- Riconoscimento delle associazioni di volontariato come soggetti complementari e non sostitutivi rispetto allo Stato e alle funzioni e responsabilità di questo verso la comunità. Riconoscere il volontariato come soggetto attivo per la promozione della coesione sociale ed economica.
- Rilancio della funzione dei "Centri di Servizio" come sostegno per la capacità progettuale e realizzativa delle associazioni di volontariato.

- Definitiva stabilizzazione del c.d. 5x1000 e accesso a finanziamenti che siano sufficienti alla realizzazione dei progetti, con uno sensibile snellimento delle pratiche burocratiche.
- Esclusione dell'IVA per l'acquisto di beni e servizi per lo svolgimento delle attività finalizzate alla realizzazione dei progetti di volontariato.
- Accordi aziendali che prevedano un monte ore di permessi a disposizione dei lavoratori che svolgono volontariato, tali da permettergli di svolgere al meglio il proprio servizio.
- Accordo con Regioni, ANCI, UPI per convenzioni sulle sedi delle associazioni, come interfaccia verso i privati anche al fine di ottenere risorse, interfaccia con il mondo della scuola e di altre forme di associazionismo.

Note

[1] Dati Centro Nazionale per il Volontariato e coordinamento nazionale dei centri di servizio per il volontariato (CSVNET)
[2] www.portalecnel.it
[3] Associazione Donatori Midollo Osseo (www.admo.it).

9

Mezzogiorno

Ivano Russo

Finalmente Italia ce l'aveva fatta. Riguardava con attenzione e con sorriso compiaciuto il certificato che l'attestava "Dottoressa in Scienze Giuridiche". Non si sentiva cambiata dopo quella qualifica, ma comunque provava un sincero orgoglio.

Dopo la laurea, non aveva più senso per lei restare a Firenze. Le era piaciuto vivere in Toscana, respirare il Rinascimento, perdersi tra i bellissimi paesaggi collinari, ascoltare la simpatica cadenza fiorentina. Si era creata anche un bel gruppo di amici, molti di loro studenti fuori sede, provenienti come lei dalle regioni meridionali. Emigrati dal Sud per formarsi in una scuola di serie A, come vengono considerate le università del Centro-Nord, o semplicemente per un desiderio di emancipazione, alla fine del percorso di studi si sono ritrovati di fronte alla scelta se continuare la carriera nella nuova regione adottiva o cercare fortuna tornando a casa. Molti degli amici di Italia scelsero di tornare nel paese di origine, convinti di conoscere chi poteva dare loro la "spintarella" giusta, che avrebbe facilitato l'ingresso nel complicato mondo del lavoro.

Anche Italia era di fronte a un'importante decisione. Che fare? Al momento aveva un solo pensiero: la madre. L'aveva lasciata sola troppo a lungo dopo la morte del padre. L'anno prima della laurea della figlia era finalmente andata in pensione e aveva deciso di spostarsi dalla Capitale per tornare a Marsala, dove l'aspettava l'anziana madre, la nonna di Italia, quella che parlava in dialetto stretto e si vestiva sempre di nero. La ragazza non aveva dubbi su quale opzione avrebbe dovuto scegliere.

Il rimorso per aver "abbandonato" la madre per seguire il proprio percorso di studi non l'aveva mai lasciata durante l'esperienza fiorentina. Era il momento di rimediare, di far sentire la propria vicinanza al genitore, che non si era mai risposata, e farle sapere che poteva contare nuovamente sul suo supporto.

Ormai era deciso e niente poteva farle cambiare idea. Era tempo di tornare nel Meridione, a Marsala.

Una scelta insolita, ma le piaceva l'idea che stava compiendo "un'emigrazione al contrario".

Avrebbe sicuramente trovato un lavoro ora che era laureata. Ne era sicura. E poi avrebbe rivissuto le sensazioni, le emozioni e i ricordi che la legavano alla terra sicula. "Sarà come rivivere le estati di quando era piccola" si disse per farsi forza e cacciare via i dubbi che si insinuavano nella sua testa. "Non credo che trovare un lavoro al Sud possa essere così tragico come si dice. Sono dottoressa ora!".

Italia volle spendere l'estate della sua laurea compiendo un viaggio nel Meridione. Aveva messo da parte qualche euro con il suo lavoro part-time che aveva svolto mentre studiava. Non erano tanti, sapeva che non poteva fare voli pindarici. Non avrebbe potuto andare all'estero a visitare qualche isola esotica o una famosa capitale europea.

Ma non se ne rammaricava, perché voleva conoscere meglio il proprio paese. "A cosa serve girare il mondo, se poi non apprezzi quello che hai a casa?". Voleva soddisfare la sua sete di conoscenza, rivisitare alcuni luoghi già visti, ma in una nuova veste, più matura. Una maturità plasmata dalle esperienze della vita. Voleva capire con i propri occhi se gli stereotipi e le dicerie che si raccontavano sul Meridione erano veri o no. Voleva dare una propria lettura a quello che veniva chiamato il Mezzogiorno, un nome che le faceva venire in mente solo parole positive: sole, mare, caldo.

Come prima tappa volle tornare nel complesso archeologico di Pompei ed Ercolano, per vedere se qualcosa era migliorato, rispetto alla drammatica situazione che aveva potuto osservare personalmente durante la gita scolastica di molti anni prima.

Con grande tristezza e delusione prese atto che Pompei avanzava inesorabilmente verso il suo secondo tramonto. Niente era stato fatto per migliorare la situazione. Riuscì a parlare con un dipendente della Soprintendenza, che le raccontò come la gestione del sito archeologico avesse cambiato molte forme nel corso degli anni. Si erano succeduti navigati politici, illustri professori, emeriti archeologi, ma nessuno di loro erano riusciti a invertire il declino della città dal destino infausto, sperperando inutilmente un fiume di denaro pubblico. Nuovi crolli, incapacità nel mantenere i tesori scoperti, diminuzione del flusso dei visitatori erano ancora parte dei soliti problemi di quel sito archeologico che giustamente si fregiava di essere patrimonio dell'umanità.

Italia ricordò le parole contenute ne *Il Gattopardo*, capolavoro di Tomasi di Lampedusa: "Se vogliamo che tutto rimanga come è, bisogna che tutto cambi". Solo adesso comprese il significato profondo di quella frase.

Il suo viaggio alla scoperta del Sud non era iniziato nel migliore dei modi. Ma era ancora presto per fare una valutazione generale. Era in viaggio lungo la costiera Sorrentina, e poi quella Amalfitana, e contemplando una delle linee di costa tra le più belle del mondo, sotto un sole lucente, unico cuneo luminoso tra l'azzurro del mare e quello del cielo, si sentiva inseguita dall'insopportabile lezzo dei rifiuti abbandonati in terra, a mo' di discarica all'aperto. Una piaga che infestava tutta la zona, dovuta per lo più all'evolversi della criminalità organizzata che punta al lucroso business dei rifiuti. Italia pensava che gli attentati ambientali fossero tra i reati più odiosi, ed è giusto prevedere specifiche sanzioni e pesanti aggravanti.

Le "ecomafie" sono divenute parte decisiva del più vasto "portafogli" degli affari illeciti delle organizzazioni malavitose. Il caso più eclatante, di cui paghiamo ancora le conseguenze, è quello dei rifiuti in Campania. Decenni di sversamenti illeciti in cui si sono saldati gli interessi di imprenditori senza scrupoli, amministrazioni corrotte, politici delinquenti e bande criminali. Una miscela esplosiva ai danni del territorio, dell'ambiente, dei cittadini.

Chi distrugge il territorio attenta ad un diritto fondamentale sancito dalla Costituzione. Senza considerare tutte le imputazioni di cornice: si falsa l'economia e la concorrenza, si alimenta il circuito illecito dei capitali, si alimenta la criminalità organizzata.

Secondo il Rapporto 2011 sulle Ecomafie[1] aumentano i reati accertati rispetto allo scorso anno: 30.284 contro i 28.576, praticamente più di 3 illeciti l'ora, 84 al giorno. E aumentano anche gli arresti del 43% (316 contro i 221), come pure le persone denunciate (da 21.336 a 28.472) e i sequestri effettuati (da 9.676 a 10.737).

I reati relativi al ciclo illegale di rifiuti (dalle discariche ai traffici illeciti) e a quello del cemento (dalle cave all'abusivismo edilizio) rappresentano da soli il 41% sul totale, seguiti dai reati contro la fauna, (19%), dagli incendi dolosi (16%), da quelli nella filiera agroalimentare (15%), mentre tutti le altre tipologie di violazioni non superano complessivamente il 6% degli illeciti accertati.

I numeri sono da far venire i brividi. I rifiuti sequestrati solo in 12 delle 29 inchieste per traffico illecito messe a segno dalle forze dell'ordine nel 2010, sono 2 milioni di tonnellate. Una montagna enorme di immondizia e rifiuti tossici, che per essere trasportata avrebbe bisogno di 82.181 tir, che incolonnati fanno 1.117 chilometri, più o meno da Reggio Calabria a Milano. 540 campi da calcio, invece, possono rendere l'idea del suolo consumato nel 2010 dall'edilizia abusiva, con 26.500 nuovi immobili stimati. Una vera e propria cittadina illegale, con 18.000 abitazioni costruite ex novo e la cementificazione di circa 540 ettari.

Sono 290 i clan ben impegnati nel business dell'ecomafia censiti nel rapporto, 20 in più rispetto al 2009; 19,3 miliardi di euro invece è il giro d'affari stimato per il solo 2010. Nel complesso, la Campania continua a occupare il primo posto nella classifica dell'illegalità ambientale con 3.849 illeciti, pari al 12,5% del totale nazionale, 4.053 persone denunciate, 60 arresti e 1.216 sequestri, seguita dalle altre regioni a tradizionale presenza mafiosa: nell'ordine Calabria, Sicilia e Puglia, dove si consuma circa il 45% dei reati ambientali denunciati dalle forze dell'ordine nel 2010. Un dato significativo ma in costante flessione rispetto agli anni precedenti, in virtù della crescita, parallela, dei reati in altre aree geografiche. Si segnala, in particolare, quella nord occidentale, che si attesta al 12% a causa del forte incremento degli illeciti accertati in Lombardia.

Italia stava passeggiando per la via di San Cesareo, a Sorrento, con Elisa, un'amica conosciuta a Firenze ma residente nel paese campano. Eccola qua un'altra perla del Sud: portali, palazzi e chiese che avevano mantenuto le caratteristiche del barocco napoletano, come se il tempo si fosse fermato improvvisamente. Ma dietro l'angolo di un piccolo albergo spuntava un altro cumulo di rifiuti. Italia strinse i denti, sentendo la rabbia che saliva facendole arrossare la faccia, una sensazione che provava ogni volta si trovava di fronte a un'ingiustizia. «C'è troppa noncuranza», sbottò all'amica con voce ferma. «C'è bisogno di aumentare la consapevolezza su quello che ci circonda, cercando di rispettare l'ambiente e, di conseguenza, la vivibilità dei luoghi. Dobbiamo farlo non solo per noi, ma soprattutto per il futuro! Una battaglia per i prossimi, che va condotta sia dall'alto, Unione Europea, Governo, Parlamento italiano, sia dal basso, dai territori, dalle istituzioni locali insieme a scuole, associazioni, volontariato».

Elisa, che conosceva bene il carattere dell'amica, non si stupì della reazione, ma cercò di giustificarsi dicendo che è un problema nazionale e non solo di quei luoghi.

Italia rispose con maggiore pacatezza: «È vero, qui vengono solo ingigantiti i problemi che ci sono in tutto il Paese. È il momento di provvedere affinché i reati ambientali particolarmente gravi, tra cui quelli che hanno provocato il decesso o lesioni gravi alle persone o danni rilevanti alla qualità dell'aria, del suolo o delle acque, alla fauna o alla flora oppure che siano stati commessi da un'organizzazione criminale, siano aspramente puniti, aumentando le pene sanzionatorie e penali».

«Quali sanzioni? Cosa avevi in mente?» la interruppe l'amica.

«Secondo me», rispose Italia, «bisogna prevedere sanzioni aggiuntive o alternative, come l'obbligo di pulire l'ambiente e riparare i danni ad esso causati, pena l'impedimento alle imprese di continuare ad operare. Qualcosa di nuovo che sensibilizzi maggiormente le persone».

Si rese conto che il suo lato pragmatico era venuto fuori. Forse aveva capito che non c'era tempo per l'utopia e per i sogni e che bisognava agire concretamente per risolvere alcune emergenze da troppo tempo procrastinate. Inoltre i suoi studi in Giurisprudenza le avevano dato una netta frustata di praticità e realismo. La rabbia era passata, era il momento di restare lucida, per affrontare e osservare al meglio le criticità che stava vedendo.

L'amica Elisa, laureata in architettura ed esperta di sviluppo sostenibile, cercò di spiegarle il suo punto di vista: «Bisogna guardare le città non solo dal punto di vista ambientale, ma nel loro complesso. Nel nostro paese, e in modo particolare nel Sud, esiste una vera e propria "emergenza città" che non può essere lasciata sulle spalle di singoli sindaci. E siccome oggi la competizione economica non avviene più tra singole aziende ma tra sistemi territoriali, è inutile porre il tema dello sviluppo economico del Sud, senza affrontare quello del "contenitore", ovvero il contesto territoriale e l'attrattività dei luoghi. Serve una Legge Obiettivo per la riqualificazione delle periferie delle grandi aree urbane del Mezzogiorno. Le periferie di grandi città – da Napoli a Bari, da Palermo a Reggio Calabria – vivono condizioni di grave degrado urbanistico, sociale e di sostanziale abbandono economico. Non vorremo mica finire come con le rivolte nelle *banlieue* parigine di qualche anno fa?». Italia ricordava cosa era successo: il degrado, la mancanza di infrastrutture ed il sovraffollamento delle periferie avevano portato a un aumento della criminalità. La *banlieue* è così divenuta sinonimo di insicurezza e precarietà sociale, tanto da poter essere considerata un vero e proprio ghetto. Questo mix esplosivo ha portato a numerosi episodi di rivolta, scaturiti dall'emarginazione sociale.

Rabbrividì pensando alle immagini di auto in fiamme, ragazzi dal volto coperto che tiravano sassi ai poliziotti e negozi assaltati. No, non doveva finire così.

Successivamente Italia si recò a Torre del Greco per osservare la favolosa lavorazione artigianale storica del corallo, potè farsi un'idea più chiara su un altro problema che attanagliava quei luoghi: non riusciva a comprendere come fosse stato possibile consentire per decenni un tasso di abusivismo edilizio per metro quadrato che non ha pari in Europa. Persino imbarcandosi alla volta di Ischia, Procida e Capri, restò basita nel notare – allontanandosi dal porto di Napoli in aliscafo – che in verità il mare non bagna la città: una costa bellissima senza un solo bagnante.

Nel nostro paese l'abusivismo edilizio ha assunto una rilevanza sociale ai limiti dell'ordinarietà. Non viene più percepito come illegale e manca una reazione di riprovazione di fronte a questo reato, che, soprattutto al Sud, ha danneggiato e continua a danneggiare l'economia, il paesaggio e la cultura della legalità e del rispetto delle regole. Dal 1948 sono stati realizzati in Italia 4.600.000 abusi edilizi, 74.000 ogni anno, 203 al giorno[2].

Specialmente in Campania sono 295mila gli immobili fantasma, fotografati dall'Agenzia del Territorio nell'Aprile 2011 e non presenti sulle carte catastali, fabbricati mai dichiarati al catasto o manufatti che hanno subito variazioni non denunciate dai proprietari; il 20% di tutti gli abusi edilizi nazionali.

Ma perché? Perché il regno dei Campi Flegrei, della Sibilla Cumana, del Lago D'Averno, del Castello di Baia non rappresentano il cuore pulsante di una florida economia basata sul turismo e la cultura? Perché tutto ciò – insieme ad Agropoli, Paestum, Palinuro, Ascea – non poteva diventare un Distretto Archeologico unico nel Paese per estensione e capacità di contaminare mito e leggenda? Perché l'enogastronomia più ricca del mondo – dalla pizza al pesce, dai babà alle pastiere, dal ragù alle sfogliatelle passando per la mozzarella di bufala – non diventava un unico grande marchio in grado di attirare milioni di persone, anche solo per provare esperienze sensoriali di assoluta meraviglia? Perché lungo una simile linea di costa non fiorisce un diportismo concorrenziale con quello della Costa Azzurra?

Italia non riuscì a darsi alcuna risposta: comprendeva chi restava e giustificava chi andava via. La sua convinzione di scegliere il Sud come casa scemava ad ogni sua nuova riflessione.

Ancora in fase esplorativa, assaggiò di tutto, pur temendo per la propria salute a causa di anni di contaminazione del suolo e delle falde acquifere per il sistematico smaltimento illegale dei rifiuti. Si sentì bombardata da messaggi quotidiani e contrastanti: De Crescenzo e Gomorra, Totò e i Casalesi, le tombe di Virgilio e di Leopardi e i bassi putridi in cui si vive in otto in 50 metri quadrati, la commedia di De Filippo e di Troisi e gli "scippi" dei motorini. Misteri di Napoli, misteri insolubili.

Arrivato il momento di lasciare la Campania, si chiese quale fosse il mezzo di trasporto migliore per scendere ancora, direzione Sicilia. Cercando di districarsi tra uffici informazioni spesso chiusi e orari ferroviari indecifrabili si rese conto di essere di fronte a un altro grande paradosso: la mancanza di trasporti veloci Sud - Sud.

Non poteva credere che da Napoli fosse più facile arrivare a Milano che non a Bari, Lecce o Palermo. Per non parlare di Reggio Calabria o Potenza. Scelse di prendere un treno, ancora il mezzo più economico. Il viaggio fu faticoso, ma ne valse la pena. D'altra parte non stava lavorando, non aveva furia. Volevo solo osservare quei luoghi e la lentezza dei treni le fece assaporare meglio la differenza di paesaggi, di colori e di forme. Sorrideva Italia ogni volta che ricordava come, in passato, tanti artisti, scrittori, nobili avevano fatto il suo stesso percorso. Lo chiamavano Grand Tour, che le richiamava alla memoria Goethe e l'età Romantica. Chissà se anche loro avevano percepito il chiaroscuro costante che apparteneva a quelle terre.

Perché nel Mezzogiorno non esistono "vie di mezzo"? Pensò alla Basilicata, tra i sassi di Matera e la desolazione produttiva delle aree interne lucane; alla Puglia, tra i veleni dell'ILVA e le splendide coste del Salento; alla Sardegna tra la Costa Smeralda e la deindustrializzazione che ha impoverito intere aree di un'isola che vanta tanto oltre alle schiere dei Vip che la affollano d'estate.

Il Sud come ossimoro vivente: un disgustoso piacere? Un illustre sconosciuto? Un naufragio dolce? Queste emozioni ondivaghe, che passavano dallo stupore alla rabbia, continuarono anche in Calabria. Tra i Bronzi di Riace e le 'ndrine della 'ndrangheta, tra la perla Tropea e il drammaticamente povero entroterra calabro, Italia non riusciva a capire se amava o odiava quei luoghi.

Mentre lasciava la costa tirrenica per fare una deviazione verso la costa jonica, scorse dal finestrino del treno l'eterna incompiuta: l'autostrada Salerno-Reggio Calabria. Italia si ricordò di aver sentito che al Mezzogiorno erano stati destinati molti fondi europei, per aiutarlo ad integrarsi nell'economia globalizzata continentale. Ma come erano stati spesi questi finanziamenti?

Trovò la risposta alle sue domande leggendo un articolo del Sole 24 Ore[3], abbandonato su un tavolino di un bar di

Soverato, sul golfo di Squillace, comodamente seduta in compagnia di un amico economista di nome Giulio, conosciuto ai tempi del liceo a Roma, abbastanza ricco da permettersi una casa di villeggiatura lì, al quale aveva rubato il giornale dal colore ambrato:

Nel periodo 2007-2013, la Ue ha stanziato per la Puglia 1.279.200.000 euro, riuscendo a spenderne solo il 7,5%, cioè 94.940.000 euro. La Campania aveva speso l'8%. La Calabria e la Sicilia tra l'11% e il 14%. La Basilicata un po' meglio: il 24,5%. L'articolo continuava ricordando come i fondi non utilizzati sarebbero tornati all'Unione Europea e tutto il Mezzogiorno avrebbe perso un'altra grande occasione di sviluppo.

Italia si lanciò in pensieri più da economista che da dottoressa in Giurisprudenza, condividendo le sue analisi con l'amico, che, nonostante la sua giovane età, lavorava come consulente per una grande azienda informatica. «Non riesco a capire come mai non si riesca a fare squadra. Non è forse arrivato il momento di semplificare e razionalizzare i finanziamenti, gli strumenti e le azioni a sostegno delle politiche di internazionalizzazione? Cercare di guardare oltre il proprio orticello per salvare il Sud tutto e tutti insieme?».

«Hai ragione, hai colpito nel segno», rispose Giulio togliendosi gli occhiali da sole e guardandola negli occhi. «Occorre aggredire il mercato mediterraneo, aiutare le nostre imprese a competere offrendo loro accompagnamento, servizi consulenziali di qualità, strumenti operativi, assistenza diplomatica. Occorre rimettere mano ad un sistema di governance pubblica del settore che produce spesso frammentazione degli interventi e mancanza di strategia. Bisogna ragionare sulla possibilità di costruire un fondo di *venture capital* misto, pubblico privato, per sostenere la crescita delle PMI del Mezzogiorno».

«*Venture capital?*» lo interruppe Italia. «Non usare termini troppo tecnici con me!».

«Ma no... *venture capital* significa banalmente l'apporto di capitale di rischio da parte di un investitore, pubblico o privato, per finanziare l'avvio o la crescita di un'attività in settori ad elevato potenziale di sviluppo, come ad esempio tutti i servizi che ruotano attorno a Internet. Alcune regioni lo hanno già realizzato, e tale fondo potrebbe avere una dotazione finanziaria *ad hoc* per favorire il consolidamento degli *spin off* e l'accompagnamento sui mercati dei brevetti. La competitività oggi si gioca sul valore aggiunto dei prodotti, sul *know-how* che si fa processo produttivo, sul tempo di trasferimento tecnologico, sulla conoscenza. Il Mezzogiorno, con la sua creatività, le sue eccellenze universitarie, i suoi centri di ricerca e di competenza, potrebbe divenire un punto di riferimento europeo per una nuova politica industriale dell'innovazione».

«*Spin off, know-how...* ma parla italiano! L'erasmus a Oxford ti ha dato alla testa!». Italia era sempre stata un po' invidiosa di chi aveva potuto fare la scelta di studiare all'estero. «Se non sbaglio gli *spin off* sono nuove imprese in cui sono coinvolte risorse umane che si distaccano da una determinata organizzazione, e il know how identifica tutte le conoscenze e le abilità operative necessarie per svolgere un determinato lavoro».

«Brava Italia» rispose Giulio toccandole il naso con il dito. «Lo vedi che ormai sono termini entrati nell'uso quotidiano? Allora non è vero che voi giuristi non andate oltre il "latino" vero?».

«Non mi prendere in giro» lo rimproverò la ragazza, prendendo in mano la lattina di tè alla pesca che aveva

160

comprato per dissetarsi. «Visto che fai il saputello, sentiamo, qual è la tua ricetta per rilanciare il Sud?».

«Mi inviti a nozze, cara Italia. È da molto che predico l'urgenza di un piano regolatore delle infrastrutture immateriali, a partire dalla banda larga. Va ripresa le disponibilità di Cassa Depositi e Prestiti per co-finanziare, assieme allo Stato, alle Regioni ed ai privati, la diffusione della banda larga omogeneamente in tutto il territorio meridionale: infatti si tratta del vero fattore competitivo di svolta in quanto a qualità dei servizi a cittadini e soprattutto imprese. Per fare questo occorre dare subito concretezza alle iniziative per snellire la burocrazia: Zone franche urbane, Zone burocrazia Zero, Agenzia per le Imprese. Non si tratta certamente di atti di svolta epocale, ma comunque siamo di fronte ad interventi che, se attuati rapidamente, possono aiutare la ripresa nelle aree più deboli. Infine occorre difendere le nostre eccellenze produttive, riuscendo seriamente a fare "distretto", per non indebolirsi ed essere competitivi sul mercato».

«Pensi davvero che bisogna puntare sul pubblico per salvare il Sud?», lo interruppe Italia, «... dopo tutti i casi di malagestione e corruzione?».

Giulio rispose con la solita sicurezza: «È chiaro che bisogna rendere più efficiente il pubblico. Serve un piano industriale per le pubbliche amministrazioni meridionali. Il blocco del *turn over*, lungi dal rappresentare una misura di contenimento della spesa pubblica, ha finito solo con il produrre la ricerca esterna delle competenze necessarie a governare la modernità, a tutto vantaggio delle società di consulenza e l'impoverimento, la marginalizzazione e il ripiegamento della pubblica amministrazione "di carriera", tagliata di fatto fuori dai principali nuovi processi di governance dei territori. Occorre assumere giovani bravi, preparati e qualificati via via che negli uffici maturino cessazioni di posizioni per pensionamenti o altri motivi. Non sono contro l'*outsourcing* in via di principio, ma bisogna trovare un nuovo equilibrio tra competenze interne ed esterne agli uffici».

«Sei davvero noioso quando fai il saccente!», concluse con un sorriso la ragazza dagli occhi verdi, lasciando sul tavolo la lattina per riprendere il giornale soddisfatta nell'aver constatato che c'era ancora qualcuno che si batteva per quei bellissimi luoghi e che aveva le competenze, o meglio, per utilizzare un termine avvezzo a Giulio, il *know-how*, per dare delle risposte solide e realistiche. «Se solo ci fosse un po' di coraggio nell'ascoltare...», riflettè Italia prima di rituffarsi nella lettura. Si stava godendo gli ultimi giorni in Calabria, per poi riprendere la discesa verso Marsala, la città dove l'aspettava sua madre.

Le contraddizioni che l'avevano seguita durante il viaggio, potè coglierle in Sicilia, forse addirittura moltiplicate.

Che c'entra la nobiltà architettonica di Palermo o Catania con lo Zen? I templi di Agrigento con la mafia? La capacità evocativa di Marsala con l'omicidio di Raciti? Può una stessa terra, uno stesso popolo, dare i natali a Sciascia, Pirandello, Falcone, Borsellino e Riina, Buscetta, Brusca?

Certo che è possibile, siamo nel Mezzogiorno. Anarchia creativa o caos illegale? Contaminazione mediterranea o degrado da casbah? Bellezze paesaggistiche senza uguali o devastazione ambientale? Ricchezza diffusa o enorme povertà semi nascosta? Tutte le cose insieme? Sì, proprio tutte le cose insieme. Con una singolare particolarità: che spesso tutto convive e si fonde.

Ma indignarsi non serviva a niente. Indignarsi fa sentire buoni, poi la vita va avanti come prima. Per un meridionalismo nuovo, autenticamente riformista, e quindi pragmatico e del fare, occorre passare dalle "analisi" – che mai come in quest'ultimo periodo abbondano, spesso anche con profili di grande autorevolezza e competenza scientifica – alle "azioni".

A Italia piaceva la proposta letta su un quotidiano di puntare sulla riqualificazione del capitale sociale del Sud. Ripartire dalle persone. Orientare la formazione alle esigenze del mercato del lavoro, ridisegnare il ruolo dei centri per l'impiego, coinvolgere maggiormente le associazioni datoriali nella programmazione, liberalizzare il mercato dell'offerta formativa, valorizzare il ruolo delle agenzie per il lavoro, passare integralmente dai famigerati "corsi di formazione fatti dagli enti accreditati" alla "dote alla persona", mediante l'adozione del voucher formativo individuale.

Ma in fondo Italia aveva compreso bene che se Il Sud voleva davvero riscuotersi dal torpore doveva ritrovare il significato perduto di una sola parola: legalità. Un tema con mille sfaccettature, dalla prevenzione alla repressione, dal controllo del territorio al rafforzamento degli strumenti di indagine.

La legalità come nuovo ossigeno per purificare i polmoni malati da anni di una patologia chiamata criminalità organizzata.

Arrivata a Marsala Italia poté tirare le fila del suo viaggio. Cos'era il Mezzogiorno? Un paradiso abitato da diavoli? Un inferno abitato da angeli? Non trovò una risposta, nonostante i chilometri macinati, le città visitate, le regioni attraversate, i mari solcati.

Aveva tempo per riflettere, una nuova vita la aspettava nel suo paese natale, ma soprattutto aveva avuto l'occasione di mettersi alla prova con quegli interrogativi apparentemente senza risposta. Rimaneva l'ultima domanda: cosa fare ora? Mai avrebbe immaginato che la risposta sarebbe stata così dura.

Proposte

- Passaggio integrale alla "stazione unica appaltante" presso le prefetture per tutte le gare pubbliche, di opere o forniture di beni e servizi, di ammontare superiore ai 200 mila euro.
- Aumento delle pene sanzionatorie e penali per reati ambientali particolarmente gravi, tra cui quelli che hanno provocato il decesso o lesioni gravi alle persone o danni rilevanti alla qualità dell'aria, del suolo o delle acque, alla fauna o alla flora.
- Nello stesso ufficio pubblico non possono lavorare familiari e affini fino al terzo grado di parentela prendendo a riferimento il più anziano in servizio.
- Promuovere una Legge Obiettivo per la riqualificazione delle periferie delle grandi aree urbane del Mezzogiorno.
- La spesa pubblica destinata al Mezzogiorno deve essere soggetta a valutazione di un'autorità indipendente emanazione della Commissione UE.
- Snellire la burocrazia: Zone franche urbane, Zone burocrazia Zero, Agenzia per le Imprese.
- Riqualificazione del capitale sociale del Sud: orientare la formazione alle esigenze del mercato del lavoro, ridisegnare il ruolo dei centri per l'impiego, coinvolgere maggiormente le associazioni datoriali nella programmazione.
- Rilanciare un piano industriale per le pubbliche amministrazioni meridionali, diminuendo l'outsourcing e valorizzando le competenze.
- Difendere le eccellenze produttive, promuovendo la creazione di "distretti" di qualità.
- Costruire un fondo di venture capital misto, pubblico privato, per sostenere la crescita delle PMI del Mezzogiorno.

Note

[1] Rapporto stilato da Legambiente (http://www.legambiente.it/).
[2] Paolo Berdini, *Breve storia dell'abuso edilizio in Italia*, Donzelli editore.
[3] "Critiche di Bruxelles al piano nazionale per il Mezzogiorno", Sole 24 Ore - 24 maggio 2011.

10

Welfare

Nicola Centrone

Era notte fonda, ogni muscolo del corpo le trasmetteva piccole scariche di dolore. Un formicolio le attraversava le gambe fino a paralizzarle. Rientrata a casa dopo il lavoro della sera, Italia aveva abbandonato la sua borsa per terra e si era accasciata sul divano.

La notte è davvero spietata. È una lente di ingrandimento: ti esalta nei momenti felici ma sa annientarti nei momenti difficili. Amplifica le tue ansie e le tue paure. Nel buio tutto ti sembra più complicato, ostile, senza via di uscita.

Ultimamente Italia non aveva avuto troppo tempo per pensare a se stessa. Passava le giornate in apnea tra la ricerca di un lavoro vero, le sei ore in negozio, le ripetizioni private nei pomeriggi liberi, il lavoro al ristorante la sera.

Quando hai bisogno di tempo e lucidità per costruire la tua vita vieni sempre schiacciato dalla corsa alla sopravvivenza, pensava fra sé e sé.

Italia sapeva sin dall'inizio che tornare a Marsala sarebbe stata una sfida difficile, che assistere la madre, ormai vedova, non sarebbe stata una passeggiata. Ma non avrebbe mai immaginato di ritrovarsi così: sola e senza uno straccio di speranza. Non era la fatica a spaventarla, si era sempre arrangiata. Ai tempi dell'Università, mentre tutti i suoi colleghi uscivano il sabato sera, lei era costretta ad inventarsi mille scuse per non seguirli; 35 euro per cenare, 20 euro di ingresso nel locale non erano alla sua portata; senza considerare i 40 euro che avrebbe perso se non si fosse presentata al pub dove lavorava.

Ora si ritrovava senza un progetto di vita, con un sogno che si era essiccato proprio come quei pomodorini che trovava dappertutto nelle vie del suo paese. Di quel sogno di felicità con cui aveva lasciato Roma per iscriversi all'Università era rimasto solo la scorza acida della sopravvivenza.

Come ogni sera, questi pensieri le piombavano addosso facendole sentire tutto il peso del fallimento. Anni di studio, di impegno, di sacrifici, per ritrovarsi a collezionare miseri stipendi a nero, parte di quell'immensa economia sommersa di questo Paese che da sempre è stata la sua piaga più grossa e la sua ricchezza più profonda. Un pezzo di torta pari al 17% dell'intero prodotto interno lordo che sfugge ad ogni rilevazione e che mantiene il Paese, nonostante tutto, tra le più grandi potenze industriali del mondo. Il contraddittorio miracolo italiano fatto di genio e sregolatezza, di sudore ed illegalità.

La sua paga a nero era una piccola parte di quei 270 miliardi di euro su cui nessuno paga tasse, IVA, contributi, addizionali[1]; 270 miliardi che rimangono ogni anno sotto il mattone dell'omertà, nascosti agli occhi superficiali dello Stato. Il 12,2 per cento del totale dei lavoratori italiani è irregolare[2]. Fantasmi del mercato del lavoro che vivono di buste paghe ridotte, di contratti anomali, di lavoro nero. Intorno a loro c'è una folla indistinta e numerosa di oltre 2 milioni di disoccupati. Il nostro Paese, con un tasso pari al 61,1 per cento, è in Europa tra gli ultimi seguito solo da Malta e dall'Ungheria[3].

Numeri letti su qualche sito Internet, che la facevano rabbrividire ma che non la aiutavano certo a sentirsi meno sola. Perché nella miseria si è sempre da soli.

In fondo Italia non chiedeva assistenza, non cercava uno stipendio garantito, non voleva certezza e garanzie assolute. Voleva solo poter lavorare senza sentirsi un rottame. Punto. Da quando frequentava la scuola elementare aveva sempre sentito recitare, come una litania, le prime parole della Costituzione "L'Italia è una repubblica democratica fondata sul lavoro", un lavoro che non c'è e che ottieni sempre di più tramite amicizie, raccomandazioni, conoscenze. Dove prevale la "conoscenza di chi" rispetto la "conoscenza di cosa". La crisi economica di questi anni non ha fatto che rafforzare le distorsioni del sistema aumentando la pressione intorno ad un posto di lavoro, il suo valore specifico. In questo modo anche un concorso per operatore cimiteriale in un piccolo Comune era preceduto da file di raccomandazioni che – da più parti – fioccavano abbondanti e che alla fine premiavano quell'amico, parente o sostenitore debitamente "segnalato".

Italia avrebbe semplicemente voluto un lavoro vero, un lavoro in cui potesse sentire valorizzate le proprie capacità, le proprie competenze. Voleva essere messa alla prova e rendersi utile per il resto della sua comunità. Invece, dopo 4 mesi senza uno straccio di stipendio, aveva deciso di accettare qualsiasi cosa. Qualsiasi.

Una volta – sempre nel buio di quella notte che non sempre porta consiglio – dopo un servizio in TV sulle ragazze immagine delle discoteche che vivono aggrappandosi ad un palo di ferro in mezzo a centinaia di "uomini di successo", come amavano dire nell'intervista, era arrivata anche a pensare che se soltanto avesse avuto meno pudore avrebbe potuto provarci anche lei, visti i numerosi complimenti che riceveva per il suo aspetto. «D'altronde il nostro è un paese per veline, tronisti e faccendieri» diceva sempre ai suoi amici, «e se non fai parte di queste categorie puoi solo accomodarti verso l'uscita o stare a guardare la vita degli altri. O fai la cubista o fai il palo!».

Leggere i quotidiani, vizio che purtroppo conservava da quando era una bambina, non la aiutava. Ogni giorno vedeva rivelate intercettazioni tra amici eccezionali, appalti falsati per qualche ristrutturazione in casa, parenti assunti senza titoli, amanti trasferite da un ufficio all'altro, veline promosse a statiste.

Era veramente esausta. Quella giornata era stata un inferno. Sveglia alle 7 per andare in negozio, una catena di cosmetici, dove lavorava rigorosamente in nero. Alle 14 di corsa a prelevare Michele, un ragazzino viziato. Non doveva fare solo ripetizione, ma passare a prenderlo a scuola, farlo pranzare e poi aiutarlo a studiare. Era figlio di professionisti: lui notaio, lei commercialista. Due persone dell'alta borghesia di Marsala. Eppure anche loro la sfruttavano. L'avevano contattata per fare da insegnante a Michele, che non aveva nessuna intenzione di studiare, e si era ritrovata a fare la domestica, pagata a nero. Di contratto e contribuzione neanche a parlarne. Anzi, quando provò a chiedere un contratto fu proprio il notaio a risponderle a muso duro e senza alcuna vergogna: «Ma che contratto, signorina! Se ci mettiamo a fare le cose in regola in questo paese, dovremmo smettere pure di respirare!». Questo disse il notaio.

Erano mesi che cercava disperatamente un lavoro. Voleva uscire da questa condizione. Ma lei purtroppo non "apparteneva" a nessuno. Appartenere; la parola d'ordine per accedere al mercato del lavoro, appartenere a qualcuno, a qualche famiglia, ad un clan vale più di mille curricula, stage, master all'estero. Lei invece non apparteneva a nessuno. Glielo avevano sempre insegnato: "La libertà è non dover dire grazie a qualcuno per qualcosa che ti spetta, la libertà è non appartenere a nessuno ma essere padroni di se stessi" le diceva sempre sua madre quando era più giovane e ancora gli occhi verdi – identici ai suoi – le brillavano di entusiasmo e passione.

Italia era senza nome. Essere senza nome era come essere senza voce. Cercava con ingordigia tra gli annunci su riviste, su internet, spulciava i portali web per cercare un raggio di sole. Ma la delusione cresceva ad ogni annuncio: venditori di aspirapolveri, agenti commerciali senza fisso, telemarketing, tutti lavori dove l'imprenditore scarica sul lavoratore il rischio di impresa. Dove rischi di pagare per lavorare gratis.

Le uniche occupazioni disponibili erano pagate a cottimo: "Si fornisce l'opportunità di guadagnare in base ai risultati (NON offriamo stipendio fisso ma un percorso lavorativo IN PROPRIO passo passo, testato da oltre 30 anni). Offriamo, inoltre, percorso di training e formazione sia in aula che online. Possibilità di cominciare part time, senza interferire con la propria situazione lavorativa e familiare". Leggendo questo annuncio verrebbe voglia quasi di ringraziarli – pensava. Ti fanno lavorare senza stipendio e sono anche così generosi da non interferire con la tua "situazione".

Tra i tanti tentativi che aveva fatto, era stata anche al Centro per l'impiego. L'ex ufficio di collocamento che poi, non riuscendo a svolgere a pieno il proprio ruolo, ha cambiato nome ma non funzione, cosa tra l'altro non insolita nel nostro paese. Certamente "Centro per l'impiego" era un nome più moderno, più attraente meno assistenzialista ma non aumentava di una virgola i posti di lavoro disponibili.

Al centro erano tutti gentilissimi, persone squisite. Niente da dire. Ma erano bastati pochi minuti per capire che non avrebbero risolto i suoi problemi. Gli impiegati incoraggiavano, davano suggerimenti, spiegavano con precisione come compilare e spedire il curriculum che non avrebbe mai avuto risposta, come affrontare un colloquio di lavoro che non ci sarebbe probabilmente mai stato. Suggerivano corsi di inglese, corsi di informatica, parlavano di voucher da utilizzare per corsi di formazione. Tutte cose utili ed interessanti. Ma di un lavoro nemmeno l'ombra. Era in attesa con il numerino in mano davanti allo sportello, accanto a lei stranieri in cerca di casa e occupazione, muratori schiacciati dalla crisi dell'edilizia, carpentieri, giardinieri. Domanda di lavoro diffusa, offerta inesistente. Sui monitor comparivano solo la richiesta di una ditta edile in cerca di un elettricista, personale per volantinaggi, una segretaria di direzione. Come le destinazioni sui monitor di un piccolo aeroporto di provincia, sullo schermo rimanevano poche opportunità immobili per ore.

Italia ricordava di aver letto che solo il 4% di chi trova lavoro passa attraverso il servizio pubblico all'impiego[4]. Il resto è il premio di una corsa senza esclusione di colpi in cui tutto è ammesso e non esiste regola, rispetto, merito. Aveva saputo che il responsabile del centro per l'impiego aveva una figlia di 40 anni disoccupata. Un'impiegata del Centro era sotto contratto per tre mesi per la cooperativa assegnataria del servizio. Come farsi dare da bere da un assetato, pensò Italia. Ringraziò con gentilezza e scappò via. Aveva chiesto ad una sua collega di sostituirla per mezz'ora e ora era proprio necessario rientrare.

Mentre correva verso il negozio, pensava al "mercato del lavoro", un nome altisonante che nascondeva un povero bazar nel deserto con pochi e maleodoranti frutti per uno sterminato popolo affamato. Non solo erano poche le opportunità di lavoro, ma col tempo peggiorava significativamente anche la qualità del lavoro disponibile.

*Quello che viveva tutti i giorni lo confermavano le stati-
stiche: quell'anno alla caduta tendenziale delle professioni qualificate e tecniche (–251mila unità) e degli operai specializzati (–109mila unità) si contrapponeva l'incremento delle professioni non qualificate (+130mila
unità), insieme a quello delle professioni esecutive del
lavoro di ufficio e degli addetti al commercio e ai servizi
(+94mila unità). Per la componente femminile aumenta la segregazione di genere: soprattutto per le donne,
infatti, è diminuita l'occupazione qualificata, tecnica e
operaia, mentre è aumentata quella non qualificata
(+108mila unità). Si tratta in gran parte di italiane
impiegate nei servizi di pulizia a imprese ed enti e di col-
laboratrici domestiche e assistenti familiari straniere[5].*

"Avanti tutta verso il progresso", pensava cinicamente
Italia mentre le tornavano in mente le frasi sentite spesso
durante delle trasmissioni di approfondimento politico:
"Dobbiamo riformare l'Università, il nostro paese ha pochi
laureati rispetto ai nostri vicini europei. I tassi di scolariz-
zazione sono troppo bassi". Ragionamenti che le erano
sempre sembrati sensati se non fosse che non riusciva a
dare una risposta alla solita domanda che le scoppiava nella testa: "Ma a tutti questi laureati che cosa facciamo fare?
Li mettiamo nei call center?". Ricordava ancora con un
brivido quell'annuncio letto su internet che, fuori da ogni
ipocrisia, recitava: "… titoli di studio superiori saranno
motivi di esclusione dalla selezione". Altro che più laureati! Quella volta, Italia aprì il file *C:\Docs\Italia\Desktop\
CURRICULUMITALIA.doc* e con un colpo di mouse sele-
zionò la tabella dedicata agli ultimi titoli di studio. L'indice
della sua mano destra si poggiò con titubanza sul *Canc* e
in un istante furono cancellati 5 anni di duro studio alla
facoltà di Giurisprudenza. La laurea, quella che per sua

madre era stata la più grande soddisfazione, quel tanto sudato 110 e lode che con vanto imbarazzante era stato annunciato a tutti i parenti e i vicini, era improvvisamente diventata una vergogna. Una verità da nascondere.

Qualche tempo prima, negli anni del boom della *new economy*, quando tutto doveva diventare flessibile, leggero, dinamico, un leader politico di sinistra presentava la flessibilità come un'occasione unica, lo strumento per aumentare esponenzialmente le opportunità per i lavoratori. A quei tempi il contratto di collaborazione (a cui diedero quel nome così emblematico, "co.co.co", che tanto faceva pensare a galline in batteria) doveva diventare il mezzo con cui finalmente poter determinare il proprio lavoro, liberi da ogni vincolo di subordinazione.

A quei tempi, tutti pensavano di poter facilmente diventare "imprenditori di se stessi", un popolo di autoimprenditori e liberi professionisti che con semplici collaborazioni avrebbero potuto trattare sul salario, gestirsi in autonomia gli orari e poter finalmente prestare la propria opera anche per più committenti contemporaneamente. Quei discorsi se li ricordava chiaramente Italia e ancora – a distanza di anni – le saliva la rabbia. Contratti "venduti" per figure come quelle di ingegnere, web master, architetto, programmatori che subito dopo si erano trasformati in trappole per poveri cristi.

Per assurdo, in Italia non esiste un solo co.co.co. o contratto a progetto che sia veramente legale. In nessun caso sei davvero libero di determinare il tuo salario, il tuo orario, la tua autonomia. Sei solo un dipendente come gli altri ma pagato meno, senza malattia, senza maternità e senza diritti. E in meno di un giorno potresti essere licenziato senza poter nemmeno chiedere il perché.

Ormai aveva imparato a memoria quelle parole sui contratti. Ti costringevano a firmare una dichiarazione falsa:

"Il lavoratore svolgerà la propria attività in maniera del tutto autonoma, al di fuori di ogni vincolo predeterminato di orario e di presenza; il datore di lavoro committente come sopra indicato e rappresentato non eserciterà nei confronti del lavoratore alcun potere gerarchico e disciplinare tipico del rapporto di lavoro subordinato; il lavoratore presterà la propria attività in modo del tutto autonomo fornendo la propria professionalità; le parti convengono di valutare periodicamente, in un'ottica di coordinamento e nel rispetto dell'autonomia nell'esecuzione della prestazione, il lavoro svolto anche in relazione agli obiettivi alla base del progetto..." bla bla bla. Firmare quegli impegni sapendo che era tutta una banale e ripetitiva messa in scena. Dipendenti di imprese di pulizia, di ristoranti, impiegati grazie a questi contratti sono così diventati lavoratori autonomi. E quale sarebbe il loro progetto professionale?

Tra gli allegati ai contratti di lavoro a progetto compaiono sempre schede che descrivono progetti dettagliati e complessi ma che nella realtà si traducono in sgobbare, pulire, servire, portare i sacchi di immondizia nel cassonetto, rispondere al telefono... questi sarebbero i progetti di autonomia? Inoltre, questi modernissimi contratti che avrebbero dovuto aprire nuove opportunità per tutti, ti lasciano semplicemente senza alcuna tutela. Il paradosso è che proprio per i contratti più precari e più soggetti a interruzione manca ogni forma di ammortizzatore sociale. Niente mobilità, niente cassa integrazione, niente sostegni al reddito. Se perdi il lavoro sei semplicemente finito. Un cartone di latte vuoto da buttar via. Negli ultimi anni hanno introdotto la possibilità in via sperimentale della cassa integrazione per i dipendenti a progetto con una cifra forfettaria pari al 20% del proprio reddito. Pura ipocrisia.

Quante volte, Italia, davanti ad un annuncio immobiliare o a quei volantini dei centri commerciali che promuovono svendite di elettrodomestici, pensava a quanto fosse precaria la sua stessa esistenza. La precarietà del lavoro, infatti, non poteva che scaricarsi con violenza nella sua vita privata. Nessun progetto, nessun investimento era pensabile quando non aveva alcuna aspettativa sul futuro. Con i contratti precari, nessun prestito o mutuo le sarebbe mai stato concesso, nemmeno per comprare un auto, un frigorifero, un divano.

È così che i famigerati liberi lavoratori si trasformano in piccole formiche che lottano quotidianamente per la sopravvivenza. Basta un passo falso di qualcuno e finisci schiacciato sotto la suola di una scarpa.

Italia se lo ricordava quanto poco ci volle a introdurre per legge i nuovi contratti di lavoro ("È un passo verso la modernità – dicevano – dobbiamo essere pronti a cogliere le opportunità che la globalizzazione ci offre") e ricordava altrettanto chiaramente quanto la legge per le tutele dei lavoratori (il nuovo Statuto dei Lavori) rimase solo un progetto di belle speranze, ampiamente dibattuto in convegni e iniziative pubbliche ma che, tra tutti questi impegni, non trovò mai il tempo e i soldi per essere approvato.

È così, in assenza di una normativa più avanzata sul lavoro, la spesa sociale del nostro paese è ancora tutta orientata all'assistenza e al mantenimento del reddito dei pensionati. Quei pensionati che spesso hanno avuto lavori sicuri, ben pagati, con tutti i diritti e le garanzie e che magari sono usciti dal mercato del lavoro a 50 anni.

Non è un segreto che nel nostro paese la composizione della spesa per la protezione sociale è destinata principalmente ai trasferimenti monetari di tipo pensionistico e alle prestazioni per l'assistenza agli anziani. Il 51,3% dell'intera spesa sociale contro il 39,1% della media europea. Residuali le risorse destinate alla lotta

all'esclusione sociale, alla disoccupazione, alle fami-
glia. L'Italia si colloca all'ultimo posto (0,2 per cento
rispetto alla media Ue pari all'1,4 per cento) per le ri-
sorse destinate al sostegno al reddito, alle misure di
contrasto alla povertà o alle prestazioni in natura a fa-
vore di persone a rischio di esclusione sociale. Al soste-
gno per la disoccupazione e alle politiche attive per il
lavoro è dedicato solo l'1,9 per cento della spesa, con-
tro il 5,2 per cento dell'Europa. Per la famiglia il nostro
sistema di protezione sociale impiega solo il 4,7 per
cento della spesa, quota che ci colloca al penultimo po-
sto della graduatoria UE[6].

Se soltanto in Italia si finanziassero i programmi sulla base delle dichiarazioni dei politici (basterebbe forse un euro per ogni dichiarazione) certamente saremmo il Paese con più investimenti nella casa, nella famiglia e nei giovani. Ma per loro fortuna le dichiarazioni sono gratuite e un virgolettato sui quotidiani non si nega mai a nessuno.

Grazie a questa distribuzione delle risorse i nonni sono ormai l'architrave del sistema sociale italiano: nelle loro case vivono figli e nipoti e sulle loro pensioni campano figli e nipoti. Nulla ci dice che tutto questo cambierà.

Per superare la situazione pesante dei conti previdenziali si pone la priorità dell'innalzamento dell'età pensionabile. Giusto. La speranza di vita aumenta, aumenta l'età in cui si è ancora in grado di lavorare. Ma una domanda che spesso sorgeva nella mente di Italia era: se gli adulti rimangono a lavoro fino a 65-70 anni e il mercato del lavoro non si espande particolarmente, quando arriverà il turno dei tanti giovani che sono in fila in attesa di un lavoro? Probabilmente dovranno aspettare altri dieci anni per cominciare a lavorare seriamente. Se poi aggiungiamo il blocco del *turn over* nelle pubbliche amministrazioni, ai giovani non resterà che andare a ritirare la pensione del nonno alle poste.

Perché allora non pensare ad uno scambio di consegne? Favorire la trasformazione del contratto degli ultra sessantenni in un part-time e promuovere l'ingresso in azienda di un giovane con un altro contratto part-time. Un'uscita morbida dal lavoro, un ingresso graduale nel lavoro. Vecchie competenze che arricchiscono i giovani. Giovani idee che rafforzano e ammodernano le aziende.

Questa storia dell'età pensionabile le faceva pensare sempre ai vecchi baroni dell'università che continuavano ad occupare le cattedre anche se non avevano più nemmeno la forza di parlare. Lasciavano "giovani" ricercatori di 50 anni a fare lezioni e se ne stavano, con la pelle gialla come quei libri che li circondavano nei loro studi, a pontificare. Ma perché un professore che ha insegnato non può lasciare la didattica e continuare la sua opera nelle fondazioni, negli istituti di ricerca senza togliere spazio a giovani risorse? Non potrebbero continuare a scrivere libri e partecipare a convegni senza dover rappresentare un limite alla crescita e al rinnovamento delle Università? Si chiedeva.

Italia quella sera era stanca. Non riusciva più a dormire. Incubi, ansie, paure la assalivano e le rovinavano il sonno per tutto il resto della notte. Prese il suo pc portatile per controllare qualche portale dedicato alla ricerca di lavoro. Non poteva spendere soldi per un contratto internet, così sperava che il vecchio pensionato che abitava sopra casa sua si fosse dimenticato il modem acceso per sfruttare la sua rete wireless. Il cavalier Sottanìa, era un vecchio e rispettabilissimo finanziere in pensione che – ormai vedovo – aveva conosciuto internet giocando con suo nipote e aveva scoperto, quasi per caso, il mondo sconosciuto dei siti hard. Il Cavaliere, che si ricordava ancora quei giornaletti in bianco e nero che si passavano, accartocciati, di mano in mano con i suoi amici con attrici americane nude e seminude, rimase per giorni quasi sospeso in un'altra dimensione quando si accorse della quantità e qualità del materiale disponibile on line. Quando aveva il modem a 56k i suoi figli trovarono una bolletta milionaria e gli staccarono internet. Dopo mesi di depressione arrivò finalmente la tecnologia anche a Marsala e gli intestarono un contratto Adsl a forfait. Ora poteva finalmente guardarsi i suoi filmini osè gratuitamente e soprattutto, grazie alla magia della tecnologia, senza continue interruzioni per scaricare immagini estreme e bit selvaggi. I figli sapevano di questo diversivo ma ormai facevano finta di niente. "Nostro padre ha perso completamente la testa" si dicevano. Né il cavalier Sottanìa né i suoi figli sapevano però impostare la password così Italia, mentre le donnine del pensionato si agitavano su tavoli e poltrone nell'etere, poteva rubare un po' di linea gratuitamente e occuparsi delle proprie angosce.

Quella della ricerca online di lavoro era ormai uno stanco rituale che le lasciava sempre un profondo amaro in bocca. Sfogliava decine di pagine con offerte di falsi lavori e trappole di ogni tipo. Riscriveva stancamente il suo curriculum nei form dei portali sapendo che era come buttare una monetina in un pozzo profondo, una monetina che non avrebbe mai più visto la luce del sole e non si sarebbe mai trasformata in un desiderio realizzato. Ma quella sera, trascinata dalle correnti del World Wide Web, mentre sorseggiava il suo bicchiere di "Grillo", un gustoso vino bianco che aveva appreso essere il componente di base del più famoso "Marsala", si sentiva un po' depressa. Ebbe uno scatto d'orgoglio: la sua vita doveva cambiare. Italia non voleva finire tra quelli che i sociologi chiamano "scoraggiati" quelli che perdono ogni speranza e smettono di cercare lavoro.

Solo nel 2010 gli "scoraggiati" sono diventati il 10 per cento del totale, con una punta di poco inferiore al 16 per cento nel Mezzogiorno. 1,5 milioni di italiani[7]. La quota degli "scoraggiati" in Italia – tanto per avere un'ulteriore conferma – è quasi il doppio rispetto a quella della Spagna e nove volte superiore a quella della Francia.

Forse il Nord poteva offrire maggiori opportunità, pensava, e così Italia iniziò ad avvertire la necessità di dover partire, di lasciare la Sicilia. Fosse solo per la legge dei grandi numeri, si diceva, qualche opportunità in più poteva esserci anche per una come lei.

Era l'unica speranza. Provare a puntare su se stessa. Doveva riprendere a studiare e tentare il concorso per diventare Avvocato. Certo la vita era proprio ironica: lei, figlia di nessuno, partiva dal Sud per fare il concorso da avvocato a Torino mentre invece illustri governanti dal Nord scendono per vincere il concorso nel più "generoso" Sud.

Italia non voleva e non poteva fare come la sua amica Roberta, che da anni si lamentava di non avere un lavoro e poi era sempre in vacanza e in giro sostenuta dai soldi dei suoi genitori. Diceva: «Io non mi vendo per pochi euro, finché non troverò un lavoro giusto per me e le mie competenze non mi farò sconfiggere dal sistema. Resisterò. Chi non si dà un prezzo, non ha un valore». "Facile parlare così – diceva Italia a se stessa – poi arriva la fine del mese e quelli come Roberta alzano il telefono e chiamano i genitori per un nuovo bonifico sul conto". Purtroppo nel nostro paese spesso funziona così. La rete parentale è tutto, il supporto della famiglia funge da ammortizzatore sociale, ti sostiene negli studi, ti dà contatti e amicizie giuste, ti apre le porte del lavoro. Chi non ha tutto ciò alle spalle, sgobba, suda e rimane fermo, come se nuotasse in un fiume controcorrente.

In quei momenti riusciva a capire quei trenta milioni di italiani che si lanciano nelle lotterie, inseguendo un sogno fatto di euro senza sudore. Dopo l'esplosione della malattia sociale rappresentata dai videopoker nei bar ai quali i più disgraziati rimanevano incollati per giorni interi, negli ultimi anni si era andato affermando un nuovo gioco, "Win for life", una lotteria che invece di promettere una vincita milionaria ti garantiva un vitalizio mensile per vent'anni. *"Spensierati e sistemati"* recitava lo slogan. Sistemati era un termine che una volta i suoi nonni associavano al contratto a tempo indeterminato e soprattutto al lavoro pubblico, al lavoro per lo Stato. Ora tutto questo era solo un miraggio e per "sistemarsi" bisognava vincere alla lotteria. Perché lo stipendio diventa un premio quando il lavoro è più improbabile di una vincita.

Perché stupirsi, in fondo. Il nostro è il paese della rendita e cosa c'è di più stuzzicante se non poter guadagnare senza lavorare? Forse, pensava Italia, anche la lotta ai vitalizi dei parlamentari non deriva tanto dalla consapevolezza della profonda ingiustizia di un privilegio quanto dall'invidia di non poter partecipare direttamente a quel privilegio.

Quando si perdeva in questi ragionamenti la voglia di lasciare questo paese e tentare la fortuna (quella vera) altrove la assaliva. Ma lei non voleva essere una sconfitta, non voleva cedere. Voleva vivere, crescere, avere dei figli nel paese che in cui aveva aperto gli occhi per la prima volta, il paese con il quale condivideva il suo nome.

Sarebbe partita. Dopo l'estate. Ancora una volta si sarebbe rimboccata le maniche e avrebbe combattuto contro tutto. Italia ce l'avrebbe fatta, nonostante l'Italia.

All'improvviso, cadde finalmente in un sonno profondo.

Proposte

- Contratto unico di lavoro con uniche aliquote previdenziali ed eliminazione delle 44 forme contrattuali esistenti.
- Statuto dei lavori (armortizzatori sociali, maternità e indennità di malattia anche per i lavoratori atipici con aliquota di solidarietà su altri contratti e fondo unico sostegno al reddito).
- Stage e praticantati obbligatoriamente retribuiti (sul modello della nuova legge della Regione Toscana).
- Incentivo contratti part-time sotto i 30 anni e sopra i 60.
- Delimitazione dei campi di applicazione di contratti a progetto (percentuale massima per azienda e n. massimo rinnovi). Il contratto a progetto deve costare di più all'impresa di un contratto stabile. Controlli sulla coerenza con la legge.
- Formazione permanente con supporto al reddito.
- Introdurre un salario minimo nazionale.
- Introdurre un fondo di garanzia per l'accesso al credito.
- Riforma per rendere più efficienti i centri per l'impiego.
- Defiscalizzazione nuove assunzioni a tempo indeterminato.

Note

1. *Min. Economia e Finanze. Rapporto finale*, Gruppo di lavoro "Economia non osservata e flussi finanziari", giugno 2011 (http://www.regioni.it/download.php?id=224021&field=allegato&module=news).
2. "Indagine conoscitiva sui fenomeni distorsivi del lavoro". Audizione Presidente Istat XI Commissione permanente "Lavoro pubblico e privato", Roma, 15 aprile 2010 (http://www.istat.it/it/archivio/8095).
3. Istat, Rilevazione sulle forze di lavoro (http://www3.istat.it/dati/cata logo/20110523_00/grafici/5_6.html).
4. *Libro Bianco sul mercato del lavoro in Italia*, Commissione Biagi, Ministero del Lavoro e delle Politiche Sociali, ottobre 2001 (http://db. formez.it/fontinor.nsf/b3f0568a004094c0c1256f57003b7fa1/52e3123 f2337446ac125711f00509965?OpenDocument).
5. Istat, Rilevazione sulle forze di lavoro; (http://www3.istat.it/dati/ catalogo/20110523_00/grafici/3_6.html).
6. Eurostat, ESSPROS database: 8http://www3.istat.it/dati/catalogo/ 20110523_00/grafici/4_4.html).
7. Eurostat, Labour force survey: 8http://www3.istat.it/dati/catalogo/ 20110523_00/grafici/3_5.html).

11

Impresa

Jacopo Morelli

«Torino ha un'anima complessa. Torino città operaia. Torino città della Fiat. Torino con la tradizione di città capitale. Torino città italiana, anzi romana, ma anche città alpina, che guarda alla Francia e all'Europa. Torino di Gobetti, di Einaudi, di Bobbio, di Gramsci e dell'«Ordine nuovo», Torino comunista e Torino liberale. Torino col suo carattere, la sua sobrietà, la sua serietà, che non si apre e non si dà tanto facilmente, ma che ti accetta quando si convince che impersoni i suoi stessi valori: l'impegno nel lavoro, una forte cultura civica, un senso del dovere, che ti compete per la parte che hai nella vita della città».

Italia rileggeva questo articolo di Arrigo Levi, pubblicato su «La Stampa» qualche anno prima e annuiva con la testa.

Torino con le sue opportunità, avrebbe voluto aggiungere. Per lei, come per tanti altri, il trasferimento a Nord voleva rappresentare la svolta. Qui avrebbe dato l'esame da avvocato. Qui avrebbe trovato un lavoro che la soddisfaceva, dove finalmente mettere in pratica quello che aveva studiato. Qui avrebbe trovato un futuro, dopo le disavventure degli anni passati, ne era certa. Nel freddo Nord voleva scaldare la sua vita, rilanciarla. Ma il primo impatto non fu dei migliori. Non amava quei luoghi, così lontani dal mare, e inoltre non la lasciava mai il rammarico di aver di nuovo "abbandonato" sua madre, dopo l'esperienza universitaria fiorentina.

Ma il dinamismo della città torinese l'avvolse fin da subito. Quando si prendeva una pausa dallo studio riusciva a vedere il carattere vivace e spensierato di Torino, frequentando la zona dei Murazzi o perdendosi nel bellissimo scenario verde del Parco del Valentino.

Ogni volta che usciva veniva accompagnata dalla sua coinquilina Maria, che, secondo Italia, faceva un mestiere inusuale: infatti, nonostante la giovane età, gestiva una piccola attività di produzione di cioccolato. Aveva ereditato questa azienda dopo la prematura scomparsa del padre e non essendoci altri soci in affari, si era caricata il fardello di continuarla. Nonostante quello che si può pensare, quel "dolce" lavoro non piaceva a Maria, che aveva dovuto abbandonare una brillante carriera accademica in Economia, pur di non vendere l'attività di famiglia.

La ragazza aveva un fratello, Antonio, poco più grande di Italia, da poco laureatosi in ingegneria al Politecnico di Torino, che spesso accompagnava le due ragazze nelle uscite serali.

Non ci volle molto prima che Italia rimanesse affascinata dal carattere di Antonio: una personalità molto forte, sicuro di sé, testardo e ostinato, forse anche più di lei. Aveva grandi ambizioni per il futuro e, ogni volta che si ritrovavano a discutere, non perdeva tempo nel raccontare i suoi sogni imprenditoriali.

Aveva, infatti, un'idea secondo lui rivoluzionaria e si appassionava ogni volta che la condivideva con gli altri: un cerotto wi-fi per monitorare, costantemente, la salute di una persona. Il cerotto viene applicato sulla pelle del paziente, permettendo di monitorare battiti cardiaci, temperatura, glucosio e altri parametri. I dati assorbiti dal cerotto attraverso un sistema di connessione wireless, passano direttamente su un monitor dell'ospedale, dove il medico può già effettuare la diagnosi.

Secondo Antonio questa sua idea avrebbe ridotto i costi per la collettività e avrebbe fatto guadagnare tempo prezioso a pazienti e medici.

Purtroppo non aveva brevettato questa sua invenzione perché costava troppo, ma da ingegnere si era trasformato in imprenditore, dedicando tutto il suo tempo a trovare i fondi necessari per finanziare il progetto e costituire un'impresa.

Sapeva benissimo che non sarebbe stato semplice, ma il suo carattere tenace e risoluto, che tanto piaceva a Italia, non gli permetteva di mollare così facilmente.

Antonio cominciò a frequentare la sorella e Italia molto più spesso, riuscendo a malapena a nascondere quali erano i suoi sentimenti: provava un forte interesse per la ragazza dagli occhi verdi venuta dalla Sicilia e non sapeva che anche lei ricambiava lo stesso sentimento.

Durante una delle fredde serate invernali si ritrovarono tutti e tre chiusi in casa di Italia e Maria, impossibilitati ad uscire a causa del forte diluvio che si stava riversando su Torino.

Improvvisamente Antonio, aiutato dai molti bicchieri di vino bianco bevuti a cena, ruppe l'armonia che di solito regnava nel gruppo, iniziando un inaspettato monologo: «Maria... devo dirti una cosa da tanto tempo... non vedi come ti sei ridotta? Sei prigioniera e schiava delle tue abitudini, del tuo lavoro. Hai ereditato l'attività da nostro padre e ti accontenti di questo. Sei giovane all'anagrafe, ma sei vecchia dentro. Hai avuto tutto senza difficoltà, senza fatica. Non osi, non hai ambizione. Così muori lentamente! Cosa stiamo facendo per il futuro del Paese? Sono convinto che dobbiamo interessarcene in prima persona: alzare la testa ed impegnarci. Se tu avessi continuato ad occuparti di economia, avresti dato un contributo sicuramente maggiore. Dobbiamo essere protagonisti della nostra vita e non arrenderci davanti ad un Paese che non è un Paese per giovani!».

Maria, in un primo momento, rimase sconvolta, poi si calmò. Era abituata agli sfoghi del fratello. Quei voli pindarici e idealisti erano una costante di Antonio. D'altra parte era vero che lei aveva abbandonato i suoi sogni, rinunciando alle proprie ambizioni personali. Ma non era l'unica a seguire le orme dei genitori.

Secondo il 13° rapporto di Almalaurea[1], a seconda della classe sociale di origine è differente la scelta del percorso universitario e del lavoro che ne consegue. 73 laureati su cento "portano a casa" la laurea per la prima volta (ovvero provengono da famiglie dove i genitori sono privi di titolo di studio universitario), ma dati interessanti si ottengono dal confronto tra laurea del padre e laurea del figlio, molto più coincidenti di quanto ci si sarebbe potuto attendere. Una coincidenza che, se pare quasi tradizionale nelle lauree di accesso alle professioni liberali (giurisprudenza, ingegneria, farmacia, medicina), non sembrava altrettanto prevedibile per gli altri percorsi di studio. Così il 43% dei padri ingegneri ha un figlio laureato in ingegneria; il 43% dei padri laureati in giurisprudenza ha un figlio con il medesimo titolo di studio; il 32% dei padri economisti ha un figlio con lo stesso tipo di laurea; il 31% dei padri medici ha un figlio con lo stesso tipo di laurea; il 29% dei padri laureati in lingue ha un figlio laureato in lingue; il 24% dei padri chimici o farmacisti ha un figlio che ha scelto lo stesso percorso di studio; il 23% dei padri psicologi ha un figlio laureatosi nella medesima disciplina; il 19% dei padri architetti ha un figlio architetto.

Maria si difese, alzando il tono di voce, come aveva fatto tante altre volte: «Sei solo un idealista, lo sai benissimo che non è possibile cambiare il sistema...».

Antonio non le lasciò finire il discorso: «Sì... sono idealista e per me è un vanto. Dobbiamo difendere i nostri ideali e guardare in faccia il presente, perché, altrimenti, non avremo un futuro. L'unico modo di ribattere a chi ci giudica una generazione spenta è dimostrare quanta energia abbiamo. Non è vero che è impossibile, è già capitato che i giovani rifacessero la Nazione. Superata la guerra eravamo poveri ed arretrati: sono state le generazioni della ricostruzione e del boom economico a trasformare l'Italia in una potenza industriale, lavorando sodo e senza lamentarsi. Oggi, continuando a penalizzare le nuove generazioni, sarà impossibile riprendere a crescere e andare verso un avvenire sereno».

I dati recentemente diffusi dal Censis[2] descrivono una situazione inquietante. Negli ultimi dieci anni, gli italiani fra i 15 e i 34 anni sono diminuiti di 2 milioni e ciò che preoccupa è la loro bassa istruzione: solo il 20% è laureato, contro un dato europeo superiore al 30%.
La disoccupazione giovanile è in crescita: la crisi ha penalizzato i più giovani. In Italia per ogni 5 disoccupati 4 sono giovani, contro 1,4 in Germania e 2,4 nell'area Euro

Maria provò a controbattere a quello slancio di passione: «Lo sai che il nostro Paese non è per giovani! Nel Regno Unito il Primo Ministro ha 44 anni.

Ti ricordi cosa ci hanno raccontato le nostre due amiche che volevano entrare alla London School of Economics? Furono respinte perché i posti assegnati agli italiani erano ridotti, in favore di altri paesi, come ad esempio la Corea, che hanno prospettive migliori».

Antonio volle nuovamente ribattere alla sorella: «Di sicuro il nostro non è un paese per giovani, ma dobbiamo farlo diventare. La nostra età è un valore. Non penso che invecchiare sia, di per sé, un merito».

Maria cercò di difendersi, attaccandolo nel suo punto debole: «Ma non vedi che sono mesi che vuoi lanciare la tua idea e trovi sempre porte chiuse. Rinunciare ai sogni o emigrare. Questa è l'unica scelta per chi vuole aprire una nuova impresa qui nel nostro Paese».

Israele, un paese di 7 milioni e mezzo di abitanti, meno di quanti ne abbia la Lombardia, è stato definito "start up nation" perché, attraverso un uso consapevole della fiscalità, ha saputo far crescere nuovi imprenditori. Israele oggi ha 125 imprese quotate al Nasdaq: più di tutti i paesi europei, Giappone, Corea, India e Cina messi assieme.

Uno studio recente della fondazione Kauffmann[3] ha sottolineato come, negli Stati Uniti, le start-up *creino, in media, 3 milioni di nuovi posti di lavoro in un anno, mentre le imprese già esistenti ne distruggono un milione in più di quanti ne generano.*

Maria riprese con più vigore, assolutamente sicura delle sue convinzioni: «Ma ti sei reso conto in che condizioni di emergenza ci troviamo?».

Siamo rimasti il fanalino di coda dell'OCSE non solo per crescita del reddito prodotto, ma soprattutto per la crescita della produttività. Dal 1995 al 2008 abbiamo avuto avuto una crescita totale cumulata del 19%, fanalino di coda dei paesi più svilluppati. Nel frattempo Finlandia, Svezia, Regno Unito e Stati Uniti sono cresciuti più del doppio, oltre il 40%. La Francia, nello stesso periodo, è cre-

sciuta del 28%, mentre la Germania si è attestata sul 21%.
Ma soprattutto francesi e tedeschi hanno accresciuto la
produttività totale rispettivamente del 13% e del 14%.
Qui, invece, la crescita della produttività è ferma[4]. La ve-
ra emergenza nazionale è la mancanza di crescita.

«Caro Antonio, vorrei che ti rendessi conto della gravità della situazione e mi appello al tuo senso della realtà, se ne hai ancora un briciolo. Abbandona il tuo progetto e torna a lavorare insieme a me, abbiamo bisogno delle tue conoscenze per non rischiare di chiudere anche noi. Le altre nazioni ci hanno già sorpassato, teniamo duro e cerchiamo di mantenere quello che abbiamo; quello per il quale i nostri genitori hanno versato lacrime e sangue».

Italia, fino a quel momento molto attenta a quell'interessante scambio fraterno di opinioni, capì che il desiderio di Maria, intrappolata in un lavoro che non le piaceva, era solo quello di avere Antonio accanto a lei, che la guidasse nelle difficili decisioni che doveva prendere, quotidianamente, per sopravvivere. Una disperata richiesta di aiuto che il fratello sembrava non capire.

Italia decise di schierarsi entrando anche lei nella conversazione, rinfrancata e ispirata dalle parole piene di ottimismo e di speranza di Antonio: «Cara Maria, capisco il tuo punto di vista, ma devi pensare che se la nave affonda, anche tutti i membri dell'equipaggio, se pur competenti ed esperti, sprofondano con lei. Abbiamo avuto un biglietto gratis per imbarcarci, ma qual è la destinazione di questa nave?

Non possiamo limitarci a salvare, ciascuno, la propria attività. Dobbiamo contribuire ad eliminare i problemi che ci impediscono di essere al pari con le altre nazioni europee: un sistema scolastico ed universitario spesso non adeguato, regole del lavoro complicate, un welfare da riformare, una fiscalità molto pesante, una pubblica amministrazione spesso demotivata, una giustizia lunghissima che genera incertezza».

Fece una pausa, per provare a ricordare se aveva da aggiungere qualcos'altro alla già lunga lista, e notò come Antonio stava annuendo, mentre Maria guardava in basso, come un pugile all'angolo che ha perso la voglia di combattere.

Italia continuò allora a sfogare la rabbia e le frustrazioni accumulate negli anni.

«Rimuovere questi ostacoli, innovare, interpretare la velocità con cui il mondo cambia: devono essere gli obiettivi al centro dell'agire civile e della politica. Non c'è niente di peggio che sprecare una generazione, buttando via i nostri diritti: un lavoro meglio remunerato, un'istruzione al passo con i tempi, una prospettiva di crescita personale e professionale. Qui si difendono, purtroppo, disparità di trattamento, non giustificabili né sul piano etico, né su quello dell'efficienza e della competitività. Non è retorica, queste disuguaglianze le ho vissute sulla mia pelle. Progettare e costruire il futuro spetta a persone come noi. Tocca a tutti i giovani. Per questo credo che Antonio abbia ragione».

Il fratello di Maria, sempre più impressionato dalla lucidità e dal coraggio della ragazza che aveva di fronte e chiamato nuovamente in causa, volle rilanciare la sua visione: «Italia, mi hai tolto le parole di bocca. Condivido tutto quello che hai detto. Per questo, per dare nuovo slancio al nostro Paese, dobbiamo condividere i nostri intenti con tutti quelli che desiderano impegnarsi. Bisogna farlo con responsabilità e con orgoglio, mettendo in gioco noi stessi. Per farlo, assieme, serve rischiare e il gusto di osare, come sto cercando di fare io, evitando un lavoro facile, ma che non mi avrebbe soddisfatto».

Si fermò e scrutò il volto di Maria, aspettandosi una reazione, che non venne. Allora continuò a parlare, per dare il colpo definitivo alle convinzioni della sorella.

«L'ottimismo deve essere la nostra forza. Niente è più triste di un giovane pessimista. Iniziamo a pensare con meno conformismo, per essere più creativi. Dobbiamo essere più ambiziosi, perché senza il desiderio di migliorarsi non si può crescere. L'alternativa ad una società ambiziosa è una società rassegnata, come te Maria, che tendi solo alla conservazione«.

Maria, continuando a fissare il pavimento, provò a balbettare qualcosa: «Sì, ma... con quali risorse, se qui non ne abbiamo più da investire?».

Antonio non si fece trovare impreparato: «A chi dice che non ci sono risorse, bisogna rispondere che questo è il prezzo di miopi decisioni passate e di tanti sprechi, e che, comunque, rimane una scelta politica decidere su cosa puntare e su cosa investire.

Noi giovani dobbiamo appropriarci del futuro, consapevoli della velocità del mondo, che sta cambiando freneticamente, grazie anche alle nuove tecnologie. Dobbiamo avere la consapevolezza che la velocità di innovazione, se utilizzata in maniera intelligente, per paesi "piccoli e vecchi" come l'Italia, può essere vincente. Non solo il nostro Paese, ma tutta l'Europa non è più al centro del mondo. Se non ci diamo una mossa tutto è perduto.

Serve il coraggio di fare scelte di cui si beneficerà soltanto in futuro. Possibile che noi giovani non possiamo diventare maggioranza per le nostre idee? In nessuna storia chi è alla guida ha ceduto volontariamente lo scettro. Bisogna prenderselo. Non ci possiamo solo lamentare e poi accettare di venir cooptati in un sistema che non ci piace. Per questo non entrerò mai nell'azienda di nostro padre, mi dispiace. Non finirò a fare il "cioccolataio"».

La discussione finì lì, lasciando la stanza in un silenzio assordante, spezzato solo dalle parole di Italia che sperava di superare il prima possibile quel momento di imbarazzo: «Guardate ha smesso di piovere, andiamo in centro?».

I giorni passarono e nessuno aveva più fatto riferimento a quella lunga e accesa discussione, fino a quando Maria volle convocare il fratello nuovamente a cena, preannunciando una piccola sorpresa.

Fu dopo il dessert, una torta alla gianduia fatta in casa, che Maria tirò fuori un foglio con degli appunti scritti a mano e prese la parola: «Caro Antonio, ho riflettuto molto su quello che mi hai detto l'altra sera. Prometto che non ti chiederò più di entrare nell'attività di famiglia se tu non lo vorrai e cercherò in tutti i modi di sostenere il tuo sogno imprenditoriale. Non solo. Anche io voglio contribuire alla tua visione e, grazie agli studi economici e a qualche ricerca, ho buttato giù in questi giorni alcune proposte che potrebbero migliorare la situazione del nostro Paese.

Se la nostra priorità è dare un futuro ai giovani la prima cosa da fare è abbassare loro le tasse. Meno tasse significa più risorse disponibili, per consumare o per risparmiare e per costruire, senza ansia, ed in modo autonomo, il proprio futuro. Non serve che ce lo dica la Banca d'Italia che il salario reale di inserimento è sceso, drammaticamente, in questi ultimi anni. A stipendi più bassi non ha corrisposto la prospettiva di una carriera più rapida. La perdita di reddito è stata permanente.

Un nostro laureato, fra i 25 e i 34 anni, guadagna l'80% della media della retribuzione dei laureati nel loro complesso: nei paesi OCSE è il 90%, nel Regno Unito siamo al 96%. La realtà non sta migliorando.

Ugualmente deve esserci spazio per una riduzione delle aliquote a vantaggio delle donne occupate. Fra l'altro, l'offerta di lavoro femminile risponde più di quella maschile alle variazioni del reddito netto.

Grazie ad una maggiore disponibilità economica si da-
rebbe loro un concreto sostegno ai progetti professiona-
li, di maternità e di famiglia. Il raggiungimento di un più
elevato tasso di occupazione di giovani e donne è un pas-
saggio cruciale per la coesione sociale e la sostenibilità
del welfare.
Inoltre bisognerebbe tendere a ridurre il cuneo contri-
butivo per chi entra nel mercato del lavoro, senza mette-
re in discussione i principi del sistema pensionistico con-
tributivo. Questo vuol dire innalzare, più rapidamente,
l'età di pensionamento. Solo il 62% degli uomini di età
compresa tra i 55 e 59 anni partecipa al mercato del la-
voro, rispetto a circa il 78% della media OCSE. Questa
percentuale scende, ulteriormente, con l'età. Significa che
gli incentivi al pensionamento, in età giovanile, sono an-
cora troppo alti nel nostro Paese.

Sono pienamente d'accordo che occorrono persone
competenti e che hanno studiato. "Conoscere per delibera-
re", come diceva Luigi Einaudi, primo Presidente della Repubblica. Perché la parola merito torni ad avere un vero significato, è necessario partire da un rilancio dell'università. Dove, è vero, ci sono straordinarie realtà, ma sono
spesso, purtroppo, isolate. L'università deve evolversi, in
maniera più incisiva. Non possiamo mantenere tante università, che cercano, tutte, di fare assieme insegnamento e
ricerca. Si deve differenziare, puntando, per la ricerca, su
centri di eccellenza. Il merito deve essere l'unico parame-
tro da adottare, anziché parentele e anzianità.

È inquietante come ogni anno, sui circa 3 milioni di stu-
denti europei che compiono un anno di formazione al-
l'estero, solo l'1,7% venga in Italia.

Non preoccupiamoci solo dei cervelli che fuggono, quanto di attrarne anche altri. Infine ho pensato a te, Antonio. Al tuo sogno, alla voglia di cambiare il nostro Paese, e alla necessità di premiare la creatività.

Abbattere l'IRAP sulle start-up incentiverebbe l'imprenditorialità, a partire dai più giovani. La leva fiscale, certo, non crea imprenditorialità dal nulla, perché sempre più giovani sognino di fare gli imprenditori, serve un contesto diverso. È importante sviluppare la cultura d'impresa. È importante sviluppare il mercato del capitale di rischio, che premi progetti e innovazione.

Ecco, Antonio, questo è il mio regalo per te. Resterò ad occuparmi di cioccolato, ormai ci sono troppo legata, ma ti aiuterò a seguire il tuo sogno, dal più semplice passo fino ai traguardi più difficili».

Antonio non aveva mai interrotto la sorella durante il suo lungo monologo. Ma appena finì si alzò, si avvicinò a lei e la strinse in un fortissimo abbraccio, ringraziandola di cuore per averlo compreso e per il supporto che voleva dargli.

A Italia vennero le lacrime agli occhi. Quell'episodio le aveva iniettato una dose di ottimismo e speranza per il futuro, necessari per affrontare il periodo di stress, di fatica e di studio che aveva davanti, per superare il difficile esame per ottenere il titolo di avvocato.

Torino, l'antica capitale, le stava dando nuove possibilità. Torino, con il suo perfetto allineamento delle strade, la regolarità delle costruzioni e la bellezza delle piazze, le stava offrendo diverse occasioni per ricominciare.

Una nuova amicizia: Maria era diventata per lei la sorella che non aveva mai avuto.

Un nuovo lavoro: nei mesi successivi avrebbe avuto un colloquio di lavoro per entrare in uno studio legale. L'aveva ottenuto grazie a Internet, su uno di quei siti diventati moderne agenzie di collocamento.

Un nuovo amore: Antonio si dichiarò qualche giorno dopo quella sera indimenticabile nella quale avevano provato a disegnare il futuro che volevano.

Amicizia, amore e lavoro. Torino le aveva dato tutto. O meglio, quasi tutto, in attesa dell'esito dell'esame da avvocato. Poteva dirsi felice? Purtroppo in poco tempo avrebbe scoperto che non sarebbe stato così semplice.

Proposte

- Ridurre il carico fiscale per i giovani.
- Ridurre le aliquote a vantaggio delle donne occupate.
- Ridurre il cuneo contributivo per chi entra nel mercato del lavoro.
- Innalzare, più rapidamente, l'età di pensionamento, in relazione alle aspettative di vita, per ridurre gli oneri per i nuovi entranti.
- Equiparazione dell'età pensionabile delle donne con quella degli uomini.
- Abolire il valore legale dei titoli di studio.
- Razionalizzazione delle università, disincentivando la frammentazione e promuovendo la differenziazione e i centri di eccellenza.
- Per sostenere il merito, aumentare le borse di studio nella ricerca, anche per "attrarre cervelli" in Italia.
- Abbattere l'IRAP sulle *start-up*.
- Agevolare fiscalmente chi produce utili e li reinveste per assumere, nei primi tre anni.

Note

[1] Condizione occupazionale dei laureati. XIII indagine (2011), Almalaurea (www.almalaurea.it).
[2] 44° Rapporto Censis sulla situazione sociale del Paese, dicembre 2010
[3] http://www.kauffman.org/.
[4] http://www.oecd.org.

12

Europa

Alessandro Portinaro

"There's something more I can find, It's only up to me, I know it's never too late, To make a brand new start". La canzone di Paul Weller rimbombava nella sua testa e nelle sue orecchie.

Berlino. Aveva deciso.

Forse aveva davvero bisogno di stimoli, di aria nuova, di idee. E quella poteva essere la città giusta, per tentare una nuova ripartenza, un'altra volta ancora. L'ennesima. Le pareva che la sua vita stesse diventando sempre più una lunga serie di tentativi, di grandi entusiasmi e slanci iniziali, poi la fatica, le delusioni, i fallimenti. Per poi trovare da qualche parte ancora una volta le energie necessarie per ripartire.

Erano giorni di lunghe passeggiate per Torino, nelle vie del quadrilatero, o lungo la Dora, o il Po. Lunghe camminate da sola, per provare a capire meglio cosa fare, per dare una svolta ad una vita che sentiva sempre meno sua, sempre più obbligata in una quotidianità che non era quella che aveva immaginato e che anzi si stava trasformando in un copione scritto male, ingarbugliato e ripetitivo e che quindi non aveva proprio intenzione di recitare. Non era per questo che era ripartita nuovamente da Marsala, con la voglia e la speranza di una vita felice e in una città viva e coinvolgente come Torino.

Strana la città piemontese, capace di aprirsi e accoglierti per poi farti sentire sola pochi minuti dopo. Eppure le piaceva, in fondo era lì che aveva costruito la sua riscossa, dopo le difficoltà nella provincia siciliana, a Torino aveva ancora una volta riacquistato la fiducia in se stessa, superando l'esame di Stato, diventando avvocato. Già, lei siciliana aveva ottenuto quel titolo nel profondo Nord. Alla faccia di fasulle migrazioni verso il sud che in molti ogni anno simulavano in cerca di esami più semplici da passare... Qui nel capoluogo piemontese aveva chiuso un cerchio, portato a termine un altro pezzo della sua vita.

Aveva pensato di rimanere a Torino, mettere radici, costruire qui la sua famiglia, ma evidentemente questa non era una soluzione praticabile al momento. Non c'erano le condizioni per poterlo fare, né la convinzione necessaria. Non nel futuro immediato, almeno. La situazione economica era difficile. I pochi risparmi accumulati se n'erano andati durante i mesi di lavoro non pagato nello studio dell'avvocato presso cui aveva svolto il suo praticantato e adesso, nonostante qualche centinaio di euro al mese in nero che era riuscita ad ottenere dal suo capo, i conti comunque non tornavano. All'inizio aveva affrontato il tutto come un nuovo investimento per il suo futuro e aveva accettato l'idea di bruciarsi quei pochi soldi messi da parte in passato e vivere tirando la cinghia oltre modo. Ora però i risparmi erano terminati, le entrate di Antonio bastavano a mala pena per coprire ogni mese le spese fisse, insomma così non poteva continuare.

Era una situazione davvero complicata. Aveva accettato la solita ingiusta trafila del praticantato non pagato, anche perché di alternative di fatto non ce n'erano e la prospettiva di medio periodo era comunque allettante. Dopo il superamento dell'esame di Stato e il riconoscimento di un primo minimo stipendio regolare, nascosto sotto l'ennesimo fasullo contratto a progetto con tanti doveri e senza diritti, aveva pensato di potersi fermare a lavorare e crescere professionalmente in quello studio. Adesso proprio i suoi "capi" le chiedevano di prendere in considerazione un periodo di lavoro all'estero. Aveva dimostrato notevoli capacità nella gestione di dossier complicati di diritto internazionale, per lei potevano esserci prospettive interessanti, ma non subito e non senza una esperienza fuori i confini nazionali. Un elegante giro di parole per dirle che al momento non avrebbero potuto offrirle niente di più di quelle quattro lire e che sarebbe stato molto meglio se avesse messo il naso oltre le Alpi per studiare e imparare ancora un po'. Persino per uno studio affermato e importante come quello si faceva sentire la crisi e chi ne pagava le conseguenze immediatamente erano gli ultimi arrivati, i più giovani. In questo caso lei.

Del resto i dati sulla disoccupazione parlavano chiaro: in questa fase di difficoltà economica chi veniva maggiormente colpito erano le giovani generazioni, persino chi era in possesso di lauree e altri titoli di studio. Negli ultimi tre anni poi, la situazione era continuamente peggiorata. La percentuale di disoccupati tra i neolaureati con laurea specialistica era aumentata, gli stipendi erano in caduta libera. Ma la vita era sempre più cara e bastava l'affitto di un piccolo appartamento (magari senza contratto, tanto per arricchire i soliti e allargare ancora un po' la voragine dell'evasione fiscale nel nostro paese) a portarsi via gran parte di uno stipendio.

Certo, la crisi non era solo italiana, ma altre nazioni avevano reagito meglio e soprattutto il peso non si era scaricato con questa violenza su chi aveva appena terminato gli studi e si stava con fatica inserendo nel mondo del lavoro.

Questi dati Italia li conosceva bene e quindi l'idea di un periodo in un altro paese, in cui merito e capacità venissero riconosciuti maggiormente, alla fin fine si stava facendo sempre più convincente.

Quindi sì, fuori, all'estero, per un po'. Certo, più per forza di cose che per scelta autonoma, ma a questo punto le importava poco. Provava a guardare il lato positivo della cosa, lasciandosi cullare dal rumore dell'acqua del Po e dalla frescura che le accarezzava la pelle, lì tra gli alberi del Valentino. Del resto un'esperienza all'estero le sarebbe già piaciuta ai tempi dell'Università, quando si era informata per un Erasmus. Ma i posti disponibili non erano poi molti e soprattutto la borsa di studio era davvero troppo bassa. Sarebbe potuta partire e poi cercarsi un lavoro, come aveva già fatto qui. Ma se qualcosa fosse andato storto? Se un lavoro non l'avesse trovato? Se fosse stato troppo caro vivere lì? No, non si poteva fare. Non allora, quantomeno. Era stata davvero una decisione sofferta. Lei, che era sempre stata una europeista convinta, che credeva davvero che il progetto europeo fosse uno degli esempi più avanzati di democrazia e di costruzione della pace. Un periodo di Erasmus l'avrebbe fatta sentire ancora più parte attiva di quel disegno. Voleva essere una di quegli oltre due milioni[1] di studenti che avevano trascorso un periodo del loro percorso di studi in un altro paese, in un'altra università, ad imparare una nuova lingua, conoscere meglio altri aspetti della cultura di questo continente così ricco di diversità. Del resto, Italia era orgogliosa di appartenere a un paese membro fondatore della Comunità Europea e il nostro popolo si era sempre dimostrato tra i più "euroconvinti", a differenza di molti altri. Certo, negli ultimi anni anche qui si era rafforzato un certo euroscetticismo, ma rimaneva comunque minoritario, il 38% dei cittadini dichiarava di non avere molta fiducia nell'UE, mentre il 47% ancora si dimostrava fiducioso[2]. L'ultima fase dell'Unione era stata difficile e travagliata, i localismi e i nazionalismi avevano trovato gioco facile a sparare su Bruxelles, puntando a rifugiarsi nei propri confini, fomentando paure e scommettendo sulle divisioni. Una visione miope, ma che colpiva alla pancia soprattutto le fasce di popolazione più debole, che stavano subendo gli effetti negativi della crisi economica e di una globalizzazione che spesso scaricava tutti i suoi costi su chi già faceva fatica.

Eppure, in un mondo che si faceva sempre più competitivo e ingiusto, non c'erano alternative ad un rafforzamento del percorso di integrazione europea. Nessuno poteva farcela da solo: alla prossima tempesta economica o finanziaria sarebbe stato spazzato via dal gioco sporco di speculatori e affaristi. E le faceva rabbia, a pensarci bene, il ruolo sempre meno strategico e centrale che il nostro paese ricopriva nelle istituzioni comunitarie, la scarsa capacità della nostra classe dirigente nazionale di stimolare e guidare una nuova fase di rafforzamento dell'Unione Europea. Proprio il paese che aveva "prestato" a Bruxelles alcuni tra i più brillanti commissari e che potrebbe oggi giocare un ruolo fondamentale nei rapporti con i paesi della sponda meridionale ed orientale del Mediterraneo, annaspava nei suoi problemi interni.

Sì, forse era proprio il momento di andarsene, di andare a vedere cosa succede al di là delle Alpi.

Ma dove? Ci aveva pensato a lungo. Aveva escluso i paesi anglosassoni, non le interessava finire imbrigliata in un sistema giuridico di *common law* che conosceva poco e male. Quindi niente Londra, nonostante questa fosse stata la prima indicazione ricevuta e in molti le avessero raccontato favolose storie sulla città bagnata dal Tamigi. Berlino, meglio Berlino.

E poi sembrava che in questo periodo di crisi e di disoccupazione giovanile dilagante, la locomotiva tedesca reggesse ancora. Berlino, dopo Torino. Poteva funzionare.

Poteva essere anche l'occasione per capire meglio cosa fare non solo della sua vita professionale, ma che direzione dare alla vita di coppia, a quell'amore che sembrava destinato ad accompagnarla per tutta la vita e che invece stava alimentando dubbi e timori. Un periodo in un'altra città, un'esperienza nuova, lontana anche fisicamente da Antonio, perché lontana in un certo senso si sentiva già.

Le bastarono pochi giorni di ricerche sulla rete e qualche chiacchierata con un paio di amiche che a Berlino erano state per motivi di studio negli anni passati per capire come muoversi. La fortuna la aiutò nella ricerca di una soluzione abitativa: mentre spulciava le offerte di condivisioni di appartamenti ed altri annunci su un sito, trovò quello di una ragazza che stava lasciando la sua casa per una missione di lavoro all'estero di sei mesi, un periodo che per Italia poteva funzionare. Le foto dell'appartamento erano molto carine, il quartiere, Prenzlauer Berg, era uno di quelli su cui aveva puntato fin dall'inizio. Ma poteva andar bene anche Kreutzberg, o Friedrichshain: sperava di poter abitare in quei luoghi, sia per i prezzi che in alcuni casi erano ancora ragionevoli, sia per la vivacità di quei posti, oltre che per la vicinanza alla zona centrale della città.

Fu più difficile invece ottenere una qualche soluzione lavorativa soddisfacente. Scrisse a diversi studi legali, partendo proprio da quelli che Francesco, un giovane avvocato con cui aveva lavorato, le aveva consigliato. Altre informazioni le recuperò attraverso indicazioni di amici, altri colleghi e, come al solito, Internet.

Insomma, mandò le solite decine e decine di CV. Il fatto che però tutti, chi negativamente, chi per chiedere maggiori informazioni, le rispondessero provocò in lei un certo stupore. Non funzionava di certo così quando era a Torino: quante volte le sue mail cadevano nel vuoto assoluto, senza nemmeno un "no grazie, non ci interessi"!

Dopo alcune settimane si trovò con tre colloqui telefonici da affrontare. Poteva scegliere tra il tedesco e l'inglese e la scelta cadde sulla seconda opzione. Il suo inglese era buono e sapeva che sarebbe stata la sua principale lingua di lavoro. Del resto la conoscenza delle lingue straniere nei paesi centro e nordeuropei era decisamente migliore che qui. Italia aveva studiato inglese per anni a scuola, per poi accorgersi alla prima occasione di non essere in grado di mettere insieme più di tre o quattro frasi scontate. Poi aveva recuperato, tra film in lingua originale e studenti stranieri di passaggio dalle nostre parti con cui aveva stretto amicizia. Oltre a un paio d'anni di scuole private serali che le erano costate notevoli sacrifici economici.

Il primo colloquio era andato bene e anche il secondo. Le avevano proposto uno stage di sei mesi. Pagato però, a differenza della stragrande maggioranza dei casi nel nostro paese. Certo, non si trattava di grandi cifre, ma quanto bastava per coprirsi le spese e vivere in modo dignitoso, sempre tirando la cinghia. Ma non era quella la novità.

La novità, per lei inaspettata, era giunta dalle difficoltà legate all'equiparazione dei titoli di studio e al riconoscimento dei titoli delle diverse professioni. Per fortuna la cosa non la riguardava direttamente, non era sua intenzione rimanere in Germania a svolgere l'attività di avvocato e non aveva bisogno che la sua laurea venisse riconosciuta per motivi professionali o di studio.

Aveva scoperto un'altra "falla" nel processo di integrazione europea. I sistemi scolastici ed universitari parlavano poco tra loro. In Italia poi l'iter era particolarmente complicato, per farsi riconoscere una laurea spesso e volentieri era necessario sostenere ulteriori esami, affrontare spese per l'ottenimento di traduzioni del programma dei vari corsi. Insomma, spesso chi aveva ottenuto la laurea in un altro paese europeo doveva comunque mettere in conto di passare ancora parecchi mesi in una Università italiana[3].

Le sembrava di vivere in un vortice... La scelta di andare all'estero, Berlino, la casa, lo stage, il biglietto della low cost più conveniente, le due scatole di roba da spedire che non avrebbe mai potuto portarsi in aereo.

E adesso eccola, nel suo nuovo appartamento, a pochi passi da Kastanienallee. Per certi versi le pareva di star vivendo un'altra vita e quella casetta lasciata così com'era dalla ragazza che vi abitava normalmente rendeva ancora più realistica quella sensazione di spaesamento. Si era resa conto che, a parte i vestiti, sicuramente alcuni effetti personali e poco altro, il resto era rimasto lì a sua disposizione, compresi parecchi libri ed alcuni dischi in vinile, appoggiati di fianco ad un vecchio stereo. Si era messa a curiosare, con un po' di timore, come se stesse ficcando il naso in qualcosa che non la riguardava. Facce a lei sconosciute, di cantanti tedeschi degli anni '80, in mezzo a classici del rock a stelle e strisce. Eppure le edizioni erano diverse, copertine in parte modificate, parecchie le scritte nella lingua locale, piccoli particolari. Ci mise un po' ad accorgersi che erano stampe della DDR, la vecchia Germania dell'Est, quel pezzo di Germania sotto l'influenza della potenza sovietica in cui la padrona di quella casa era cresciuta e dove, evidentemente, aveva conosciuto quella parte di cultura occidentale che superava i controlli di una censura spesso più ridicola che efficace. Chissà se quelle edizioni avevano un qualche valore presso i collezionisti più sfegatati...

Il giorno dopo avrebbe cominciato il suo stage, era agitata e curiosa di capire come avrebbe potuto inserirsi in una realtà tanto diversa.

La rassicuravano i primi contatti che aveva avuto e la fiducia che nutriva verso il modello tedesco, che pareva uno dei più solidi in quel momento. A confronto con la situazione del nostro paese, la società sembrava più dinamica e più proiettata verso il futuro ed il sistema di welfare e di sostegno alle giovani generazioni era decisamente più robusto, nonostante i tagli e le riforme che in molti avevano contestato, a partire da quelle scaturite dal lavoro svolto dalla commissione Hartz, tra il 2002 e il 2005.

I dati che sottolineano la differenza tra i due paesi sono particolarmente lampanti, a partire da quelli occupazionali, soprattutto per quanto riguarda le donne e le giovani generazioni: a fronte di una percentuale di disoccupazione pari al 9,5% nei 27 paesi dell'Unione Europea, il nostro paese registra l'8%, ma la Germania solo il 6,1%, addirittura recuperando qualche decimale negli ultimi trimestri[4]. Soprattutto i tedeschi sono riusciti a non scaricare sui giovani i costi della crisi: mentre la disoccupazione giovanile (media UE27) era al 20,5%, in Germania non si andava oltre il 9,5%. Anni luce dal drammatico 27,6% italiano, dove un giovane su tre non studia e non lavora[5]. I dati sulla disoccupazione giovanile nei vari paesi europei dimostravano tutta la difficoltà del vecchio continente nell'assicurare alle giovani generazioni un futuro che avesse in sé quel sentimento di speranza e di miglioramento delle proprie condizioni di vita, come era stato per le generazioni del dopoguerra. Solo in Austria (7,8%) e nei Paesi Bassi (7,5%) la disoccupazione giovanile stava sotto il 10%, ma nei grandi paesi europei la situazione era davvero drammatica: 23,4% in Francia, 23,7% in Polonia, 20,2% nel Regno Unito, fino ad arrivare al picco spagnolo, con il 46,2% degli under 25 in cerca di un lavoro. Gran parte dei nuovi membri presentavano dati in linea con i numeri inglesi o fran-

cesi. Milioni di ragazze e ragazzi che anziché fornire le loro energie e la loro capacità di produrre idee e ricchezza ai loro territori, restavano sospesi in un limbo fatto di attese e magari di qualche lavoro in nero. Inoltre questi dati vanno letti tenendo conto del tasso di occupazione della popolazione compresa tra i 15 e i 64 anni e ancora guardando le differenze di genere. È dentro a questi numeri la debolezza italiana e la forza di altri paesi europei: se in Italia solo il 56,9% di donne è occupato, in Germania il dato sale al 71,1%, mentre la media europea è al 64,2%. Solo l'Ungheria e Malta hanno percentuali peggiori di quelle italiane. In Spagna le donne occupate sono il 58,6%, in Francia il 64%, nel Regno Unito il 69,5%; per non parlare dei paesi nordeuropei e scandinavi: 72,7% in Svezia, 73,4% in Danimarca, 74,7% nei Paesi Bassi[6]. Ed è evidente come, per assurdo, vi siano correlazioni positive tra il numero di donne occupate e la propensione delle giovani coppie ad avere più figli. Infine la diversa situazione tra uomini e donne la dice lunga sulla diversa struttura della società e sul maggiore o minore livello di parità di genere raggiunto: gli uomini disoccupati in Italia sono il 7,6%, un dato non diverso da quello tedesco, pari al 7,5%, e migliore della media europea, al 9,7%. Ma per le donne cambia tutto: sono in cerca di lavoro il 6,6% delle tedesche, rispetto al 9,7% delle italiane, più del 9,6% di disoccupate in giro per l'Europa a 27[7].

Insomma, la locomotiva tedesca tirava ancora, mentre nel nostro paese qualcosa si era rotto.

Facevano paura quei numeri che descrivevano in modo affilato e doloroso una nazione che non sapeva

prendersi cura del suo futuro. Una nazione in cui qua-
si un quinto dei giovani tra i 15 e i 24 anni non sta se-
guendo corsi di formazione, né altri percorsi di miglio-
ramento delle proprie conoscenze e si era fermato al di-
ploma di media inferiore[8]. *Un paese in cui i trentenni*
laureati sono solo il 19,8%, dieci punti in meno dei lo-
ro coetanei tedeschi, che peraltro non sono nemmeno
tra i "primi della classe" in Europa: la media dei 27
paesi UE è infatti pari a 33,6%, con i grandi paesi so-
pra la media, dal 40,6% della Spagna, al 43% del Re-
gno Unito fino al 43,5% della Francia. E con solamen-
te Malta e la Romania con una percentuale minore ri-
spetto a quella italiana.

Italia continuava a non capire come fosse possibile che
gran parte della nostra classe dirigente non si rendesse
conto di come fosse sempre più urgente e necessario invertire la rotta. Non ne erano consapevoli o non erano inte-
ressati? Era proprio così difficile riformare il nostro paese? Renderlo più giusto, prepararlo per un futuro che non
sarebbe stato così semplice, creare le condizioni per una
nazione capace di crescere, di essere inclusiva e di valorizzare i propri talenti? Le pareva incredibile, ma forse davvero stavamo arrivando a questo paradosso: non si premiavano i migliori e contemporaneamente si lasciavano soli e
abbandonati i più deboli. Il tutto mentre un forte livello di
tassazione non bastava né a garantire un sistema di *welfare*
capace di rispondere alle esigenze della popolazione, né a
contribuire in modo significativo al risanamento dei conti
pubblici.

In mezzo al guado, in un paese bloccato, tra baronati
universitari e ordini professionali sempre più anacronistici.
Di anno in anno, nonostante le dichiarazioni altisonanti, di-
minuivano gli investimenti in istruzione e formazione, in

ricerca e sviluppo, le infrastrutture erano al palo. Addirittura a volte si riuscivano a inventare operazioni capaci di stroncare la crescita ai pochi settori economici in espansione, come per le energie rinnovabili. In Germania questo settore, da solo, aveva creato più di 250.000 posti di lavoro diretti e circa il doppio nell'indotto, con politiche ad hoc inaugurate con lungimiranza parecchi anni fa. Noi eravamo in ritardo, ma qualcosa si stava finalmente muovendo.

Oggi nel nostro paese gli occupati in questo settore sono circa 100.000, ma alcuni studi indicano la possibilità di raggiungere i 250.000 occupati entro il 2020[9], peraltro si trattava di posti di lavoro qualificati e che si concentrano in un settore economico davvero strategico e che stava rispettando, e a volte superando, i ritmi di crescita previsti.

Insomma, Italia aveva voglia di capire meglio come funzionasse questo grande paese e voleva farlo partendo dalla sua capitale, dalla città più grande e complessa in cui avesse mai vissuto. Le erano bastati pochi giorni per capire che si sarebbe fatta travolgere da questa nuova esperienza.

Berlino si era dimostrata una città ancora più bella e affascinante di quanto avesse pensato. Una città viva, ipermoderna eppure carica di storia. Mostrava le sue ferite, dando l'impressione di aver fatto a lungo i conti con la propria storia e di aver imparato qualcosa dalle pagine più buie del suo passato.

Era una città policentrica, veloce e aggressiva per molti versi, eppure non la sentiva nervosa e insoddisfatta come molte delle grandi città italiane, soprattutto del Nord.

Prima di partire aveva dato un'occhiata al sistema dei trasporti pubblici. Le era parso un labirinto difficile da districare, con metropolitane e linee ferroviarie regionali che si intersecavano formando una ragnatela che abbracciava la città, senza mostrare in alcun modo quella divisione che l'aveva caratterizzata per lunghi decenni. Le trasformazioni urbane risalenti agli ultimi vent'anni si potevano intuire, molte si vedevano chiaramente, ma quel che più la colpiva era stata la capacità di reinventarsi di molti quartieri, una sorta di esplosione vitale che avevano fatto rapidamente tornare Berlino nel novero delle città più interessanti d'Europa e oltre.

In ogni caso quella ragnatela aveva dovuto affrontarla subito, da quando era scesa dall'aereo per arrivare nella sua nuova casa, quindi per andare alla scoperta della città e poi al lavoro. Funzionava molto bene quel sistema intricato. Certo, a volte i tempi erano lunghi, ma probabilmente non si poteva chiedere di più ad una metropoli che comunque era estesa e che ospitava 3 milioni e mezzo di abitanti.

Aveva sperimentato l'inverno berlinese, la neve, il vento freddo e la temperatura sotto lo zero, con le mattine e le notti costantemente marcate da un segno meno nel termometro esposto dal negozietto di fronte a casa. Soprattutto durante i giorni di neve, si era guardata attorno percependo un qualcosa di strano, di diverso rispetto all'immagine che il manto bianco lasciava a Torino. Ci aveva messo un po' a capire: erano le macchine ad avere qualcosa di diverso. La neve rimaneva quasi sempre ferma sui vetri, sul tettuccio, attorno ai parcheggi: i berlinesi non le spostavano ogni giorno per andare a lavorare, ma rimanevano lì, parcheggiate sotto casa, come in attesa di tempi migliori.

In effetti molti dei suoi colleghi e delle persone che aveva conosciuto non possedevano un'auto. Pochi per ragioni economiche, quasi tutti per scelta. A Berlino ci si muoveva benissimo con i mezzi: chi non aveva bambini piccoli o non doveva uscire frequentemente dal perimetro urbano, preferiva investire i propri risparmi in altro modo, non certo per comprare un'automobile e poi sostenerne i relativi costi di gestione, che comunque spesso erano inferiori che da noi.

Pensava alle linee delle metropolitane di Roma, Milano, Torino. Alla sua Sicilia, dove le linee ferroviarie erano poche e antiquate, dove ci si concentrava su un'opera faraonica come il ponte sullo stretto, quando prima e dopo, sulla sponda calabrese e poi a Messina, le reti viare e ferroviarie erano ferme.

Italia si adeguò in fretta al sistema dei trasporti berlinese, prendendo ogni giorno la metropolitana per arrivare in ufficio.

Le piaceva l'ambiente di lavoro, nonostante le difficoltà legate alla lingua e ad un metodo di lavoro, tutto da imparare, come capita ogni volta che ci si trova in un nuovo posto. Le piaceva il fatto di non essere l'unica straniera, ma di condividere quell'esperienza con altre persone, alcune anche più giovani di lei, provenienti sia da altri paesi europei che da altri non comunitari. Persone con cui poteva confrontarsi, che avevano un passato simile al suo e che ora stavano vivendo una nuova avventura lì a Berlino, chi per poi ritornare indietro, chi scommettendo sulla possibilità di costruire la propria carriera e la propria vita nella capitale tedesca.

Era stato quasi naturale stringere un'amicizia che si era presto dimostrata destinata a durare nel tempo con Julie, una ragazza francese, dal passato turbolento e dall'intelligenza straordinaria, che le aveva raccontato il suo pezzo di Europa e l'aveva accompagnata qualche volta alla scoperta di Berlino. C'erano alcuni aspetti di quell'esperienza che le ricordavano i racconti dei suoi compagni di università tornati dall'Erasmus, sebbene molti degli "eccessi" della vita universitaria non fossero così presenti. Ma le pareva davvero di recuperare un'esperienza ingiustamente persa in passato. Lavorava in uno studio con colleghi provenienti da vari paesi, stava stringendo nuove amicizie e stava imparando una nuova lingua e conoscendo una nuova città...

In quelle prime settimane era andata alla ricerca di segni, particolari, dettagli che evidenziassero eventuali differenze ancora visibili tra le due parti della città. Certo, c'erano i resti del muro. C'era visibile per strada il tracciato, là dove il muro non c'era più. I tram continuavano a sferragliare solo nei quartieri orientali e gli omini stilizzati dei semafori ricordavano il periodo della divisione. Ma le trasformazioni erano state profonde e avevano contribuito a rimescolare le funzioni all'interno della città e la popolazione si era spostata con una certa velocità da una parte all'altra: quartieri si erano svuotati e poi riempiti di nuovi abitanti, altri erano tornati ad antichi splendori. La città era davvero una moderna metropoli policentrica. Resisteva una sorta di divisione del territorio da parte di alcune comunità straniere: per quanto riguarda i negozi di alimentari e quei meravigliosi luoghi del commercio dove si può trovare quasi di tutto quasi ad ogni ora del giorno e della notte, i turchi continuavano ad imperversare ad ovest, mentre i vietnamiti erano decisamente presenti ad est. Ma Italia sapeva bene che la realtà è sempre molto più complessa di come appare...

Era felice del tempo a disposizione a Berlino. Si era iscritta a una scuola di tedesco, aveva scoperto come fossero molti i motivi che spingevano le persone nella capitale tedesca. Era rimasta stupita dai numerosi italiani, dagli statunitensi e dai giovani studenti del sudest asiatico. Si era fatta raccontare della riunificazione, delle migrazioni interne del post '89, delle grandi città della ex Germania Est che avevano perso parte importante della propria popolazione. Aveva ascoltato con interesse e preoccupazione di come le formazioni dell'estrema destra avessero trovato terreno fertile in molti *Länder*, delle difficoltà della ricostruzione, dei nodi irrisolti. Si era informata sul sistema politico, sulla capacità di molti partiti di formare, attraverso i loro centri studi, politici e dirigenti capaci. Aveva riflettuto sulle luci e sulle ombre di quel paese che continuava ad essere uno dei centri nevralgici dell'Europa. Quella Germania che assieme alla Francia e ad altre nazioni, aveva finalmente capito la necessità di un percorso di pace nel vecchio continente, dopo i due conflitti mondiali.

Continuava a pensare soprattutto a come era stata affrontata la riunificazione, con decisione e fermezza, scommettendo sul successo di un'operazione tanto complicata e rischiosa. La parità delle due monete, scelta politica, più che dettata da ragioni economiche, aveva provocato ripercussioni forti sia nella parte occidentale che in quella orientale. Il costo della *Deutsche Wiedervereinigung* è stato spaventoso, e in parte continua ad esserlo. Le tensioni non si sono ancora sopite, come anche la riorganizzazione dell'economia di molti *Länder* procede più lentamente del previsto. A partire dal 1990, poi, le città orientali si erano svuotate, perdendo percentuali importanti di popolazione, soprattutto giovani e persone in cerca di lavoro e di condizioni di vita migliori, come capita ogni volta che ci sono movimenti migratori importanti. Alcune grandi città, come ad esempio Lipsia o Dresda, si erano "contratte", fino a ridurre lo spazio fisico occupato, un qualcosa di mai visto prima, o comunque per nulla frequente.

Un processo complesso, ma che stava dando dei risultati interessanti, bastava vedere i fondamentali dell'economia tedesca. Un processo tutto sommato recente, che era iniziato da circa vent'anni. Veniva automatico pensare alla cosiddetta "questione meridionale" del nostro paese... Una situazione quasi immobile, anzi in peggioramento negli ultimi anni e che aveva una storia ben più lunga. I trasferimenti di fondi dal centro alle regioni del Sud non avevano mai prodotto i risultati sperati, fatte salve poche eccezioni, e anche su questo fronte non era difficile vedere l'inadeguatezza di molta parte della classe dirigente italiana (non solo politica, ma anche imprenditoriale e oltre) nell'affrontare il tema della crescita economica e sociale di una parte importante del nostro territorio nazionale. Pensava alla credibilità e alla serietà dei leader politici tedeschi, ai suoi imprenditori, ai giornali. Dov'era finita la grandezza del nostro paese? Quand'è che si era rotto quel "qualcosa" che lo rendeva tanto speciale?

Pensava alla formazione, all'istruzione. Ancora una volta la Germania si mostrava come una nazione complessa, che era stata capace di cogliere l'importanza di coniugare ricerca e produzione industriale di alta qualità. Che continuava ad avere salari medi ben più alti di quelli italiani, 29.750$ contro 21.374$[10], nonostante la tassazione sul lavoro fosse addirittura maggiore alla nostra, 52% contro 46,5%[11].

Un paese che aveva circa 240.000 ricercatori, contro i nostri 70.000, che attirava quasi 2 milioni di immigrati con una laurea in tasca, mentre i laureati tedeschi che lasciavano il proprio paese erano meno di 900.000[12]. Nel nostro paese invece il saldo era passivo, 300.000 italiani laureati se ne andavano, ma solo 250.000 stranieri con uguale titolo di studio li sostituivano. La Spagna aveva un saldo positivo di circa 260.000 laureati, la Francia di quasi 650.000. Nella classifica il nostro paese era più vicino alla Polonia e al Messico, piuttosto che all'Australia o al Canada, allargando il discorso ad altri paesi OCSE[13].

C'era da imparare, insomma. Senza per questo ritenere che tutto il buono fosse da una parte e le negatività solo in casa nostra.

Erano passati in fretta quei sei mesi. Era arrivata l'ora di decidere cosa fare.

Aveva imparato molto, aveva apprezzato la professionalità dell'ambiente in cui aveva lavorato e la fiducia che era stata riposta in lei. Aveva amato quella città, che si era svelata poco a poco, ogni giorno di più, con le sue mille sfaccettature, le sue contraddizioni, i suoi scorci indimenticabili.

Ma aveva anche capito che, nonostante tutto, quello non era il suo posto. Voleva tornare. Aveva passato questi mesi assimilando conoscenze e informazioni, raccogliendo e mettendo in salvo da qualche parte nuove energie, si era trasformata in una spugna ed ora non poteva più "assorbire" altro.

Aveva scoperto che Antonio non era l'uomo della sua vita, non era stato capace nemmeno di essere al suo fianco quando lo chiamava e lo cercava, quando aveva bisogno di lui, troppo impegnato a rincorrere il suo sogno imprenditoriale. Avevano deciso di separarsi, di continuare su due strade diverse. Italia cercava di avere sempre attorno a sé gli amici, le persone più care. Aveva una vita piena, un telefono abituato a illuminarsi spesso, tra sms e telefonate in entrata. Aveva bisogno di una fitta e forte rete di relazioni, di contatti umani. Antonio si era fatto sempre più solitario, ossessionato dal lavoro, un individuo che si stava chiudendo in se stesso e che Italia non riusciva più a far uscire dal suo guscio. Modi diversi di intendere la vita, ormai incompatibili.

Era stato così che si era lasciata convincere da Giorgio a riprendere un contatto interrotto tanti anni fa. Lo stesso Giorgio che tanti anni fa aveva condiviso con lei l'università a Firenze e quella fantastica gita a Pisa, ma che adesso stava lavorando nella Capitale.

Aveva riscoperto che si può voler bene ad una persona e non essere obbligati a pensare a mille problemi, a mille incompatibilità, alla reazione che ogni frase, ogni gesto potrebbe comportare. Italia e Giorgio si erano riavvicinati grazie a queste piccole cose, provando a sognare una quotidianità fatta di attenzioni, di condivisioni, della piacevolezza di un'attesa. Un messaggio, una telefonata, una mail scritta nel mezzo della notte, una nuova complicità. Nel giro di poco tempo si era ritrovata travolta dalla voglia di vivere una nuova avventura e questa volta si sentiva pronta.

Aveva trovato un'offerta di lavoro interessante a Roma, uno studio legale che aveva valutato molto positivamente il suo curriculum. E allora aveva fatto una pazzia. In poco tempo, il trasloco, la scelta di condividere la casa con Giorgio, poche settimane di convivenza per fargli quella proposta che a pensarci bene le sembrava totalmente folle. Aspettare i tempi necessari per poterlo fare e finalmente pensare al loro matrimonio.

Ci sarebbe voluto un po' di tempo. E, di sicuro, a quel matrimonio avrebbe partecipato anche quella creatura che le stava crescendo nel ventre. Un maschio, di nome Pietro. Sarebbe nato di lì a quattro mesi.

Il nome Pietro era stato scelto dalla madre di Italia, che nel frattempo si era nuovamente trasferita a Roma, per aiutare la figlia nella nuova avventura, forse la più difficile mai provata: essere genitore. Ma la sfida era emozionante e ricordare il periodo trascorso a Berlino scatenava ogni volta in lei un timido sorriso. Era una scarica elettrica positiva, necessaria per superare gli ostacoli che incontrava nel cammino.

Viaggiare le era servito, le aveva riattivato quella sua curiosità innata che negli ultimi tempi si era sopita sotto una

213

coltre spessa di preoccupazioni quotidiane e di dubbi sulla direzione che stava prendendo la sua vita. Adesso le cose avevano ricominciato a girare come si deve, dopo un periodo di lontananza le era persino più facile cogliere i lati positivi della sua terra, godersi i tramonti romani che avevano un fascino malinconico e romantico che non aveva trovato a Berlino. Sorprendersi a bocca aperta per la meraviglia di un particolare mai notato in quella strada percorsa tante volte. Sentirsi parte di quella storia, sentire propri i fori imperiali e le terme di Caracalla, le piazze monumentali e gli scorci di Trastevere e del Pigneto. Ricordare la propria infanzia, il Liceo Classico, ma soprattutto i momenti trascorsi col padre.

Non si sarebbe mai potuta sentire più "a casa" di come si sentiva in quella città. Nonostante tutto, aveva capito che non avrebbe mai potuto andare via per sempre. Le aveva fatto bene andarsene per un po' e di certo avrebbe fatto in modo che suo figlio, o i suoi figli, un giorno decidessero di andare un periodo all'estero, per sapere che il mondo e le sue diversità sono da conoscere e apprezzare. Ma adesso aveva trovato la sua stabilità, il suo posto, il suo amore.

La sua vita stava attraversando una nuova stagione, una primavera intensa e bellissima. Sperava che i problemi del Paese non l'avrebbero ancora una volta fatta ripiombare in un gelido inverno.

Proposte

- Inserire lo studio della storia del processo di costruzione europea e delle istituzioni europee nelle scuole di ogni ordine e grado.
- Rafforzare i programmi di scambio: entro 5 anni il 50% degli studenti dovrà poter studiare almeno un anno in un altro paese dell'UE.
- Potenziare e qualificare l'insegnamento delle lingue straniere nelle scuole e nelle università italiane.
- Equiparare in modo automatico i titoli di studio universitari, facilitare il riconoscimento dei titoli conseguiti in un altro paese UE.
- Portare l'obbligo scolastico a 18 anni in tutti i paesi europei.
- Istituzione di regole comuni per le varie professioni presenti a livello europeo.
- Rafforzare le politiche a sostegno delle giovani coppie e delle famiglie, comprese quelle formate da persone dello stesso sesso.
- Bloccare ogni tentativo di rinazionalizzazione delle competenze e sostenere il processo di integrazione europea, rafforzando il Parlamento Europeo.
- Non candidabilità e incompatibilità ad incarichi di rappresentanza nelle istituzioni europee per chi ha cariche a livello locale e nazionale.
- Realizzare una nuova "Maastricht" per l'occupazione e la crescita economica.

Note

[1] http://ec.europa.eu/education/erasmus/doc920_en.htm#.
[2] http://ec.europa.eu/public_opinion/archives/eb_arch_en.htm.
[3] La complessità di questo tema è facilmente rilevabile effettuando alcune ricerche sui siti del Ministero dell'Istruzione e degli altri soggetti titolati a dare informazioni in merito. Va inoltre precisato che, a seconda della natura del titolo di studio e dell'utilizzo che se ne deve fare, cambiano le procedure e l'iter di riconoscimento.
[4] http://epp.eurostat.ec.europa.eu/tgm/table.do?tab=table&language=fr&pcode=teilm020&tableSelection=1&plugin=1.
[5] http://epp.eurostat.ec.europa.eu/tgm/table.do?tab=table&init=1&plugin-0&language=fr&pcode=teilm021&tableSelection-1.
[6] http://epp.eurostat.ec.europa.eu/tgm/graph.do?tab=graph&plugin=1&language=fr&pcode=tsiem010&toolbox=type.

[7] http://epp.eurostat.ec.europa.eu/tgm/refreshTableAction.do?tab=tab le&plugin=1&pcode=tsiem110&language=fr.

[8] http://epp.eurostat.ec.europa.eu/tgm/table.do?tab=table&init=1&plu gin=1&language=fr&pcode=t2020_40.

[9] http://www.ires.it/files/upload/Dossier%20energia%20e%20lavoro%2 0sostenibile%2024%20gennaio11.pdf.

[10] Dati OCSE, 2008.

[11] Ibidem.

[12] http://www4.soc.unitn.it:8080/dsrs/content/e242/e245/e2209/quad35. pdf/.

[13] Ibidem.

13

New economy

Andrea Di Benedetto

"Dannazione, a Londra il telefono prende anche nella metro! Veramente se è per questo anche a Milano. È tardissimo, come faccio? il capo mi ucciderà! Non sto chiedendo mica la banda larga, di guardarci un film in streaming nella metro. Una cazzo di semplice, novecentesca, chiamata al cellulare... Maledizione! Giorgio ha la sua azienda, certo, ha le banche da convincere, le fatture da pagare, ma Pietro non l'ho fatto mica da sola! 'Amore, è un periodo difficile, dobbiamo riscrivere il nostro software per la gestione della filiera alimentare, ci sono enormi opportunità in *cloud*'. 'Amore, domani chiudo con le banche per finanziare lo sforzo che stiamo facendo e poi tornerò ad esserci'. 'Amore, c'è un'offerta da chiudere per xxx [l'ONU, Lord Voldemort, la CIA, l'Associazione Balenieri Svizzeri: sostituite pure un nome a caso alle x, tanto c'e sempre un motivo!], è un'occasione irripetibile, non possiamo non provarci'. E intanto dallo studio caccceranno me, perché Pietro a scuola ce l'ho dovuto portare di nuovo io e sono in ritardo per l'udienza in tribunale.

Esco dalla metro, la solita calca, eterni lavori che rendono l'uscita un percorso a ostacoli e un saliscendi con indicazioni confuse. Ma siamo in Italia, no? Tutto è perdonato. Il paese di 'Chi ha avuto avuto avuto. Chi ha dato ha dato ha dato. Scurdammece'o passato!'. 'Ma che palle! Impareremo ad indignarci? A pretendere che ognuno faccia il suo dovere? Insomma, semplicemente ad avere senso civico? Perché è la mancanza di senso civico, del senso della collettività la vera zavorra di questo cavolo di paese".

Italia pensava tra sé e sé, forse qualche parola le era scappata ad alta voce: le succedeva a volte quando era veramente indignata, imbarazzata per sé e i suoi connazionali, mentre osservava il pavimento in gomma a pallini tutto sbrecciato e sentiva gli odori e i profumi delle persone che scompostamente si affrettavano per uscire su, verso la luce.

La crisi, la più grande crisi economica del dopoguerra, iniziava a mostrarsi in tutta la sua violenza. Italia l'aveva letto mille volte sui giornali, sui dati della borsa, degli *spread* con le obbligazioni tedesche, sul declino della produzione industriale. Ma in fondo era sempre stata una cosa teorica, impalpabile, che aveva avuto un impatto sulla vita vera tutto sommato limitato. "Non c'è posto in nessun ristorante, dove sarebbe questa crisi?". Quante volte l'aveva sentita questa frase, con un misto di fastidio per il qualunquismo evidente, ma anche un retrogusto di tranquillizzazione irresponsabile, ma piacevole, per il messaggio rassicurante che portava.

Da qualche tempo invece iniziava a sentire di parenti in cassa integrazione, di un compagno del calcetto settimanale di Giorgio che stava chiudendo l'azienda, di amici che dicevano che magari la cena fuori se la risparmiavano volentieri. È una sensazione strana quando vedi che qualcosa di grande, di traumatico accade veramente. Perché il nostro cervello è portato a pensare che in fondo, in realtà tutto continuerà come prima, dalle piccole cose di ogni giorno ai grandi equilibri mondiali. Ma ogni tanto le discontinuità ci sono, le catastrofi avvengono, il muro di Berlino crolla. E ti prende un senso di ebbrezza, una sensazione di essere parte della storia, come lo studente cinese che fronteggia il carro armato in piazza Tien-An-Men. Ma come? In che modo? In fondo per ora sta solo crollando, non è che c'è da essere così esaltati. Emozionati magari, ma entusiasti direi proprio di no.

Suona il telefono, la segretaria dello studio? No, Giorgio: «Amore, ho una cosa troppo bella da dirti. Ci ha chiamato una multinazionale tedesca dell'informatica, vogliono parlare con noi per un software che abbiamo fatto tempo fa per catalogare le foto dei malfunzionamenti degli oleodotti. Non sapevamo neanche che avesse un valore, non l'abbiamo brevettato. Ma vogliono che lavoriamo ad una cosa analoga per il mondo biomedicale. Vogliono finanziarcelo. Siamo bravi e non lo sapevamo. Ah, grazie per Pietro, se non ci fossi tu...».

Non aveva fatto neanche in tempo ad essere stizzita per avergli scaricato per l'ennesima volta la logistica del pargolo. Le veniva un po' da ridere, nonostante tutto, era sempre così. In fondo era il suo bello.

«Siamo bravi e non lo sapevamo». Ecco, vale un po' per tutto. Sembra che nessuno ci creda. Per anni abbiamo criticato i politici dicendo che erano incapaci, che rubavano, che favorivano gli amici degli amici. E invece, mentre camminava a passo spedito verso il tribunale – troppo spedito, sarebbe arrivata accalorata in un modo che non si addice ad un avvocato –, capì che il vero problema della politica in questi anni è stato la mancanza di coraggio e di ambizione. Di coraggio di fare scelte forti, anche se impopolari. Di dare delle prospettive, di ricordare a tutti che abbiamo tante qualità, e ancora qualcosa da dare al mondo. Bisognerebbe solo pensare al futuro e non al passato, ma tant'è... siamo una civiltà decadente!

L'udienza era posticipata di un'ora, ovviamente. Chi l'ha detto che l'inefficienza è un male? Basta che tutto sia pensato per un caos flessibile!

219

Italia ridacchiava, era improvvisamente di buon umore. Tutto quello che dieci minuti prima le sembrava insopportabile era diventato improvvisamente armonico, quasi parte di un disegno invisibile ma sensato. Senza un particolare motivo a pensarci bene. Era bastato un ritardo del giudice ed i sensi di colpa e la rabbia verso Giorgio si erano trasformati nella sensazione che in qualche modo tutto sarebbe andato al posto giusto.

Riguardiamo le carte della causa, allora. Quando aveva deciso di dedicarsi al penale aveva pensato di diventare Perry Mason, con arringhe entusiasmanti che avrebbero travolto e emozionato la giuria. Arringhe che non le avrebbero solo fatto vincere le cause ma avrebbero lasciato nelle persone un segno per la sua capacità di svelare l'animo umano. In realtà in cuor suo lo sapeva che sarebbero state soprattutto attese, marche da bollo, scartoffie e udienze di 5 minuti netti. Ma era contenta lo stesso.

Prese la custodia per il computer, fatta a mano da un'amica di Giorgio. L'aveva voluta istantaneamente quando lei le aveva raccontato dove aveva preso quei tessuti che aveva lì nel laboratorio, la storia del mercante nepalese che glieli aveva venduti dopo un'estenuante trattativa, il senso di quei colori che mai avresti messo insieme. Gli era sembrata una cosa molto radical chic, e superesclusiva: Giorgio la prendeva sempre in giro sull'argomento.

E anche se era meno efficiente contro le cadute e più cara di quella in neoprene che aveva comprato al Media World non l'aveva tolta più, anche ora che era ormai un po' sdrucita sugli spigoli martoriati dal continuo entrare e uscire dalla borsa. Le era sembrata davvero innovativa.

A proposito, che palle questa parola! Ad ogni dibattito televisivo, in ogni editoriale del «Corriere della Sera» non mancava, pronunciata dai professori del MIT o dai più grandi conservatori retrogradi ed integralisti, indifferentemente: innovazione. Un jolly fantastico da utilizzare per risolvere qualsiasi male. A Giorgio non poteva dirlo, così automaticamente portato a pensare che innovazione fosse sinonimo di digitale, in qualche modo. Perennemente arrabbiato per la scarsità della banda larga, per l'arretratezza dell'informatizzazione nella pubblica amministrazione, per la follia di iter burocratici di cui si è persa la memoria del motivo storicamente valido per cui furono istituiti. Ricordava sempre la storia che aveva raccontato Primo Levi nel suo libro *Sistema periodico*. Di quando, nel dopoguerra, era tornato nella fabbrica di vernici nella quale aveva lavorato vent'anni prima e si era accorto che per vent'anni avevano versato inutilmente soda caustica nell'impasto solo perché lui una volta l'aveva utilizzata per recuperare una partita avariata e da allora, senza saperlo, avevano ripetuto pedissequamente il rito aumentando inutilmente i costi e producendo una vernice di peggiore qualità.

"Amore, sono stato all'ufficio anagrafe un'ora e venticinque minuti. Per avere un foglio, timbrato e firmato con grande soddisfazione da un impiegato compiaciutissimo del suo potere, nel quale c'è scritto che siamo sposati. Non male, no? Pensa un po' ora come sarà felice il notaio nel poter controfirmare il fatto che abbiamo comprato la nostra casa, per la modica cifra di 2.000 euro; spero almeno che sfoggerà un anello con il sigillo sul mignolo e una toga di ermellino. Che dici, mi metto una parrucca utilizzata alla corte francese di Luigi XIV per l'occasione?".

Ma in quel momento a Italia non importava di essere in un paese medievale, che si gloriava ancora per riti degni successori dei sigilli di ceralacca invece che per consuetudini di convivenza civile. Pensava che in fondo questa maledetta innovazione era annidata ovunque, in un pacse di artigiani e non di industriali, che cercavano disperatamente per un malcelato senso di inferiorità, di

221

mascherarsi da magnati della finanza con risultati comici (e spesso tragici).

Italia riteneva che l'innovazione era nascosta anche nella borsa molto tradizionale che conteneva il suo computer ultimo modello (*designed* in California e prodotto in Cina): bastava accorgersene, e crederci.

Giorgio invece era sicuro, per deformazione professionale, che se la nazione avesse pensato all'informatica come ad un'infrastruttura nella quale investire seriamente, come le autostrade o le ferrovie, sarebbe stato un paese molto diverso, anche culturalmente. A partire dalle pubbliche amministrazioni: «Non è solo un problema di efficienza e velocità nello sbrigare le pratiche» ripeteva a cena non appena gli capitava a tiro un malcapitato che non aveva ancora massacrato sull'argomento.

«Il vero salto in avanti è costituito dalle potenzialità di analisi e di lettura della realtà che i dati liberati potrebbero sprigionare». Quando parlava dei "suoi" argomenti diventava una specie di professorino invasato, muoveva le braccia, si spostava sulla sedia. L'interlocutore, spesso un amico di un amico che magari era per la prima sera uscito con loro, si chiedeva quale pena doveva scontare, quali efferati delitti doveva aver commesso nella sua vita precedente.

«Senza contare le prospettive di sviluppo economico: pensate alle pubbliche amministrazioni, alle aziende di stato, a tutte le agenzie governative che hanno una mole sterminata di dati sull'ambiente, sul traffico, sulle compravendite, sulla sanità, sul tenore di vita, sui trasporti. E poi i dati demografici, la spesa pubblica, le scuole, l'energia. Pensate cosa succederebbe se, invece di fare inutili, costosissimi, obsoleti sistemi web nei quali gli utenti si orientano a malapena, pubblicassero semplicemente i dati, lasciando alle iniziative di cittadini, imprese, associazioni l'incombenza di distribuirli».

«Applicazioni per iPhone, tablet, libri, *web applications*, o anche solo manifesti cartacei. Che competono in un ecosistema nel quale ognuno si costruisce lo strumento di consultazione che ritiene più utile, più interessante, più...».

A questo punto della conversazione, in genere, Italia si alzava dal suo posto, si avvicinava lentamente alle spalle di Giorgio, gli appoggiava le mani sulle spalle, e si rivolgeva con faccia contrita al suo dirimpettaio: «Dovete scusarlo, è malato. Autismo ipercinetico informativo. Lo curiamo da anni con banane e Kinder cereali, ma il medico deve averci preso in giro. Però non vi preoccupate, non è pericoloso! Almeno fino ad oggi...».

Ma l'Open Data è una cosa seria.

Il primo catalogo governativo di Open Data, data.gov, è stato reso pubblico a maggio 2009 allo scopo di accrescere l'accesso pubblico ai dati in formato aperto. Il sito, voluto dal presidente Barack Obama per promuovere attendibilità, trasparenza, collaborazione e partecipazione, conteneva quarantasette data set, *ma già nell'agosto 2010 ha superato i 270.000. Nella stessa data, il numero di applicazioni sviluppate a partire da quei dati per consentirne l'uso e l'analisi da parte dei cittadini ha oltrepassato le duecentotrenta[1].*

A questa prima esperienza ha fatto seguito il portale data.gov.uk, *inaugurato a settembre 2009 in versione beta, progettato da una commissione diretta da Tim Berners-Lee, che nel 1990 ideò il World Wide Web e nel 2006 ha lanciato il* semantic web *(o* web of data). *Il progetto ha visto un immediato coinvolgimento della società civile. In particolare, le applicazioni che sono state sviluppate da cittadini e PMI a partire dai dati di* data.gov.uk *sono oltre sessanta[2].*

Che cosa comprende l'informazione del settore pubblico? Tutti i dati che vengono acquisiti e gestiti dalle pubbliche amministrazioni nell'ambito delle loro funzioni: dalle mappe, all'anagrafe delle imprese, dalle statistiche sociali e demografiche agli elenchi delle biblioteche. Un insieme che già quattro anni fa valeva in Europa oltre 27 miliardi di euro[3].

Giorgio la sua azienda l'aveva fatta da zero, con nessun finanziamento pubblico e con un modello molto "californiano". Nessun orario, nessun cartellino da timbrare, solo condivisione di passioni e di obiettivi. Era molto orgoglioso di quello che aveva fatto e del rapporto che aveva con i suoi soci ed i suoi dipendenti. Quando rivedeva i suoi compagni dell'università entrati in grandi aziende non riusciva a capire come potessero essere appagati in quel mondo così diverso dal suo, così ancora fordista, nonostante producessero anche loro beni assolutamente immateriali. La divisione tra padrone ed operaio nel suo mondo non c'era, e i ruoli erano estremamente sfumati. Questo non vuol dire che Giorgio non percepisse la pericolosità di quelle sovrapposizioni, perché capiva che un approccio così orizzontale all'organizzazione del lavoro non era necessariamente un bene per i suoi dipendenti, che erano sì appagati, ma anche iper-responsabilizzati: il lavoro diventava un'esperienza totalizzante con ritmi non sostenibili troppo a lungo.

Però gli piaceva un sacco quell'atmosfera da bottega artigiana medievale, anche se lavoravano con le tecnologie più sofisticate dell'informatica. Gli piaceva un sacco finché non metteva piede in banca.

Aveva imparato a prevenire l'habitus mentale medio del direttore di banca. Gli veniva ogni volta in mente la famosissima scena di Benigni che andava a chiedere un prestito, e il direttore della banca gli chiedeva garanzie:

"Non ha soldi investiti, non ha titoli, non ha BOT e chiede 100 milioni? E pretende che noi glieli diamo?". E il comico: "Se avessi un miliardo me li darebbe cento milioni?". "Certo!" – "Ma se avessi un miliardo glieli darei io a lei cento milioni!".

L'Italia ha un modello del credito molto legato al mattone, alle garanzie reali. In un paese in cui il tasso di possesso della casa è tra i più alti del mondo è naturale che il sistema creditizio si sia modellato su questa attitudine.

Ma non accade così in tutti i paesi del mondo.

Nei paesi che pure sono noti per un'alta protezione sociale come Germania, Francia o Danimarca il tasso di proprietà della casa va dal 43% della Germania al 54% della Francia mentre da noi sfiora l'80%.
Consistenti incentivi alla proprietà immobiliare (dalle agevolazioni fiscali ai tassi d'interesse artificialmente bassi sui mutui) distorcono la domanda, incoraggiando i cittadini a comprare abitazioni più grandi di quanto altrimenti farebbero. E questo comporta un'erosione della spesa per le tecnologie applicate alla medicina, i nuovi software o le energie alternative[4].
Insomma, gli incentivi al credito sugli immobili e la de-fiscalizzazione del capital gain *su di essi favorisce la nascita di bolle immobiliari rendono meno conveniente e più rischioso investire in impresa e innovazione[5].*

Giorgio, che aveva a disposizione come garanzie le tecnologie sviluppate in tanti anni, sapeva benissimo che il loro valore era notevolmente più alto di un appartamento, ma sapeva anche che non sarebbe mai stato in grado di farle valutare. E così, ogni volta, dopo schermaglie degne di una finale olimpica di fioretto, si arrivava alla fatidica domanda: «Ma comunque voi soci avete degli appartamenti di proprietà, vero?». E la cosa che gli dava maggiore soddisfazione era rispondere «No, ma il software nel quale sta inserendo i dati della mia pratica l'abbiamo scritto noi, se si è bloccato il menu sulla voce appartamento mi faccia vedere che lo sblocco!».

Ma a parte il sarcasmo di Giorgio, fare impresa in Italia è una cosa sempre più difficile.

Il report Fare Impresa[6] della Banca Mondiale evidenza annualmente il ranking mondiale sulla facilità/difficoltà di fare business nei diversi Paesi del mondo, prendendo molti parametri ed indicatori significativi.
La nostra nazione se la passa piuttosto male, in fondo alla classifica dei Paesi dell'Europa occidentale, 87ª al mondo: lontanissima da Danimarca, Norvegia e Regno Unito (che occupano dalla quinta alla settima posizione), ma anche dalla Germania (19ª), Francia (29ª) e Spagna (44ª). Ma la cosa ancora più preoccupante è la tendenza: solo nell'ultimo anno ha perso ulteriori 4 posizioni (dall'83ª all'87ª) subito preceduta da Albania, Brunei, Zambia, Bahamas, Mongolia. Per non parlare degli indicatori peggiori: facilità di accesso al credito (è passata dalla 96ª alla 98ª), approvvigionamento di energia (109ª), tasse (134ª) e rispetto dei contratti (158ª). Il tutto su un totale di 183 paesi esaminati!

Percepiva che queste dinamiche (che stavano diventando sempre più diffuse) non erano recepite dagli enormi, pachidermici sindacati del secolo scorso che non riuscivano quindi ad essere funzionali al suo mondo: scherzava sempre, entrando in ufficio: «Ehi, abbassate la temperatura dell'altoforno, esplodiamo!».

La sua azienda infatti, per mancanza di alternative più calzanti, adottava il contratto dei metalmeccanici. Anche

Italia per lavoro aveva incrociato molti lavoratori, soprattutto stranieri, formalmente imprenditori perché titolari di una partita IVA, in realtà succubi della forma più violenta di precariato. Era sempre più frequente che molti operai venissero licenziati e costretti ad aprire un'attività in proprio per scaricare su di loro tutte le oscillazioni del mercato.

E notava come il nostro *welfare* – pensato per un mercato del lavoro completamente diverso – oramai escludeva la maternità, ferie e malattie una platea enorme di lavoratori, quasi sempre i più deboli.

A casa, finalmente. Giorgio è al lavoro come sempre, figuriamoci ora che ha tutti quei documenti in più da scrivere. Pietro fa l'orario prolungato alla materna. Pace totale. Telegiornale: i sindacati pongono il veto su qualsiasi riforma delle pensioni, gli avvocati in parlamento bloccano la riforma degli ordini professionali, gli imprenditori chiedono l'abbassamento della pressione fiscale, i partiti cattolici escludono qualsiasi intervento sull'Ici per gli immobili ecclesiastici.

Ma c'era un'aria strana quel giorno a Roma. Non c'erano bandiere di partiti. C'erano sì tutti i segretari, ma avevano capito che dovevano partecipare come semplici cittadini. C'era il Presidente della Repubblica, che in televisione aveva detto che gli italiani avrebbero fatto un patto e che ognuno avrebbe rinunciato ai piccoli privilegi acquisiti per far ripartire il paese. E c'erano due milioni di persone, 800.000 per la questura e 5 milioni per gli organizzatori. Giorgio: «Potremmo mettere un ponte cellulare fake per contare i ping dei cellulari e fare una stima realistica dei partecipanti». Giovanni, il suo miglior amico, in perfetto romanesco: «Ah Giorgì, ma come stai? Che c'hai in quella capoccia?».

Pietro corricchiava in modo piuttosto instabile con un palloncino bianco con la scritta "Abbiamo fatto un patto",

Italia sorrideva e gli correva dietro. Due nonne dicevano ad una giornalista e ad un cameraman che loro erano in piazza perché non accettavano l'idea di essere complici della distruzione del futuro dei loro nipoti, un vecchio ciclista col sigaro dichiarava solennemente che era la manifestazione più bella alla quale aveva partecipato dopo Woodstock (ovviamente lui c'era stato).

I cittadini si alternavano sul palco con interventi di tre minuti, per dire cosa avrebbero fatto nell'Italia che sognavano. I segretari dei partiti e dei sindacati, i presidenti delle associazioni di categoria, i vescovi, i rabbini, gli imam: tre minuti tutti. E alla fine, senza trucco, salì il Presidente del Consiglio. Disse solo tre parole "Abbiamo fatto un patto", e guardò il Presidente della Repubblica che annuiva.

Italia si svegliò sul divano, con la tv ancora accesa. Aveva la nausea, le girava la testa. Il test di gravidanza era rimasto lì sul tavolinetto IKEA davanti alla tv. Giorgio la guardò felice di avere una moglie più bella di qualsiasi Google.

Italia si stropicciò gli occhi e lo vide sorridere: «Amore, se è femmina la chiamiamo Speranza?».

Proposte

- La pubblica amministrazione deve liberare l'enorme mole di dati a sua disposizione (in formati comprensibili alle macchine e con licenze che ne permettano un uso commerciale): *raw data now!*
- Spostare decisamente la tassazione da lavoro e impresa alle rendite.
- Lotta sistematica alle barriere d'ingresso ai mercati (riforma degli ordini professionali, disincentivazione di monopoli e oligopoli, liberalizzazione dei mercati chiusi).

- Spostamento del cuneo contributivo dal lavoro stabile a quello precario.
- Evoluzione del sistema creditizio con strumenti per supportare le *start-up* e l'innovazione.
- Riforma dei contratti collettivi di lavoro per adattarli alle realtà delle imprese post-fordiste.
- Investimenti in banda larga.
- Informatizzazione della PA.
- Eliminazione dell'IRAP per le nuove imprese.
- Creazione di fondi di garanzia pubblici per giovani imprenditori e *start-up* da utilizzare al posto delle garanzie reali.

Note

[1] ACCESS INFO EUROPE - OPEN KNOWLEDGE FOUNDATION, *Beyond Access: Open Government Data and the 'Right to Reuse'*, 2010, p. 50 (http://www.access-info.org/documents/Access_Docs/Advancing/Beyond_Access_7_January_2011_web.pdf).

[2] Francesca Di Donato, *Lo stato trasparente*, *Linked open data e cittadinanza attiva*, Edizioni ETS, Pisa 2010 (http://www.edizioniets.com/Priv_File_Libro/1100.pdf).

[3] "To sum up, estimates for the overall market size for public sector information in the European Union range from €10 to €48 billion, with a mean value around €27 billion. This amounts to 0.25% of the total aggregated GDP for the European Union and Norway (€10.730 billion). For the estimation of the total market size per country the mean value was distributed across the countries according to GDP" (http://ec.europa.eu/information_society/policy/psi/actions_eu/policy_actions/mepsir/index_en.htm).

[4] Richard Florida, *How the Crash Will Reshape America - The Atlantic*, Marzo 2009, Reset, n. 113, maggio-giugno 2009 (http://www.the atlantic.com/magazine/archive/2009/03/how-the-crash-will-reshape-america/7293/).

[5] Giorgio Bellettini, Filippo Taddei, *Tassa abolita, casa più cara*, www.lavoce.info, 7 aprile 2010 (http://www.lavoce.info/articoli/pagina 1001637-351.html).

[6] http://www.doingbusiness.org/~/media/FPDKM/Doing%20Business/Documents/Annual-Reports/English/DB12-FullReport.pdf.

14

Donne

Dinora Mambrini

«Eccola, è tornata mamma!». Italia rientrò dall'aperitivo nel locale appena inaugurato a due fermate di metro da casa sua con uno strano senso di euforia mista a senso di colpa. Non ricordava neanche più quando fosse stata l'ultima volta in cui si era ritagliata uno spazio tutto suo, senza colleghi, né capi, né figli... Anche se era stata con Nilde, Maimuna e Giulia per meno di due ore, quasi si vergognava[1] di avere lasciato Giorgio e i loro figli per concedersi un po' di tempo con quelle che, ne era sicura, erano le sue uniche vere amiche romane. Eppure, le aveva fatto bene allontanarsi per un po' dalle sue mille responsabilità: il lavoro e la gestione familiare spesso la stringevano in una morsa soffocante, che percepiva fisicamente all'altezza della bocca dello stomaco. Si domandava frequentemente come avrebbe potuto reggere quei ritmi fino a più di 60 anni di età. A vedere bene, dalla mattina alla sera lei e tutte le sue amiche non facevano altro che lavorare, compresa Giulia, l'unica casalinga.

Dati Eurostat[2] e Commissione Europea attestano che in media le donne italiane lavorano più di 60 ore la settimana, il massimo fra le donne europee. Sulla somma incide sia il lavoro casalingo, sia quello svolto fuori casa (che resta maschile nei modi e nei tempi), sia la mole di impegni di lavoro prestati gratuitamente dalle donne (che non viene rilevata dagli indicatori economici, ma che tiene in piedi la società, che restituisce alle donne assai poco rispetto a quanto da loro riceve)[3].

In quel chiassoso contesto di tramonto urbano pieno di palloncini colorati, nessuna delle amiche osava lamentarsi della propria stanchezza, anzi tutte ostentavano tranquillità e allegria, sia per la gioia effettiva di ritrovarsi sia per non guastare i sorrisi delle altre. Ognuna in cuor proprio si stupiva e compiaceva per l'inusuale sensazione di leggerezza generata da quello squarcio di autodeterminazione che stavano condividendo.

Il "casus belli" che le aveva spinte ad incontrarsi era festeggiare la nuova casa della più giovane del gruppo, Nilde: l'unica ad appartenere alle 3 milioni e 855 mila donne italiane di età compresa fra i 18 e i 29 anni.

Fino ad allora apparteneva al 71,4% di ragazze che vive con i genitori; finalmente era tutto pronto perché si trasferisse in un appartamentino da sola, come il 4% delle italiane nella sua fascia di età. Secondo dati Istat del 2009-2010, l'altro 24,6% vive: per il 13,8% in coppia con figli, il 7,8% in coppia senza figli, l'1,5% in nuclei monogenitore e l'1,5% in altro contesto familiare. Nonostante l'età e il diverso status rispetto alle altre amiche, anche Nilde sperimentava una forte divisione dei ruoli di genere, che nel nostro paese risulta molto accentuata anche tra i giovani. Difatti, non solo la quota di giovani figlie coinvolte nel lavoro familiare è doppia rispetto a quella degli uomini (75,4% contro 37,3%), ma anche il tempo mediamente dedicato a questo tipo di attività è superiore. In tutto il territorio nazionale il divario tra i due generi si accentua tra i giovani che hanno una fa-

miglia propria: la durata del lavoro familiare è pari a 5 ore e 47 minuti per le donne, mentre quella dei coetanei non arriva a 2 ore; peraltro, le giovani svolgono almeno un'attività di lavoro familiare nella quasi totalità dei casi, a fronte del 52% dei maschi. Nonostante che le ragazze si dedichino di meno al lavoro retribuito (6 ore e 42 minuti contro 8 ore e 6 minuti) e con una frequenza di partecipazione meno elevata (34% contro 45,5%), le giovani dispongono di meno tempo libero rispetto ai loro coetanei (4 ore e 19 contro 5 ore e 7)[4].

Ogni singolo gesto di Nilde descriveva alle amiche la soddisfazione per il cammino di indipendenza che stava intraprendendo, il convulso tintinnio dei numerosi bracciali colorati testimoniava la passione con cui condivideva le proprie gioie e il coinvolgimento di tutte era tale che chiunque guardandole non avrebbe potuto distinguere chi fosse la "festeggiata". Era il secondo evento di festeggiamento che Nilde organizzava, ma non era meno entusiasta nel condividere la propria gioia. Aveva pubblicato su Facebook le foto della nuova casa e rispondeva con zelo ad ogni commento che veniva fatto dai suoi amici, così come rispondeva con voce squillante alle domande delle amiche meno giovani e, quindi, meno tecnologiche.

Le giovani italiane, infatti, hanno colmato uno svantaggio nel campo delle nuove tecnologie ancora esistente per le donne delle altre generazioni: circa l'80% delle giovani usa pc e internet, un valore elevato quanto quello dei coetanei. Per la fascia di età 25-29 anni si rileva addirittura un vantaggio femminile di circa due punti[5].

Giulia, dopo che Nilde ebbe finito di mostrare le dieci foto della casa che si era portata dietro, si schiarì la voce e

dichiarò, estraendo dalla borsa le chiavi del lucchetto della bicicletta: «Charlotte Wilson diceva: 'le donne devono fare qualunque cosa due volte meglio degli uomini per essere giudicate brave la metà'. Per fortuna non è difficile! Questo è quello che farò... ragazze mie, torno a lavorare! Una laurea in economia e qualche anno in banca sono sprecate fra quattro mura! Tornerò al mio posto e ben presto sarò io a dirigere quei buoni a nulla che in questi anni hanno fatto la carriera che sarebbe spettata a me, magari lasciando a casa altre mogli in gamba che proprio come me non hanno affatto scelto di fare la casalinga, ma sono state costrette dagli eventi... Andrea è d'accordo... Ho dovuto sostenere sei selezioni, ma ora... Ah ah... Vi saluto: ciao, ciao!».
Prima che qualcuna trovasse il fiato e le parole giuste per commentare, la ormai ex casalinga era già sfrecciata via in sella alla propria bicicletta canticchiando "donne tututu..." e ridendo come una bambina a cui hanno restituito la bambola preferita dopo avergliela sequestrata a lungo. In questo caso, sei anni: sei lunghi anni in cui aveva seguito da vicino la crescita del suo adoratissimo Simone, ma anche sei anni in cui il mercato del lavoro si era privato del suo contributo, così come di quel 60% di lavoratrici-madri tra i 26 e i 35 anni che si licenziano dopo la prima maternità[6]. A quel punto, avevano due festeggiamenti da fare, anche se il secondo doveva essere portato avanti in contumacia perché Giulia, come sempre, era uscita di scena dopo aver realizzato il *coup de théâtre* della serata. Le piaceva molto stupire, lasciare di stucco, sorprendere. Italia ne ammirava molto l'effervescenza: era materialmente impossibile annoiarsi in sua compagnia!

La prima a prendere la parola dopo il silenzio fragoroso lasciato da Giulia fu Nilde. Italia la ascoltava sempre con grandissima attenzione, forse perché anagraficamente fra loro c'era "una mezza generazione"[7] e, quindi, la vedeva come una sorta di tramite con la sua bambina. O forse perché talvolta sentiva nei suoi discorsi delle eco dei propri, quasi che fosse una sé più giovane. Erano molto diverse, in realtà, ma alcuni tratti le univano: il carattere ostinato, gli studi classici, la laurea in giurisprudenza e... quel Sole di Sicilia che scorreva nelle vene di entrambe: «Splendidissima civitas Lilibaetana!» gridava Nilde, in onore di Marsala e di Cicerone, ogni volta che Italia si lasciava "sfuggire" qualche locuzione ereditata dalla mamma. La prima volta che si erano soffermate a confrontare i propri "ricordi siciliani", Italia rimase colpita dall'adorazione con cui Nilde parlava della nonna materna Olimpia, trapanese di nascita ma a Roma fin dal ginnasio. A lei aveva dedicato il 100 ottenuto alla maturità classica, sostenendo che la propria facilità nello studio fosse merito delle colonne doriche che la nonna aveva disegnato e fatto realizzare nella sala dove Nilde studiava, oppure della naturalezza con cui l'aveva convinta da bambina che Soratte, il loro gatto bianco che doveva il proprio nome al monte laziale innevato cantato da Orazio, declinasse il miagolio: miaus, miai, miao... Generazioni intere di studenti romani avevano incontrato Euripide, Seneca, Sofocle e Petronio nelle appassionate lezioni della nonna, lei aveva vissuto in loro compagnia fin dall'infanzia, quasi fossero dei compagni di giochi contemporanei. Solo i veri esperti sanno trasmettere con semplicità nozioni impegnative, in modo leggero, come una farfalla che si posa su un fiorellino dopo aver attinto nettare da un fiore più grande. Olimpia era una vera, appassionata, convinta classicista, oltre che una signora di rarissima bellezza ed eleganza, che incarnava o anticipava la moda, più che seguirla. Subito dopo "Ut sementem feceris, ita metes" ("mieterai a seconda di ciò che avrai seminato", Cicerone), la sua citazione preferita era "Non esistono donne brutte, esistono solo donne pigre" (Helena Rubinstein).

Armonizzava in sé competenza, vanità, amore per la famiglia e per lo studio, sensibilità, ironia e saggezza: fulgido esempio di quella versatilità che spesso le donne hanno per potere essere all'altezza di ricoprire contemporaneamente molti ruoli, fuori e dentro le mura domestiche.

Nel nostro Paese la percentuale dei nonni (quasi sempre nonne, in realtà!) che curano quotidianamente i nipoti è pari al 30% (come in Spagna, ma lontano dal 15% della Germania o dal risicato 2% di Svezia e Danimarca)[8]. Recenti statistiche dimostrano che le mamme italiane che possono contare sull'aiuto di una nonna hanno il 40% di possibilità in più di conciliare figli e lavoro[9].

Comunque, Nilde aveva sempre percepito la nonna come molto più di un "salvagente sociale" o di una baby-sitter altamente qualificata: era per lei un modello, una confidente, una consigliera. Era stata lei a regalarle i primi ombretti quando alle sue amiche era vietato truccarsi, era lei a farle notare che spazzola e pettine non sono soprammobili ma "utensili", era lei a rimproverarla se usciva senza truccarsi, era lei a consigliarle abiti sgargianti che valorizzassero il suo "incarnato nobile", i riccioli scuri e gli occhi così neri da non distinguere l'iride.

Per quell'aperitivo in proprio onore, Nilde si era vestita di scuro, ma con dettagli di vari toni di rosa, abbinando ogni minimo dettaglio come sua abitudine. Italia notò con una punta di timore reverenziale che persino la caipiroska alla fragola che sorseggiava faceva perfetto pandant con il suo smalto, impreziosito da qualche brillantino fucsia. Italia si definiva una "mani-maniaca", sintetizzando con questo buffo calambour le proprie convinzioni su come le mani raccontassero tanto di una persona, del suo interiore, del suo approccio alla vita. Forse anche per questo aveva stabilito subito una perfetta empatia con Nilde, che concentrava nella manicure quasi tutta la propria vanità. Ammirandone lo smalto impeccabile di quella sera, Italia esplose in una delle sue fragorose e contagiose risate, nel rievocare a tutte le lamentele tragicomiche di Nilde quando alla prima lezione di autodifesa le si era rovinata la french manicure! Si erano conosciute proprio così, cementando il loro legame nel deridere bonariamente Nilde e, poi, seguendo insieme tutto l'addestramento, uniche quattro con il 100% di frequenza.

Erano giunte a quel corso in modo e per motivi diversi, ma identico era lo spirito costruttivo con cui fronteggiavano la triste realtà dei dati Istat10 secondo cui nel nostro paese la violenza è la prima causa di morte o invalidità permanente per le donne fra i 14 e i 50 anni: più del cancro, più degli incidenti stradali[11]. Più della metà delle donne tra i 14 ed i 59 anni hanno subito nell'arco della loro vita almeno una molestia a sfondo sessuale[12].

Questo dato, abbinato con quello delle 900mila nostre connazionali che dichiarano di aver subito ricatti sessuali sul lavoro[13], gettava Italia nello sconforto ogni volta che le manine paffute della figlia Speranza le accarezzavano il volto. "Che Paese posso promettere a questo batuffolino umano? E perché le lascio in eredità una realtà ancora peggiore che a Pietro?" era un interrogativo martellante nel suo cuore di madre. Sua figlia, che come lei era stata inserita dalla nascita nella cosiddetta "altra metà del cielo", avrebbe avuto le stesse possibilità di Pietro di brillare in quel cielo? Per lei la sua bambina era la stellina d'oro più luminosa del firmamento. Anche per Giorgio, ne era sicura. Ma il mondo non sarebbe stato parimenti tenero con lei. Affatto.

Si stima che, se "per magia" da questo istante in Italia gli uomini iniziassero ad avere le chance che oggi hanno le donne e viceversa, solo nel 2183 ci sarebbe il "pareggio"[14]. Ciò dimostra che c'è necessità di chiare prese di posizione e di atti concreti di chi governa il Paese[15], visto che la semplice demografia, intesa come lo sviluppo naturale delle società e delle economie, non può sostenere una speranza ragionevole di avere parità[16].

Il 2183?!? A parte una vaga e futuristica idea che nel frattempo qualche scienziato ancora ignoto possa mettere a punto un elisir di lunga vita, nemmeno Speranza poteva dunque ambire a vedere nel proprio Paese un'autentica, sana parità di opportunità fra i sessi. Brrr, un brivido di disgusto percorreva la schiena di Italia ogni volta che rifletteva su questi dati... Certo, preoccuparsi è normale per un genitore premuroso, ma l'idea che la sua secondogenita partisse già "svantaggiata" per il solo fatto di essere dotata di due cromosomi X non le andava proprio giù. Le sembrava così ridicolo, eppure così vero!

"La vita è piena d'infinite assurdità, le quali sfacciatamente non han neppure bisogno di parer verosimili; perché sono vere": chi meglio di Pirandello avrebbe potuto riassumere quel senso di assurdità che, spesso drammaticamente, la realtà porta con sé?! Al liceo non era stata un'amante di *Sei personaggi in cerca d'autore*, ma le era venuta spontaneo tornarci con la mente, non solo perché la cultura è ciò che resta quando dimentichi ciò che hai studiato, ma anche e soprattutto perché aveva ancora nelle orecchie la voce calda e sicura di Giorgio che leggeva proprio quelle parole, proprio per lei, solo per lei, in un pomeriggio in cui nessuno dei due aveva molta voglia di studiare. Erano passati molti anni, diversi dei quali trascorsi lontani l'uno dall'altra, ma si scopriva ancora emozionatissima al ricordo di quelle letture fatte insieme, alternando cultura e svago. A vederlo un tutt'uno col proprio netbook, in simbiosi col pc, o un'appendice umana del proprio cellulare, per chiunque sarebbe stato difficile riconoscerci il giovane-adulto sognatore e romantico che declamava le proprie sensazioni, ma per Italia non c'era distinzione fra uno, nessuno, centomila volti del suo amato, come le aveva insegnato lui stesso, tramite Pirandello.

Spesso Italia investigava con lo sguardo i loro figli, oscillando fra i giochi enigmistici "trova le 10 differenze", rebus e "scopri le analogie". Erano i suoi due piccoli indovinelli, scommesse col futuro che era decisa a vincere. Avrebbero amato la letteratura, avrebbero trascorso le giornate connessi 24 ore su 24, avrebbero avuto le idee chiare, avrebbero studiato volentieri, avrebbero avuto attitudine allo sport, si sarebbero torturati nei dubbi, avrebbero avuto una intensa vita spirituale? In cosa la piccola a cui aveva il dovere di dare la forza di appartenere al "sesso debole" le assomigliava, in cosa le si sarebbe opposta, cosa avrebbero potuto condividere?

Speranza, oltre alla bocca, scolpita nel corallo a comporre un cuore, e ai due vispi smeraldi incastonati nel viso espressivo, aveva ereditato dalla madre il carattere ostinato, fino quasi a diventare prepotente, e l'epiteto di maschiaccio o piccola peste. Aveva un'innata passione per il fango e i giochi da bambino, adorava le macchinine, soprattutto quelle preferite di Pietro, ereditate addirittura dal nonno, e non si lasciava mai scappare l'occasione per fare qualche dispetto ad ogni componente della famiglia. Tuttavia, la sua risata contagiosa e i suoi capelli dorati e arricciati come quelli di un angioletto finivano sempre per intenerire tutti e per far declassare i suoi atti da "piani diabolici", come li definiva il fratello maggiore, a semplici birbonate, come finivano per classificarli i genitori! Andare in metropolitana o in autobus con Speranza era una via di mezzo fra una prova di coraggio e un'esibizione di equilibrismo.

«Eccola, è tornata mamma!» fu l'accoglienza di Speranza. Senza neppure aver ancora tolto la chiave dalla porta, Italia se la trovò appesa ad una gamba, implorante: «Domani prendiamo l'autobus insieme, vero mamma, vero?! Mica te lo eri scordata?! Andiamo a salutare Zassa mentre qua tutti urlano alla televisione... Mica te lo eri scordata?! Mamma, domani è mercoledì, ci sono le zebre che ballano col tizio, mamma! Mica te lo eri scordata?!». Come avrebbe potuto, visto che glielo ripeteva di continuo? Magari fosse riuscita a non pensarci: la gitarella le creava "gioiosa" preoccupazione già da una settimana, più precisamente dal rientro dal precedente incontro con Zassa, la zebra grassa, come l'aveva "battezzata" Speranza.

Tre mesi prima erano state al battesimo della sorellina di Mattia, il suo fidanzatino dell'asilo: da quel momento Speranza aveva preso a battezzare quotidianamente con la Sprite tutte le bambole, i genitori e persino suo fratello, l'unico davvero riluttante a subire il rito, soprattutto con una sostanza che amava definire: "collosa, appiccicosa e schifosa come mia sorella". Per dispetto, Pietro le ripeteva anche che non avrebbe potuto mai coronare il sogno di battezzare davvero le persone perché era femmina e "pretesse cattoliche non ce ne stanno e non ce ne staranno mai!". Per tutta risposta la sorella gli soffiava contro come un gatto e, se ciò non bastava a farlo andare via sprezzante, passava ad abbaiargli e ringhiargli contro.

Proprio per stemperare gli animi in famiglia, Italia fu contenta di lasciare il soggiorno saturo di amichetti di Pietro e, con una punta di sadismo, rideva dell'aria smarrita di suo marito, che sembrava supplicare la grazia davanti al boia. «Caro, se ti spaventa l'idea di vedere la partita con

240

una squadra di undici bambini, vuoi per caso avere l'onore di conoscere Zassa?». No, non voleva questo onore…

E così, mentre tutto il Paese era incollato al televisore a vedere i Mondiali di calcio, si trovarono insieme, madre e figlia, su un autobus insolitamente poco frequentato, in un rarissimo momento di poco traffico. La bambina fissava tutti gli astanti con la sfacciata curiosità con cui tutti nasciamo, ma che anni di "educazione occidentale" cancellano. Persino la madre ricambiava il suo sguardo con fatica, vista la stanchezza e l'educazione occidentale ormai assimilata. Nonostante il disappunto per dover lavorare durante la partita, l'autista guidava in modo fluido, senza scossoni, vista l'inusuale strada sgombra. «Ehi, ma perché stiamo fermi?» sbottò Speranza con la buffa stizza della sua voce argentina. Già! Per lei, che non riusciva a vedere palazzi, persone e piazze succedersi con ordine fuori dal finestrino, risultavano fermi. Lei, sua madre e gli altri passeggeri erano nella medesima posizione gli uni rispetto agli altri, isolati nel loro habitat "firmato" ATAC, che si spostava con loro dentro a dargli vita come pesciolini colorati in una vasca con le ruote. Incuranti del mondo esterno, sospesi in una dimensione tutta loro, immobili secondo loro, eppure in movimento secondo chiunque altro li osservasse.

"Mia figlia è un genio!" pensò Italia, osservando attonita Speranza, "in pochi secondi mi ha spiegato la relatività galileiana che non avevo mai capito del tutto in classe! Come può questo cucciolino… boh… sicuramente studierà fisica da grande. Fisica?! Ma non è roba da donne…". Italia si stupì e si indignò dei propri stessi pensieri. Le era, infatti, sempre sembrato assurdo che i genitori pretendessero di decidere o anche solo indovinare quale sarebbe stato il futuro lavoro dei figli ancora in età da asilo; eppure, ora si trovava lei a fare lo stesso, un po' perché ogni capacità di un figlio diventa un segno inconfutabile di genio per molti genitori, un po' perché è difficile non proiettare la propria ansia personale sul futuro delle "personcine" a cui più si tiene. Italia nel ruolo di madre si era rivelata più indulgente con se stessa di quanto non avesse fatto prima in tutta la sua vita. Provò, tuttavia, vergogna nel costatare di aver pensato che studiare e magari dare un proprio contributo alla ricerca nel campo della fisica fosse "roba da maschi", proprio lei che aveva sempre creduto nel diritto all'autodeterminazione e nella battaglia per la parità di opportunità per tutti, proprio lei che aveva nel comodino un libro di Margherita Hack con tanto di dedica costata a Giorgio tre ore di appostamenti! Era l'unico regalo che lui le aveva fatto da universitario, l'unico segno tangibile della sua presenza fissa nella vita di Italia anche negli anni in cui si erano persi di vista. Un bel libro, ricco di contenuti ma semplice e diretto, con il valore aggiunto dell'umanizzazione dell'autrice e di chi l'aveva scovata, con l'impertinenza e la tenacia che abbondano nei giovani innamorati.

Immersa in tutti questi pensieri, Italia non realizzò subito che Speranza non stava correndo nella direzione della "reggia" di Zassa, bensì verso la zona delle altalene. Da lì, un'altra bambina stava allegramente trotterellando verso di loro: Nabilah, sotto lo sguardo vigile della madre Maimuna. Le frugolette si abbracciarono e si scambiarono subito le figurine che si erano promesse la settimana precedente. Le due mamme, come concordato la sera prima durante l'aperitivo, fecero finta di stupirsi di incontrarsi lì e le figlie fecero finta di crederci. «Via, andiamo da Zassa! Chi arriva ultima perde...». Ovviamente persero le mamme. E per punizione furono costrette a stare sedute, mentre loro chiacchieravano con Zassa e, soprattutto, giocavano nel fango e si rotolavano sul prato. In effetti, era quest'ultima la vera punizione; tuttavia, visto il poco verde in cui erano condannate a vivere, le due signore erano indulgenti sulla sporcizia delle signorine. Ad un tratto, quando fu sicura che Nabilah e Speranza non potessero sentirle, Maimuna sbottò: «Sono arrivata giusto in tempo anche stavolta... ci mancava pochissimo!».

Italia sapeva benissimo a cosa, purtroppo, si riferiva Maimuna: in Italia sono circa 40mila le donne che hanno subito l'infibulazione, facendo guadagnare al nostro Paese il triste primato di nazione europea con il massimo numero di donne infibulate, per la particolare tipologia di flussi migratori. Ci sarebbero ogni anno circa 2mila o 3mila bambine immigrate a rischio[17].

Maimuna operava da circa due anni insieme ad altre donne immigrate, due nigeriane come lei e un'egiziana, e a diverse italiane e italiani all'interno di un'associazione in cui aiutavano con la propria testimonianza altre donne ad opporsi a tale barbarie, fornivano medici e psicologi volontari a madri e figlie per arginarne i danni una volta avvenuta, cercavano di individuare e segnalare alle forze dell'ordine chi operava tali mutilazioni[18]. Maimuna si sentiva fortunata ad avere un lavoro, una casa, un marito ed una figlia deliziosa e cercava anche di aiutare altre donne che, lasciato come lei il proprio Paese per disperazione, si trovavano ridotte in schiavitù da aguzzini pronti a qualsiasi tipo di minacce e punizioni fisiche, pur di sfruttarle in modo disumano.

Nabilah improvvisamente si girò divertita verso la madre per mostrarle alcuni numeri davvero buffi delle zebre, ma si accorse da lontano di tutta la preoccupazione che trasmetteva a Italia, pur non sentendo la conversazione. Non riuscì a trattenere i singhiozzi e Speranza, dal canto suo, si lasciò coinvolgere dalle lacrime dell'amichetta, pur non capendone i motivi o forse proprio perché non sapeva cosa le fosse accaduto. Le mamme pensarono che fossero cadute o che fosse capitato loro qualcosa, ma subito le piccole chiarirono, alternando singhiozzi e parole: «Io piango perché tu, mamma, sei triste, ti vedo!». «E io piango perché piange Nabilah!». Italia aveva gli occhi grandi e riusciva a trattenere molte lacrime, cosa che il suo carattere le aveva sempre imposto, ma sentendo queste dichiarazioni si sentì inumidire gli occhi e sciogliere il mascara. Maimuna cercò di sdrammatizzare: «No, Italia, tu no! Via, ho capito, non ho una figlia sola oggi, ne ho tre!!! Italia, vieni tu per prima in braccio a me?!». All'idea le bambine si misero a ridere così forte che all'inizio era difficile capire se avessero davvero smesso di singhiozzare. La nube malinconica era passata e sfidandosi a vicenda con il solletico fecero posto a mille risate sguaiate. Quando ormai stavano scemando le risate, Speranza disse serissima: «Mamma, dillo anche a loro, diglielo di quella buona notizia! Ascolta, Naby! Mamma dice che in questi giorni c'è una buona notizia per tutte le femmine! Vero, mamma?! E cioè le quote... quelle... di un colore... di che colore, mamma?! Per me, mamma, le compri arancioni, 'ché è il mio colore preferito?! Arancioni come le carote!». «Allora io le voglio verdi come il prato, va bene, mamma?!» le fece eco Nabilah. Davanti a tale ingenua e involontaria comicità, le mamme si commossero divertite e Italia capì di colpo di aver dato davvero il nome giusto a sua figlia: «Nomen omen! Grazie, piccola mia, con la tua facilità di rapporti, spontaneità, naturalezza ci fai proprio sperare che un altro mondo è possibile, un mondo in cui le zebre fanno divertire bambine di ogni provenienza, un mondo in cui le generazioni piangono e ridono insieme, un mondo in cui le quote possono essere di tutti i colori dell'arcobaleno perché non simboleggiano divisioni né contrapposizioni, ma la pace per tutti! Grazie, piccola mia!».

Il tempo passava velocemente. Speranza cresceva a vista d'occhio. Riorganizzando le foto digitali di una vita, Italia aprì la cartella di una festa del liceo alla quale aveva partecipato con l'amica Ginevra: «Che ricordi, sembra ieri, o forse sembra mille anni fa…». Si accorse che la figlia somigliava sempre di più a lei, con i tratti dolci e i bellissimi occhi verdi. Alzò gli occhi e incrociò il suo sguardo con uno specchio appeso al muro: i segni dell'età erano ormai evidenti. Perse il sorriso. Era arrivato per lei l'ingresso nella famigerata terza età? Che vita l'aspettava ora?

Presto avrebbe avuto una risposta. Aveva ragione il grande commediografo De Filippo: gli esami non finiscono mai.

Proposte

- Indennità di maternità per 5 mesi estesa a tutte le madri (dipendenti, precarie, autonome, disoccupate…); congedi di paternità obbligatori e retribuiti da 2 a 6 settimane.
- Copertura (per ambo i sessi) con contributi figurativi dei periodi di interruzione del lavoro correlati ad impegni di cura.
- Più flessibilità positiva sul lavoro (part-time anche solo temporanei, flessibilità oraria, telelavoro, istituzione di una banca ore in cui accumulare ore di straordinario spendibili per esigenze familiari) e negli orari (a partire dai tempi della P.A.).
- Potenziamento (tramite flessibilizzazione dei tempi di accesso e utilizzo del "risparmio" legato all'equiparazione dell'età pensionabile per uomini e donne) della rete dei servizi per infanzia, anziani, non autosufficienti.
- Incremento degli asili nido pubblici e aziendali, estensione ovunque del tempo pieno e apertura delle scuole anche durante i periodi di vacanza.
- Agevolazioni fiscali alle imprese che assumono donne, mantenimento della tassazione su base individuale, incentivi all'imprenditoria temminile, politiche di formazione.

- Obbligatorietà della predisposizione almeno biennale del "Gender Budget" nella P.A. e verifica sull'impiego delle risorse in tutti i settori (sport, cultura, trasporti, politiche del territorio...), anche tramite *auditing* di genere delle rappresentanze femminili delle forze sociali.
- Democrazia paritaria (più donne in: Governo, partiti, liste elettorali; giunte paritarie; doppia preferenza di genere in ogni tipo di elezione).
- Maggiore sicurezza ed illuminazione pubblica; corsi antiviolenza e prevenzione della violenza su donne e minori; lotta contro la tratta delle donne e l'infibulazione; rafforzamento della rete dei consultori.
- Campagne di sensibilizzazione, anche nelle scuole, contro immagini e stereotipi di genere nei media, per una corretta immagine femminile.

Note

[1]   U. Ehrhardt, *Le brave ragazze vanno in paradiso, le cattive dappertutto*, TEA, 2010.
[2]   Eurostat, *Europe in figures*, Yearbook 2009.
[3]   F. Bimbi, *Statistiche di genere per la cittadinanza europea*, 2007.
[4]   ISTAT, 8 *marzo: giovani donne in cifre*, 2011.
[5]   Ibidem.
[6]   CNEL, *Il lavoro delle donne in Italia. Osservazioni e Proposte*, 21 luglio 2010.
[7]   M. Cacace, *Femminismo e generazioni. Valori, culture e comportamenti a confronto*, Baldini Castoldi Dalai, Milano 2004.
[8]   Arcidonna, *Osservatorio di genere (area riservata)*, 2006.
[9]   ISTAT, Indagine multiscopo *Famiglia e soggetti sociali*, dicembre 2009.
[10]   ISTAT, *La violenza contro le donne*, 2009.
[11]   P. Romito, *Un silenzio assordante. La violenza occultata su donne e minori*, Franco Angeli, 2005.
[12]   J.L. Herman, *Guarire dal trauma. Affrontare le conseguenze della violenza, dall'abuso domestico al terrorismo*, Edizioni Magi, 2005.
[13]   ISTAT, *La violenza ed i maltrattamenti dentro e fuori dalla famiglia*, 2006.
[14]   L. Sabbadini, *Come cambia la vita delle donne*, Istat - Ministero Pari Opportunità, Roma, 2004.

[15] A. Del Re (a cura di), *Quando le donne governano le città. Genere e gestione locale del cambiamento in tre regioni italiane,* Franco Angeli, Milano, 2004.

[16] Cittalia *Le donne e la rappresentanza. Una lettura di genere nelle amministrazioni comunali* - seconda edizione, aa. vv., luglio 2010.

[17] F. Botti, *Manipolazioni del corpo e mutilazioni genitali femminili,* Bononia University press, Bologna 2009.

[18] E. Mescoli, *Sul mio corpo. La circoncisione femminile in un'analisi di contesto,* Interscienze, Milano 2010.

15

Terza età

Silvia Rigacci con Fernanda Faini

Il nostro paese viene spesso descritto come un Paese per vecchi. Italia si domandò se allora fosse diventato un Paese anche per lei, visto che alla soglia dei 65 anni decise che era giunto il momento di cessare l'attività che esercitava da quando era tornata in Italia come avvocato libero professionista. È difficile individuare con precisione quando si diventa "vecchi": Italia arrivò alla conclusione che divenire "pensionati" potesse quantomeno essere un indizio rilevante.

La pensione che le spettava per gli anni di lavoro da avvocato era pari a 650 euro ed era regolata dall'ordine professionale cui apparteneva. Sicuramente non era molto. Certamente non era sufficiente a garantirle l'esistenza che aveva condotto sinora. Italia prima di impegnarsi nella libera professione aveva svolto dei lavoretti saltuari a progetto e i contributi che si erano cumulati nella cosiddetta "gestione separata" della previdenza pubblica, per quanto minimi, si erano "persi" in una burocrazia infinita rendendo impossibile al momento un ricongiungimento con gli attuali contributi riconosciuti dalla propria cassa previdenziale. Oltretutto Italia aveva svolto questi incarichi per un tempo pari a circa 5 anni e mezzo, ma presso la cassa pubblica risultavano versamenti per soli 4 anni. Dopo una prima e laboriosa indagine Italia risalì all'azienda presso cui aveva prestato la propria attività e di cui mancavano i contributi. L'azienda risultava fallita e il proprietario deceduto. A questo punto l'unica strada per cercare di recuperare i contributi sarebbe stata quella legale; Italia avrebbe potuto senz'altro fare qualcosa anche in prima persona grazie alle proprie competenze, ma decise di lasciar perdere perché il tempo e i soldi da impegnare erano molti e non potevano garantire risultati certi. L'unica alternativa per recuperare questi fondi sarebbe stata quella di versare dei contributi autonomamente, ma al momento Italia non poteva permettterselo.

Per poter usufruire dei contributi pensionistici derivanti dalla "gestione separata", Italia poteva procedere con la ricongiunzione per ottenere un'unica pensione. Dopo aver affrontato il "labirinto" intricato di uffici pubblici con le loro interminabili code, Italia restò in attesa di ottenere una valutazione dei costi relativi che avrebbe dovuto sostenere per effettuare la ricongiunzione. Altrimenti poteva affidarsi con un sistema alternativo, introdotto da poco nella legislazione, quello della totalizzazione, in base al quale ogni ente di previdenza presso cui siano stati versati dei contributi è tenuto al pagamento della relativa quota di trattamento pensionistico. Questo sistema non prevede oneri a carico dell'interessato, ma i calcoli dell'anzianità contributiva e della pensione da liquidare risultarono molto complessi, per cui Italia, prima di impegnare ulteriore tempo, soldi e soprattutto energie, decise di sospendere ogni valutazione in attesa di contattare qualche persona fidata che potesse darle un parere chiaro e "spassionato" in merito.

In generale oggi questa situazione è "cronica", in quanto molti precari che iniziano a lavorare versano i primi

contributi nel fondo della gestione separata per poi evol-
vere, pur restando spesso precari, verso forme contrattuali
differenti che prevedono l'utilizzo di altri fondi contri-
butivi.

Italia, qualche anno prima, si era anche informata per
riscattare i contributi pensione derivanti dagli anni di
laurea. Ma anche in questo caso non ne aveva fatto di
niente. Questa volta il motivo era chiaramente economico
in quanto la cassa di previdenza pubblica prevedeva ai fini del riscatto versamenti ingenti che Italia non poteva
sostenere.

Grazie al marito che le aveva versato dei contributi inte-
grativi privati, Italia aveva un'altra piccola rendita che le
permetteva di incrementare il reddito degli anni lavorati
da libera professionista. Poca cosa, la pensione rimaneva
comunque esigua.

Per svariati motivi, anche proprio per evidenti ragioni
economiche, Italia avrebbe voluto continuare a lavorare,
ma chi si sarebbe occupato della madre anziana? Chi
avrebbe aiutato le famiglie dei figli e accudito i nipoti? E
poi l'attività in essere era un onere troppo gravoso per ge-
stirla con i tempi richiesti dalla famiglia. Quindi aveva dovuto scegliere *obtorto collo* di entrare nella nuova fase della
sua esistenza acquisendo lo status di "pensionata" che non
la entusiasmava, ma al quale aveva dovuto rassegnarsi.
Un'altra goccia nel mare che rendeva ancora di più questa
Nazione un Paese per vecchi.

Dopo una colazione lenta e piacevole come non si conce-
deva ormai da molto tempo, Italia cercò di rendere più dolce
il suo nuovo status sociale trascorrendo il primo giorno da
"pensionata" come il primo giorno di una nuova vita. Nilde e
Antonietta, due amiche carissime, le avevano regalato un
"giorno di benessere" in un centro molto conosciuto.

Le due amiche quel giorno si occuparono di sua madre, che, da quando Italia aveva cessato l'attività lavorativa, abitava presso di lei, in modo da poterla assistere meglio e anche al fine di risparmiare i costi di un'altra abitazione. Quel giorno era libera. Si sforzava con la memoria di ripercorrere e ricordare quando era accaduto un evento simile, ma le possibilità erano due: o la sua memoria la ingannava o con più probabilità risaliva così lontano nel tempo da essersi perso negli intrecci dei ricordi.

Italia, arrivata al centro di benessere, rimase alcuni istanti immobile, colpita da quel luogo incantevole con giardini immensi e curati, qualcosa di molto distante dalla realtà quotidiana dei suoi giorni frenetici. A Italia continuava a dare una strana sensazione l'idea di dedicare un intero giorno al proprio corpo, perché la cura di se stessa era sempre stata "fai da te" e non aveva mai usufruito di strutture in cui sono gli altri a pensare al tuo benessere. Le motivazioni erano svariate: la volontà di impiegare i soldi in qualcosa di più "utile", il senso del dovere, il pensiero di stare lontano dai problemi quotidiani che richiedevano sempre e comunque la sua presenza. Era consapevole che nella velocità della sua vita, persa fra impegni e doveri, all'ultimo posto aveva necessariamente sempre posto se stessa. Forse era questo che le induceva un lieve fastidio, un vago senso di colpa per sottrarre quelle ore ai suoi cari che avevano bisogno di lei. Si sentiva come una macchina in accelerazione che prima di fermarsi deve rallentare gradualmente. Ma forse era davvero giunto il momento di capire che qualcun altro aveva bisogno delle sue attenzioni: se stessa.

Nel centro provò sensazioni uniche, mai provate. Era accudita, si sentiva coccolata come da bambina e gioiva di quel senso di benessere. Si sforzò di allontanare pensieri e problemi almeno per qualche ora, di non preoccuparsi per la madre anziana, di non pensare ad andare a prendere i nipotini all'asilo o a scuola o ad accudirli in caso di influenze e malattie. I massaggi alla stanca schiena e i vapori di un bagno turco ebbero il benefico effetto non solo fisico, ma anche mentale di far evaporare un po' di preoccupazioni.

In quelle ore il tempo si fermò come sospeso in una bolla di sapone: ne aveva la stessa leggerezza, ma con la fine della giornata proprio come una bolla scoppiò, lasciando riemergere tutti gli impegni, i doveri, i problemi della vita quotidiana.

Da pensionata giorno dopo giorno Italia si impegnò a riorganizzare la propria vita.

Serena, l'amica di sempre, la invitò in un'associazione di centri sociali per anziani, dove venivano organizzate varie attività; Serena era in pensione ormai da 5 anni e parlava con entusiasmo di questa esperienza: un luogo in cui si fanno conoscenze, in cui si può discutere, ascoltare ed essere ascoltati, in cui si possono passare ore piacevoli dedicandosi alle attività che si preferiscono, dal gioco delle carte, al ballo, ai corsi di lingue.

Prima di cessare l'attività lavorativa, a Italia era capitato solo durante gli anni universitari di recarsi in un luogo per passare del tempo e conoscere persone nuove; così come per il centro benessere nella frenetica corsa della sua esistenza non aveva avuto il tempo di fermarsi a coltivare interessi personali.

Iniziò a frequentare l'associazione il giorno dell'inaugurazione di un edificio ristrutturato dove erano state invitate anche le autorità locali, che avevano sostenuto i lavori. Serena le presentò il presidente Enrico De Nicola, che le illustrò le attività, i collaboratori e i risultati dell'associazione; Italia, entusiasta per il nuovo mondo che scorgeva nelle parole e nella passione dell'uomo, diede la propria disponibilità a svolgere consulenze gratuite agli anziani su problematiche giuridiche. Il suo impegno le stava dando tanto: cominciavano a riaffiorare tutte le sensazioni che aveva provato quando, da giovane, si era data al volontariato presso l'ospedale pediatrico. Sempre più si rendeva conto dell'importanza del capitale sociale in un mondo basato su un'economia ormai "sterile" e priva di ogni senso di empatia nei confronti del prossimo.

In uno dei suoi giorni "da pensionata", arrivò la telefonata di un avvocato con cui aveva collaborato in passato e che aveva ritrovato grazie all'associazione, che le chiese la disponibilità per un appuntamento al fine di farle una proposta lavorativa. Italia fissò l'appuntamento da lì a qualche giorno. L'avvocato Luigi Einaudi era sempre stato una persona competente e molto riservata e questo alimentava la sua curiosità.

Arrivato il giorno dell'appuntamento, Italia si organizzò con la sua insostituibile amica che rimase con la madre e un nipotino, e così le fu possibile recarsi all'incontro.

L'avv. Einaudi accolse Italia nel suo nuovo studio, caratterizzato da uno stile sobrio che rifletteva totalmente la sua personalità. Iniziarono a parlare, a raccontarsi le ultime vicissitudini familiari, le aveva parlato dei problemi con sua moglie e di come rimanessero nella stessa casa solo per i figli e per una certa consuetudine di chi ormai si vuole bene. Stanze separate, passioni smorzate. Italia aveva parlato di sé, mostrandosi serena e disponibile, stemperando le problematiche della sua vita e celando la carenza di tempo a disposizione per timore di incidere e influenzare la proposta lavorativa che Einaudi voleva farle.

Dopodiché Luigi entrò nel merito dell'incontro. Dato che il suo studio aveva sempre maggiori richieste di consulenze su problematiche giuridiche scaturenti dall'informatica, propose ad Italia, che aveva avviato questo percorso tematico negli ultimi anni della sua attività, di creare e coordinare un gruppo di lavoro appositamente dedicato. La proposta economica era soddisfacente e l'inquadramento era di una consulenza co.co.co.: a tal riguardo non c'erano molte alternative, per cui la valutazione fu presto fatta. Italia era piacevolmente sorpresa della proposta. Si era data qualche giorno per riflettere e valutare, soprattutto per quello che riguardava l'organizzazione del tempo e la gestione familiare alla luce del nuovo impegno. Le piaceva l'idea di mettersi nuovamente in gioco, del resto aveva smesso di lavorare solo per necessità di vita; trovava poi davvero vantaggiosa la possibilità di integrare la pensione al fine di poter far fronte alle spese per la madre e alle altre esigenze familiari.

La sera dopo l'incontro, i pensieri si rincorrevano rumorosi nel silenzio della stanza in cui sedeva con sua madre.

Lei era così. Riusciva a spiazzarla con la semplicità di una frase. Soprattutto da quando era "a metà", come Italia amava definirla. Con i suoi momenti sì e quelli no, questi ultimi purtroppo sempre più lunghi, più resistenti, più interminabili. Sua madre era malata di Alzheimer.

Secondo il Rapporto Mondiale Alzheimer 2010[1], i dati di incidenza globale della malattia sono destinati a raddoppiare nei prossimi 20 anni: 65,7 milioni nel 2030 e ben 115,4 milioni nel 2050. Ad oggi in Europa le persone che soffrono di Alzheimer sono oltre 7 milioni. Come riporta Marc Wortmann, il direttore generale di Alzheimer's Disease International[2], "i numeri forniti dal Rapporto Mondiale Alzheimer 2010 fanno capire che la demenza è un'emergenza sanitaria che non può essere ignorata. Se non sarà tenuta sotto controllo comporterà oneri enormi per le persone, le famiglie, le strutture sanitarie e per l'economia globale. Ogni nazione dovrebbe in-

tervenire sia migliorando e sostenendo i servizi di cura e assistenza ai malati sia aumentando gli investimenti in ricerca".

E quella sera, mentre Italia con un occhio guardava il foglietto su cui appuntava qualche conto relativo all'inquadramento della consulenza e con un altro osservava il telefono che registrava una chiamata persa, sua madre ruppe il frastuono di quella concentrazione asimmetrica. «Se vuoi trovare qualcuno che ti sostituisca per...», un attimo di esitazione, era sempre stata piuttosto orgogliosa, «sì insomma... per darmi un'occhiata, ecco se me lo proponi io lo capisco». Un sorriso. Il sorriso che hanno solo le madri. Un fulmine, il suggerimento inaspettato. Italia rispose frettolosa fingendo di dover continuare a seguire quei numeri frantumati dall'irruzione inattesa di quella frase. «Mamma, che discorsi fai? Via vediamo, semmai mi informo». La madre a fatica si alzò. «Io te l'ho detto. Fai come vuoi. Buonanotte».

Sola nella stanza con l'ingombrante proposta così tanto realistica. Era qualcosa che era rimasto al sicuro nella sfera protetta dei suoi pensieri ed ora così nella rotondità lenta delle parole pronunciate dalla madre trovava una sua cruda fisicità. Il pensiero correva al giorno seguente, divisa fra un nipote e l'altro, a dover chiedere di nuovo all'amica di passare da casa sua, dato che Giorgio era nuovamente fuori città, a diffondere la sua conoscenza in qualche seminario. E poi sapeva come i "momenti no" di sua madre potevano essere penosi. No, non avrebbe potuto chiederle questo favore a lungo. Pensava al giorno successivo e quello ancora seguente. Stesso copione. E bastava un imprevisto per far cadere l'instabile castello di carte di ogni sua giornata. Si consolava sempre pensando che capita a molti a quella età. Ma no, in realtà più corretto dire a molte. Non riusciva a non pensare che proprio Luigi poteva continuare a condurre uno studio con quella sua sobria gentilezza, con passione, con il tempo a disposizione anche per proporre consulenze a una come lei, creditrice costante del "bene tempo". Certo sua moglie pensava a tutto, la casa, il cibo, si occupava dei genitori e dei figli. Non lavorava sua moglie, forse non aveva mai lavorato. Era una di quelle donne che stanno a casa "come un tempo". Le donne che "hanno scelto la famiglia". Poi ci sono quelle che "hanno scelto la carriera". E se si sceglie entrambe come gli uomini? Finisci per non scegliere davvero nessuna delle due, come lei che aveva pasticciato lavori, amori, passioni.

Parità sostanziale. Mah. Quell'art. 3 della Costituzione così "calpestato". L'aveva sempre amato seppur nella sua poca concretezza. Rifletteva che alla fine nella sua condizione un lavoro proprio non poteva permetterselo a meno di non trovare un modo per aumentare il tempo delle giornate. E dato che non era possibile, la logica imponeva il rifiuto dell'offerta lavorativa. Ma di nuovo, in fondo, si trattava di rinunciare a vivere come avrebbe voluto. Era questa la realtà. No, ci pensò, non poteva farlo. Amava troppo quell'art. 3. Quando si inizia giurisprudenza se ti avventuri eroicamente negli esami "difficili" come diritto costituzionale lo incontri quasi subito, così come quando apri la Costituzione, basta poco e arriva con la forza del concetto che porta: l'eguaglianza. In nome di questa un atteggiamento rinunciatario l'avrebbe fatta contribuire nel suo piccolo microcosmo ad allargare la forbice del distacco fra donne e uomini. Magari poteva cominciare a chiedere a qualcuno soluzioni, poteva pensare davvero a una badante, sua madre stessa l'aveva proposto in fondo. Intanto poteva accettare la consulenza, a ritirarsi si è sempre in tempo. Meglio rimorsi che rimpianti, Italia. Altrimenti le sue convinzioni sulla necessità di prendersi cura di sé e vivere come avrebbe voluto sarebbero evaporate nel fumo di quel bagno turco che pochi giorni prima si era dedicata.

Spense il rumore dei pensieri, ritornò al cellulare e vide la chiamata persa. Il cellulare doveva avere vibrato e lei non l'aveva sentito. Era Luigi Einaudi. Digitò il numero, il suono dell'attesa, un "pronto" cortese. «Sono Italia, accetto». Cominciò il countdown.

Quindici giorni all'inizio della nuova attività. Le sembrava di aver riavvolto la pellicola dei suoi anni: ai primi lavori svolti a Marsala, a Torino. Quando pensava che il tempo fosse una risorsa inesauribile. Quindici giorni, adesso, per sistemare la sua vita e renderla idonea a sostenere il nuovo impegno lavorativo. Con gli anni il tempo si stringe fino a stritolarsi. Aveva sentito dire che in pensione si amplia di nuovo come una fisarmonica. Sì forse era vero, ma non certo per lei che aveva deciso di mettersi di nuovo in gioco.

Spinta anche dal marito Giorgio, che le dava ancora ogni supporto per decidere in autonomia, si era decisa a cercare una badante. Aveva messo a tacere il tarlo fastidioso di un latente senso di colpa nella inevitabile necessità. La necessità, il fato, il destino soccorrono quando non sappiamo che motivi darci. Non aveva altra scelta, si ripeteva. E la "necessità" aveva sortito l'effetto sperato, la sua coscienza l'aveva assolta.

Andava trovata la badante. Ma sarebbe stato facile, ne era convinta, un computer e una connessione ed era fatta. Un giro su Internet l'avrebbe salvata, nella rete si trova davvero di tutto. Dallo studio aveva portato in casa un vecchio portatile del marito, che aveva riposto sopra l'armadio. La custodia inevitabilmente si era riempita di polvere. Era un po' che non lo utilizzava. Cominciò a dubitare nell'accensione. Invece tutto bene, dopo aver premuto il tasto cominciò ad apparire la familiare schermata nera con le scritte bianche. Aveva sempre pensato al rumore del pc che si accende come la foschia prima della luce accecante del mondo che si apre con il web.

In effetti di recente ne aveva fatto davvero scarso utilizzo. Cominciava a pensare che, se non fosse per le conoscenze che comunque manteneva, sarebbe potuta rientrare in quella fetta di soggetti che per età non utilizza in tutto o in parte le tecnologie, rimanendone pertanto esclusa. Che sensazione orribile doveva essere, davvero una sorta di analfabetismo: il *digital divide*. Amano tutti usare le parole inglesi anche quando la traduzione non creerebbe grandi problemi: divario digitale. A Italia ancora sfuggivano le strategie per combattere il divario digitale, ma certo rifletteva che non possono consistere solo nel fare arrivare i "fili" della connessione perché se poi si restringe la capacità concreta di usarlo, quella che chiamano banda larga serve proprio a poco. Bisognerebbe insegnarne l'utilizzo. Ma queste strategie di alfabetizzazione informatica, dove sono? Aveva letto in un articolo della presenza della banda larga "di seconda generazione". Sapeva che c'erano diversi tipi di connessione, un po' come per l'analfabetismo digitale, che si dirama in vari livelli. Magari sei in grado di usare il pc, ma non basta, devi riuscire a usare le applicazioni evolute di interazione, quello che chiamano *web 2.0*. Chissà a Italia come l'avrebbero classificata: grazie alle sue competenze nel diritto dell'informatica aveva un po' di esperienza e forse si sarebbe piazzata ad un buon livello. Meno male che i suoi figli e ancora più i nipoti erano "nativi digitali" come diceva sempre quell'articolo. Come se la rete ora riuscisse anche a sfornarli i bambini.

Nel comunicato stampa di ISTAT del 23 dicembre 2010[3] si osserva che la percentuale di famiglie che possiede il personal computer è del 57,6%, che ha accesso

ad Internet del 52,4% e che dispone di una connessione a banda larga del 43,4%.
Tra famiglie si registra un forte divario tecnologico da ricondurre a motivazioni di ordine generazionale, culturale ed economico. Le famiglie costituite da sole persone di 65 anni e più continuano ad essere escluse dal possesso di beni tecnologici: soltanto il 9,8% possiede il pc e solo l'8,1% ha l'accesso ad Internet. All'estremo opposto si collocano le famiglie con almeno un minorenne, che possiedono il pc e l'accesso ad Internet rispettivamente nell'81,8% e nel 74,7% dei casi. Queste famiglie hanno il più alto tasso di possesso di connessione a banda larga (63%).
Tra i motivi per cui le famiglie non possiedono l'accesso ad Internet al primo posto si pone la mancanza di capacità (40,8%). Nelle famiglie di soli anziani la quota di coloro che non utilizzano la Rete ha diverse motivazioni: mancanza di capacità (55,7%), perché lo considerano inutile (28%) e per disabilità fisica (5,8%).
Tra le persone di 60-64 anni solo il 28,3% usa il personal computer e il 25,2% naviga in Internet, mentre tra gli ultra sessantacinquenni l'uso delle tecnologie è ancora fenomeno marginale.
Il nostro paese continua a rimanere indietro rispetto a quelli dell'Unione europea sia per quanto attiene l'accesso a Internet sia per la qualità della connessione. Ci collochiamo, infatti, al ventesimo posto sia per quanto riguarda l'accesso alla Rete da casa (con un tasso di penetrazione tra famiglie con almeno un componente tra i 16 e i 64 anni del 59% rispetto alla media europea del 70%) sia per l'accesso mediante banda larga (con tasso di penetrazione del 49% rispetto alla media europea del 61%).

Su Internet Italia passò tutta la prima serata a cercare una badante. Iniziò proprio digitando su Google, restringendo la ricerca alla zona geografica. Una lista piena di risultati. Poi si mise a leggerli. La maggioranza erano annunci "cerca e trova lavoro". Guardò qualche prezzo, molto più alti di quanto immaginasse. Provò a vedere qualche associazione, alcuni siti recavano "Cerchi una badante?". Forse ce l'aveva fatta. Ma in realtà non sembravano attendibili. Provò sui siti degli enti pubblici e si perse fra annunci, atti, organigrammi: provò con la mappa del sito istituzionale, il motore interno al sito. Si convinse che era meglio Google.

Guardò l'ora: l'una del mattino. Santo cielo, tutta la notte davanti al computer senza aver ottenuto nulla. Per placare l'ansia il giorno seguente chiamò Laura, un'amica impegnata nel sociale. Laura le diede qualche nome fidato. Fece i colloqui e poi scelse Svetlana, una giovane russa dagli occhi chiari come il cielo in un giorno d'estate. L'aveva fatta scegliere a sua madre fra tre persone e sua madre aveva detto: «Quella con gli occhi blu». Considerando che una era di colore e l'altra con gli occhi a mandorla non poteva sbagliare, doveva essere la russa.

Parlavano poco Svetlana e sua madre, ma parevano capirsi con un'occhiata. Parlava poco in generale la "ragazza dagli occhi blu". Con il passare dei giorni si era creato un legame che si solidificava con il peggiorare delle condizioni dell'anziana. La pazienza di "quella con gli occhi blu" faceva invidia ad Italia, che era sempre stata più nervosa e meno tollerante di quella figura evanescente. Era stata un'ottima scelta. Sua madre, i cui momenti "no" lasciavano sempre meno spazio a quelli "sì", raccontava a Italia di Svetlana parlando come di qualcuno che conoscesse da sempre, come di una seconda figlia. Una sera sua madre aveva cominciato a raccontare a Italia tutta la composizione della famiglia di Svetlana, con una descrizione ricca di particolari, di parenti e luoghi, così vivida da far pensare che sua madre li avesse conosciuti davvero. Faceva inevitabilmente confusione, ma sembrava davvero ricordarsi qualcosa che mescolava con i componenti e i luoghi della sua vita. Italia si era commossa alla fine di quel racconto quando, in una confusione crescente, sua madre l'aveva chiamata Svetlana. Si vergognava a confessare una vena di gelosia verso quella presenza silenziosa sempre più indispensabile, tanto da portare a confonderla con sua figlia.

Arrivò il giorno dell'inizio dell'incarico di consulenza. Come ogni cosa nuova e perciò ignota la stava emozionando. "Pensionata", ma viva. Perché aveva scelto, senza far decidere gli altri, la sua famiglia, le convenzioni. Aveva rischiato. I giovani non rischiano più, la realtà non glielo consente, così come non si possono permettere i sogni. Ma se rischiassero forse il divario da quei sogni si restringerebbe e diverrebbero maggiormente vicini. Lei aveva rischiato tanto nella vita, ne era consapevole e già la consapevolezza è molto. Era soddisfatta di non avere rimpianti. Anche stavolta aveva scelto e si rendeva conto che al di là di ogni età anagrafica con il coraggio non stava contribuendo affatto a alimentare il "Paese per vecchi" come temeva, ma bensì un Paese per "giovani", un Paese di persone pronte a decidere, a cambiare, ad andare avanti. La gioventù è davvero qualcosa di interiore, un approccio alla vita.

Iniziò un buon periodo con Luigi. Le affidò tre persone: una ragazza testarda e volenterosa troppo simile a lei per non cercare di consigliarle come evitare i suoi stessi errori e due giovani, uno più timido, l'altro estremamente socievole. Si accorse che era passato il tempo e che i casi che il diritto dell'informatica affrontava spaziavano in ogni settore, dal civile, all'amministrativo, al penale.

La vita procedeva, ma le condizioni della madre non erano più sostenibili. Il medico serenamente, con un opaco distacco, consigliò il ricovero in un centro specializzato per monitorare la situazione. Non l'aveva fatta così semplice, ma in sostanza aveva spiegato che non era più il caso che l'anziana madre rimanesse a casa.

Si era recata dove il medico le aveva consigliato la struttura pubblica che si occupava di queste problematiche. Era arrivata allo sportello, dove un impiegato continuava a esaminare la pila di fogli di fronte a sé. Italia picchiettò sul vetro per farsi notare. Spiegò cosa cercava. L'uomo borbottò qualcosa, disse che non sapeva come rispondere. Provò a telefonare, ma evidentemente non trovò nessuno. Allora urlò a una donna che si trovava qualche stanza più avanti. La magra impiegata raggiunse Italia e l'uomo. Italia impiegò molti minuti per spiegare ciò che cercava e i due impiegati si sforzarono per aiutarla, ma alla fine dispiaciuti dovettero dirle che era venuta all'orario sbagliato, perché avevano cambiato proprio dalla scorsa settimana gli orari. Italia, infastidita, chiese come mai l'orario risultava immutato sul sito dove aveva cercato. «Signora, non è che possiamo metterci ad aggiornare il sito ogni giorno. Ma lo sa quanto personale abbiamo perso negli ultimi anni? Lei ha ragione, ma il sito purtroppo è diventato l'ultimo dei problemi». Italia tentò di spiegare che l'informazione per l'accesso ai servizi è fondamentale, che non è qualcosa di secondario, ma si sentì come impegnata in una battaglia contro i mulini a vento e senz'altro non era colpa di quei due volenterosi impiegati arresi di fronte alla mancanza di risorse adeguate.

Si recò quindi il giorno in cui l'ufficio che doveva darle indicazioni era aperto. Giunta dall'impiegata, aveva perso il filo dopo i primi cinque minuti, sommersa dalle spiegazioni sulle pratiche e sulla documentazione che avrebbe dovuto presentare. Le era stata spiegata anche tutta una possibilità di agevolazioni e contributi economici alle spese, con altrettanta modulistica da produrre. I tempi proprio non se l'era sentita di chiederli, era un autogol che non voleva concedere all'occhialuta donna che la guardava annoiata mentre ascoltava le sue domande, che dovevano essere le stesse che sentiva ogni giorno. Insomma, se voleva usufruire del servizio pubblico la documentazione, i tempi, le attese le parevano davvero inconciliabili con il peggioramento rapido delle condizioni della madre.

Si era dovuta arrendere a consultare strutture private, anche in quel caso dopo una estenuante ricerca.

Ma è così difficile l'accesso ai servizi? Era indignata a pensare la difficoltà di reperire informazioni chiare e semplici su ogni aspetto: costi, tempi, modi.

Era delusa a constatare la lentezza della macchina italiana dei servizi. Si era sentita sconfitta a ripiegare sul privato, sconfitta come cittadina e regolare contribuente. Quel tipo di strutture private peraltro avevano costi inimmaginabili. Anche se avesse intensificato le attività da Luigi non sarebbe comunque riuscita a permetterselo. Era in uno di quei momenti in cui bisogna fare qualcosa, ma non si sa cosa. Si sentiva in trappola senza vie di uscita. In un momento di sconforto si era sfogata con il marito Giorgio, il quale le aveva proposto «il direttore dell'Istituto Gronchi, che tratta anche questa malattia, è mio amico. Con una chiamata vediamo se risolviamo. Vedrai, ti aiuterà». Lo spettro della raccomandazione anche adesso alla sua età la irritava immediatamente. Era come una molla di rifiuto verso un intero sistema. La risposta strideva con la gentilezza con cui Giorgio aveva cercato a suo modo di aiutarla: «E se non l'avessi avuto come amico nel circolo del tennis? E se qualcuno con una persona in condizioni peggiori di mia madre per la tua "telefonata" perdesse il posto sperato? No Giorgio, così non aiuti né me, né il sistema». La grinta delle parole era la stessa della sua gioventù, seppur mal si conciliasse con la sua figura non più così giovane da potersi permettere di non sapere come vanno le cose. Ma a Giorgio non mancava la comprensione che gli permise di scusarsi se si era permesso di turbarla in un momento di difficoltà.

La notte seguente la passò insonne. Ma ancora credeva di potercela fare con le sue forze? E cosa avrebbe fatto poi con sua madre? Gli altri al posto suo non avrebbero esitato, ma anzi avrebbero gioito dell'opportunità offerta da quella conoscenza. Nuovamente doveva trovare il modo di placare quel senso di giustizia che la caratterizzava da una vita.

Passarono i giorni, le condizioni della madre non permisero di attendere oltre.

Chiese a Giorgio di fare quella telefonata. Il direttore stesso la chiamò il giorno seguente dicendole quando far ricoverare la madre.

L'episodio era andato a buon fine, ma la sua coscienza stavolta non l'aveva assolta. Tutt'altro. Continuava a non voler arrendersi alla constatazione di aver utilizzato le dinamiche del sistema, di aver sottratto verosimilmente qualcosa a qualcuno con un *escamotage*, il solito *escamotage* italiano di parenti, amici, conoscenti. Analizzando la motivazione che l'aveva spinta a questo aveva capito che alla base c'era un'assenza di informazione su quali istituti contattare, a chi rivolgersi, un senso di solitudine di fronte al problema. Alla fine, per la badante Svetlana prima e per l'istituto dopo, non era riuscita da sola, nonostante la rete di Internet sia un inesauribile pozzo di informazioni. Ma era necessario trovarle le informazioni e trovarle aggiornate, selezionarle, per ordinarle e metterle insieme. Come le persone: vanno unite, fatte parlare, devono potersi scambiare le informazioni, è necessario sfruttare la disponibilità e la collaborazione.

Fu allora che pensò di creare un luogo nella rete in cui consentire tutto questo, in cui aiutare le famiglie nei casi come il suo, un luogo di scambio di informazioni e buone pratiche. Qualcosa di banale, ma così necessarie e efficace. Aveva messo insieme una serie di informazioni e contatti che poteva mettere a disposizione di qualcun altro per rendere a questo la vita più semplice in un momento già difficile come era stato il suo. Ne aveva parlato a Giorgio, che al solito l'aveva sostenuta non solo con le parole, ma anche praticamente. Aveva sentito amici e amiche, parenti, i ragazzi che coordinava, un po' di passaparola e la sera, all'inizio quasi per passatempo, aveva cominciato a mettere insieme informazioni e documentazione nel sito che con Giorgio avevano fatto predisporre. Se soltanto una persona avesse potuto in tal modo evitare di usare "la raccomandazione" avrebbe raggiunto il suo scopo.

Incredibilmente, l'apparente passatempo sociale di una donna matura cominciò a diventare un sito con molti accessi, le sezioni si estesero, affrontando non solo malati di Alzheimer, ma una serie di patologie diverse, disparate, più o meno rare, più o meno onerose da gestire. Aumentarono i collaboratori. Nei mesi successivi si ampliò fino a diventare un punto di riferimento per tante persone nella realtà locale, aggiornato più velocemente dei siti delle istituzioni, con dietro persone reali con problemi reali e non entità lontane di palazzo con "funzioni" e "servizi". Divennero associazione. La logica dell'aiuto reciproco gratuito funzionava, la rete con la rete, la collaborazione, la condivisione.

Fu un'amica a convincerla a partecipare a un premio locale del Comune sulle iniziative sociali. La sua associazione vinse. Il risultato della vittoria oltre a un piccolo contributo le valse un articolo sul quotidiano locale. Aveva ottenuto molto. Osando, con il rischio, con un'intuizione, immaginando la ricchezza del capitale sociale, intangibile, solo da far emergere. L'essere parte di una comunità e sentirsene parte attiva è una leva potente.

Una sera, prima di andare a dormire, come ogni giorno si mise a controllare il sito, le email all'associazione, i nuovi utenti, i nuovi scambi di informazioni. Avevano caricato anche la scansione dell'articolo del quotidiano locale. Quel sito brulicava di una meravigliosa energia.

Si fermò con gli occhi e la mente su quella rete immateriale, ma così viva.

In quella rete che si forma, s'intreccia e si snoda con semplici click ci sono persone, possibilità, speranze, idee. Campagne fatte in rete, solidarietà, firme. Una rete di collaborazione incredibile. Le barriere del tempo e delle distanze geografiche si spezzano. Si crea una società multiforme, variegata, libera. Una conoscenza che muove conoscenza, qualcosa di incontenibile come l'aria e l'acqua, una sorgente capace di generare una società più collaborativa, più efficiente, più uguale nelle possibilità, più meritocratica. Dove non sia necessario spostarsi per fare code lunghe e interminabili, ma si possa comunicare immediatamente con un click. Dove tutti possano avere accesso alla conoscenza indipendentemente da luoghi geografici, condizioni personali ed economiche, disabilità, religioni, convinzioni, sesso. Dove ognuno possa esprimere se stesso. Dove i governi debbano aprirsi per diventare splendide case di vetro e consentire finalmente quella trasparenza che garantisce un vero controllo democratico su chi governa. Dove cittadini e imprese siano "ascoltati", siano attori di un processo di reale partecipazione. Dove il governo a rete non sia solo virtuale, ma si concretizzi nell'ascolto delle istanze dal basso, in modo che la politica e i decisori non siano terribilmente distanti dalla vita "vera" delle persone, chiusi nelle segrete stanze dei bottoni.

Un mondo ancora lontano, ma che comincia a delinearsi. Una società migliore. Possibile. Essere "nativi digitali" a guardare bene conviene. E dopo l'ultimo click, Italia sorrise. Dopo aver raggiunto un altro grande obiettivo, si fermò a riflettere. Avrebbe voluto raccontare la sua storia al mondo. Le emozioni passate, i torti subiti, gli episodi più interessanti. Attraverso la sua esperienza avrebbe potuto dare un messaggio di coraggio e di positività.

Questa sarebbe stata la sua prossima, difficile, sfida: ridare speranza al futuro.

Proposte

- A fini pensionistici, rendere tutti i contributi cumulabili senza spese aggiuntive.
- Valorizzare il mondo del volontariato e il suo proficuo contributo nella società permettendo di cooperare maggiormente e in modo sistematico con il settore pubblico.
- Misure concrete per conciliare lavoro e famiglia nella vita della donna.
- Lotta al *digital divide* apprestando misure specifiche per l'alfabetizzazione informatica dei cittadini: creazione di servizi gratuiti di formazione e animazione, avvalendosi delle associazioni e sfruttando le *best practices* sul territorio (es. PAAS di Regione Toscana - Punti per l'Accesso Assistito ai Servizi e a internet).
- Aumentare la conoscenza delle misure di *welfare* attraverso informazioni "sicure", affidabili e aggiornate in siti pubblici.
- Necessità di siti istituzionali pubblici che svolgano un effettivo servizio in conformità alla normativa e a tal fine siano accessibili, semplici, affidabili, chiari, omogenei e completi di informazioni. Necessità di assicurare caratteristiche e contenuti dei siti attraverso un concreto monitoraggio e sanzioni.
- Aumentare e diversificare i servizi di cura, analizzare misure per diminuire i costi per i singoli malati.
- Regole chiare, informazioni semplici e facilmente reperibili per l'accesso ai servizi.

- Necessità prioritaria di "sburocratizzazione" della macchina pubblica ed esigenza di renderla maggiormente efficiente e veloce. Semplificazione dei processi e realizzazione concreta di servizi on-line. A fini di efficienza inserimento effettivo di logiche aziendali nella gestione del lavoro.
- Governo a rete, cooperazione, sistema di *governance* fra pubblico e privato, approccio *bottom-up* e *multi-stakeholders*: valorizzare la partecipazione, il contributo e l'apporto dei privati nella gestione della cosa pubblica.

Note

[1] http://www.alzheimer.it/rapporto2010.pdf.
[2] http://www.alz.co.uk/.
[3] http://www3.istat.it/salastampa/comunicati/in_calendario/nuovetec/20101223_00/.

16

Conclusioni

Dario Nardella

Il più grande timore per la cura di questo libro è stato quella di non riuscire a realizzare una storia convincente con un filo narrativo chiaro e coerente, vista anche la difficoltà di coordinare tanti diversi autori coinvolti.

Al contrario, la sorpresa è stata la naturalezza con cui quindici giovani di diversa provenienza geografica, culturale e politica, sono riusciti ad immedesimarsi nella vita di Italia, riversando nei propri scritti esperienze personali e professionali, riflessioni, proposte. Un mosaico di sentimenti, di paure e speranze, di rabbia e indignazione che si è composto lentamente attraverso un canovaccio che ha portato a raccontare la vita reale mediante una storia immaginaria.

Perché raccontare una storia per parlare di politica? La politica è vita, è l'insieme di storie vere, è il confronto continuo con la realtà e con il futuro. I nostri autori, tutti accomunati, in vario modo, da una sensibilità e passione politica, sanno che la politica non è un laboratorio asettico nel quale inventare a tavolino modelli di convivenza. Del resto, come ci ha insegnato la nuova generazione di politici che sanno sognare, di cui Obama è l'antesignano, la politica è anche racconto, capacità di riempire di desiderio la vita vissuta.

Fin dall'inizio del racconto diventa chiaro al lettore che la vita di Italia è difficile, cruda, pesante; ma non è altro che il volto di un Paese – il proprio Paese – raccontato attraverso la storia di una donna. Dalle gioie dell'infanzia agli interrogativi dell'adolescenza, alle ambizioni della gioventù, per arrivare alle prime delusioni personali e alle frustrazioni professionali, fino alle paure della terza età, con l'ultimo tentativo di dare finalmente un senso alla propria vita. Progetti di felicità che si infrangono di fronte alla crisi culturale, sociale ed economica di una comunità che non riesce a trovare la forza e l'orgoglio di immaginare un futuro per sé e per i propri figli.

L'amarezza e la delusione che traspaiono dal racconto trasmettono in fondo la sensazione di vivere in un Paese che non riesce a sfuggire all'oppressione di una pesante cappa, fatta di problemi irrisolti e drammi collettivi che durano ormai da troppi anni. Immigrazione, cultura, lavoro, educazione, ecologia, famiglia, Europa, pensioni. Parole del nostro tempo che evocano immediatamente – come per uno strano riflesso incondizionato – accezioni negative, paure, preoccupazioni. Questo sentimento diffuso di sconforto è lo stato d'animo in cui versa oggi il nostro Paese, con un sistema sociale che rischia una irrimediabile dissoluzione ed uno istituzionale e politico sempre più debole e in crisi di credibilità.

Italia vive così nel racconto una vita difficile, comune a quelle di molti cittadini italiani, costellata di problemi e paure. Vive la difficoltà di costruire un percorso formativo in un sistema scolastico da riformare fino in fondo, passando da un liceo romano all'università fiorentina. Vive l'esperienza complicata della ricerca di un lavoro, che si fa drammatica nel Sud, dove decide di tornare per ricongiungersi alla madre, più facile a Nord, in una Torino rinata, ma mai così agevole da convincerla a rinunciare all'idea di lasciare il Paese per andare in Germania, seppure per un breve periodo. Vive angoscianti esperienze familiari come la scomparsa precoce e dolorosa del padre, le separazioni, la malattia senile della madre. Entra in contatto infine con i problemi sociali e collettivi del Paese: la malavita in Sicilia, le sfide ambientali durante il soggiorno fiorentino, i rischi conservativi del patrimonio culturale nelle sue visite nell'amata Pompei, l'immobilismo di fronte all'emergenza della tutela del territorio.

Ogni capitolo, nell'affrontare un tema specifico, letto attraverso la duplice lente della vita personale della protagonista e dell'analisi sociale e politica, propone un approccio concreto alle problematiche, con il corredo essenziale e puntuale dei dati. Ci troviamo così a disporre di un quadro di statistiche che suscita riflessioni non dissimili da quelle lette di recente nell'ultimo Rapporto CENSIS sulla situazione sociale del Paese. "Si sono appiattiti i nostri riferimenti alti e nobili", si legge nella nota di presentazione del Rapporto 2010, che descrive così la società italiana: "Una società ad alta soggettività, che aveva costruito una sua cinquantennale storia sulla vitalità, sulla grinta, sul vigore dei soggetti, si ritrova a dover fare i conti proprio con il declino della soggettività, che non basta più quando bisogna giocare su processi che hanno radici e motori fuori della realtà italiana". Una società colpita da una "diffusa e inquietante sregolazione pulsionale" nella quale "si vive senza norma" che, forse proprio per questo, si trova a vivere il portato di una crisi economica globale in modo ben più accentuato di quanto non avvenga nel resto d'Europa.

Le analisi che ci consegnano i quindici autori parlano infatti di un Paese il cui modello scolastico si presenta vecchio e inadeguato, anche dal punto di vista infrastrutturale, ricordando come il principio di fondo del funzionamento di

273

un sistema educativo vada trovato anzitutto nella capacità di offrire una scuola di base alle stesse condizioni e con la stessa qualità in tutto il territorio nazionale. Non diversamente si può dire della formazione universitaria, che ancora oggi, nonostante la recente riforma che ha interessato sia l'ordinamento didattico che il sistema dei concorsi, oltre gli assetti organizzativi degli atenei, soffre molto la competizione con le altre università del mondo, vive con disponibilità economiche irrisorie e paga la mancata risoluzione di alcuni nodi come ad esempio quello della frammentazione sul territorio o la permanenza di un sistema di potere che impedisce la selezione meritocratica.

Anche il profilo economico dell'Italia emerge con chiarezza dalle vicissitudini affrontate dalla protagonista del racconto-saggio nel corso della sua vita. La "fuga" dalla Sicilia ci pone davanti la crudezza dei problemi del nostro Sud, problemi irrisolti, richiamati continuamente in una retorica stucchevole della politica e delle istituzioni, senza che nulla sia in fondo cambiato se non in casi sporadici. L'atteggiamento rinunciatario verso il morbo del lavoro nero, le condizioni di precarietà e di deprofessionalizzazione nelle quali si trovano a lavorare giovani preparati da anni di studio ad altre ambizioni, sono alcune delle esperienze che Italia tocca con mano nella sua breve e sofferta permanenza a Marsala. La decisione di lasciare il Meridione per cercare maggior fortuna a Torino è vissuta come una sconfitta ed è la storia ricorrente di migliaia di giovani che alimentano un rinnovato fenomeno di emigrazione Sud-Nord che si credeva esaurito da tempo.

Anche il Nord, del resto, vive le sofferenze di un paese appiattito, in cui la cultura dello sviluppo e le regole di convivenza sono inquinati da pulsioni egoiste e localiste che nascondono in realtà le paure più profonde tipiche delle società sviluppate dell'epoca post-industriale.

L'economia di questa Italia soffre le pesanti ripercussioni di una crisi senza pari dal Dopoguerra, non solo in Europa. Si tratta di un evento globale scatenato da un processo di finanziarizzazione dell'economia dal quale è sparito l'uomo, per lasciare il posto a numeri astratti e divi-
dendi del mondo finanziario. Tuttavia, mentre altri Paesi
riescono, seppur tra mille difficoltà, a metabolizzare le ragioni della crisi e correre ai ripari investendo sui propri
punti di forza, l'Italia indietreggia spaventata, come un
pugile suonato, incapace di reagire, che non vuol capire
da dove comincino i propri guai. Il debito pubblico, giunto
nuovamente a livelli di record, combinato alla crescita
bassa e all'instabilità politica determinano una condizione
di forte precarietà e inaffidabilità del Paese agli occhi del
mondo istituzionale, economico e finanziario internazionale. Nonostante ciò la classe politica non riesce a reagire
e si trascina in una crisi di credibilità che ha tracciato un
solco profondo tra elettori ed eletti.

Da qui le proposte degli autori di dare una scossa al Paese puntando su un'economia della conoscenza, dove lavoro,
formazione e istruzione vivano in simbiosi e guardare, ad
esempio, al patrimonio culturale come straordinaria opportunità per creare nuovo lavoro e nuove professionalità.
Con la stessa determinazione si avanzano proposte efficaci
che riguardano l'impresa, come la riduzione drastica della
tassazione sul lavoro, soluzione che, da un lato, porterebbe
all'aumento dei salari e dunque alla ripresa dei consumi,
dall'altro al rilancio del sistema imprenditoriale, che da anni disinveste sulla produzione e investe sulle rendite finanziarie. Analogamente, l'attenzione verso le nuove imprese e
l'attrazione di quelle straniere porta a proporre un sistema
fiscale più articolato, in modo da favorire gli investimenti
esteri nel nostro territorio e la nascita di imprese votate al-
l'innovazione. Al centro di questa idea di sviluppo vi è altre-

sì il rispetto dei livelli di sostenibilità. Non possiamo più vivere al di sopra delle nostre possibilità come hanno fatto le precedenti generazioni, sembrano voler dire all'unisono gli autori. Si rende così necessario guardare ad uno sviluppo sostenibile che metta al centro il rispetto per l'ambiente, come valore trasversale ad ogni politica pubblica, avendo attenzione alle opportunità che la ricerca e la tecnologia portano nel campo delle risorse energetiche alternative. E allo stesso modo è urgente disegnare un nuovo modello sociale dove il rilancio della crescita non passi dall'incremento delle diseguaglianze e si accompagni ad un modello del tutto nuovo di rappresentanza sociale e di *welfare*.

Per questo è di fondamentale importanza ridisegnare le basi culturali su cui innestare un nuovo modello di sviluppo. "Occorre accingersi a costruire una cultura, forse non della povertà, bensì della minore ricchezza. Di un benessere più limitato, e sapendo che questo minor benessere si ripercuoterà su ogni aspetto della nostra vita" ammonisce Edmondo Berselli nel suo ultimo scritto prima di morire, *L'economia Giusta*. Dopo tutto, un approccio etico all'economia e al lavoro parte da un principio di redistribuzione della ricchezza e da una visione politica della crescita economica. Ciò comporterebbe – come dice bene Zygmunt Bauman (in *Lavoro, consumismo e nuove povertà*) –, la necessità di abbandonare molte convinzioni sul nostro modo di vita attuale "come, ad esempio, quella che l'efficienza sia una cosa buona indipendentemente dal suo scopo […] o che la 'crescita economica, intesa come un mero incremento statistico ('più oggi di ieri, più domani di oggi') sia di per sé un fatto positivo, senza tener conto, anche in questo caso, delle sue possibili conseguenze negative sulla condizione umana e sulla nostra natura".

Ma è indispensabile, per raggiungere i risultati urgenti, che si affermi una volta per tutte una nuova generazione di donne e uomini che assuma la responsabilità di guidare l'Italia, con energie nuove, con la voglia e la determinazione di risalire la china. Tuttavia nell'università come nei partiti, nei giornali come nelle aziende, il *turn-over* è considerato di rado un valore da perseguire. È anzi spesso ostacolato da chi lo ritiene essere un pericolo per la propria condizione sociale ed economica. Del resto, ha sottolineato il Presidente Napolitano nel suo ultimo messaggio di fine anno agli Italiani, "quando i giovani denunciano un vuoto e sollecitano risposte sanno bene di non poter chiedere un futuro di certezze, magari garantite dallo Stato, ma di avere piuttosto diritto ad un futuro di possibilità reali, di opportunità cui accedere nell'eguaglianza dei punti di partenza secondo lo spirito della nostra Costituzione".

Eppure nel Paese dove oltre 2 milioni di giovani non lavorano, non studiano e non tengono un corso di aggiornamento, il giovane non è il motore, è il "problema". Da anni si dibatte sulla "questione giovanile" soffermandosi sulle difficoltà e le carenze dei giovani italiani, attribuendo loro ogni volta un diverso appellativo, da "bamboccioni" a "generazione invisibile". Si dimentica il lato opposto della questione e cioè che i giovani entrano troppo tardi a far parte della realtà produttiva e ancor più tardi della classe dirigente del Paese a causa di un sistema di mobilità sociale inadeguato. Il tema giovanile comincia a far breccia negli ultimi tempi nella vita politica nazionale e nelle istituzioni ma resta pur sempre relegato agli ultimi posti dell'agenda: giunti al momento di trattare l'argomento vi è sempre qualcosa di più urgente e "più serio" da affrontare prima, come la crisi industriale o la disoccupazione, non riconoscendo che la causa di questi problemi risiede in gran parte proprio nel fatto che l'Italia non riesca ad utilizzare al meglio il nuovo patrimonio di energie fisiche e intellettuali di cui dispone.

È grazie a tale patrimonio che il Paese può ancora scommettere su una ripartenza. Per questo Italia vuole vivere. Vi è infatti un messaggio di speranza (che è anche il nome della figlia) ed una voglia di rivalsa che attraversa ogni episodio della narrazione che intreccia l'analisi saggistica. Italia è infatti una donna forte e volitiva che fin dall'inizio, dal suo percorso formativo, sceglie la strada più scomoda, ma anche la più coraggiosa. Nella sua vita non mancano momenti intensi di gioia e gratificazione, a partire dalle relazioni affettive, prima come figlia, poi come moglie e madre. Ricorre sempre lo spirito altruista di una donna che spesso dedica generosamente tempo ed energie agli altri, come ha fatto con il volontariato all'ospedale pediatrico, con la partecipazione alle assemblee cittadine, fino all'approdo tardivo ma gratificante all'informatica con la creazione di un sito internet dedicato ai malati di Alzheimer.

Gli autori scelgono non a caso una donna per rappresentare la voglia di ripartenza e la forza del coraggio e indicano le città, Roma o Firenze, Torino o Marsala, come luoghi simbolici attraverso i quali esprimere non solo la necessità di tenere viva la memoria e la storia unitaria di un Popolo, ma anche l'intenzione di individuare nei territori locali le migliori realtà nelle quali ricercare le risposte alla crisi economica e culturale.

Da qui le 150 proposte per un'Italia diversa. Una per ogni anno della nostra storia unitaria. Un modo per celebrare il passato parlando di futuro. Si tratta di proposte che giungono proprio nel momento di una svolta della vita pubblica italiana.

C'è speranza dunque in questo Paese, scrivono gli autori della storia di Italia. I quali ci indicano i valori che possono alimentare una ripartenza vigorosa e solida: l'eguaglianza sostanziale, non solo formale, di diritti, condizioni, opportunità; il coraggio del cambiamento; il recupero di uno spirito civico che passa dal rispetto della legalità; la costruzione di una società inclusiva nella quale il pluralismo culturale rappresenti un forte tratto di identità; l'affermazione, infine, di un modello di crescita sociale ed econoòica basato sull'equità nel quale le giovani generazioni possano con coraggio concretamente investire sul proprio futuro.

Queste pagine incitano quindi a reagire, a rifiutare lo stato delle cose in cui viviamo, a desiderare un futuro vero. Sfogliando il libro viene voglia di fischiettare la bella canzone del cantautore italiano De Gregori, *Viva l'Italia*, dove si inneggia ad un'"Italia che non ha paura", un'"Italia tutta intera", un'"Italia che lavora", un'"Italia che resiste" nonostante abbia gli occhi "aperti sulla notte triste".

Italia ce la può fare!

Profili degli autori

ILARIA MALINVERNI

Ilaria Malinverni, nata a Desenzano del Garda il 07/12/1976 e residente a Milano.

Nel 2001 si laurea presso l'Università degli Studi di Bologna Facoltà di Scienze della Formazione indirizzo per Educatori professionali.

Nel 2005 frequenta il Master organizzato dall'Università degli Studi di Pavia "Economia e gestione delle Organizzazioni Non profit".

Nel 2007 frequenta il Master organizzato da Università Cattolica del Sacro Cuore di Milano "Senior Manager delle Organizzazioni Non Profit".

Dal 2010 è Responsabile dell'Area Progetti e Coordinatrice di servizi per la prima infanzia del Consorzio Nazionale Con. Opera – servizi educativi per l'infanzia e la famiglia.

Dal 2011 è Valutatrice di servizi per la prima infanzia affiliati a Consorzio PAN – Progetto Asili nido.

VALENTINA MAZZONI

Valentina Mazzoni, nata a Lugo (RA) il 20 giugno 1977, dottore di ricerca in Pedagogia, è ricercatrice di Pedagogia Generale, presso il Dipartimento di Filosofia, Pedagogia e Psicologia dell'Università di Verona e fa parte del C.R.E.D. Centro di Ricerca Educativa e Didattica presente nel Dipartimento.

Il suo principale ambito di ricerca è quello dell'educazione etica con i bambini e le insegnanti della scuola primaria. A livello internazionale ha collaborato e collabora a ricerche sulla prima infanzia, con particolare riferimento alla prospettiva della ricerca con i bambini.

Tra le sue pubblicazioni: Mazzoni V. (2009) «Una qualità della vita è...». Fare ricerca pensando insieme ai bambini. FrancoAngeli: Milano e Mazzoni V. (2009) Costruire nidi e pensare la città. L'esperienza di un «laboratorio civico», in L. Mortari (a cura di) La ricerca per i bambini. Mondadori: Milano, pp. 159-187.

TOBIA ZEVI
Tobia Zevi (27 anni) è nato e cresciuto a Roma. Si è laureato in Storia della lingua italiana con il professor Luca Serianni e attualmente sta terminando il suo dottorato di ricerca.
Segue per il Presidente Nicola Zingaretti le politiche di Solidarietà internazionale presso la Provincia di Roma.
Presidente dell'Associazione di cultura ebraica Hans Jonas, che ha fondato assieme ad alcuni amici, è stato presidente dell'Unione giovani ebrei d'Italia nel 2005 e nel 2006, e coordinatore del Consiglio della Comunità ebraica di Roma dal 2008 al 2010.
Ha scritto su vari quotidiani e riviste. Attualmente collabora con "l'Unità", "Moked.it" e "Linkiesta.it". www.tobiazevi.it

MARCO BANI
Marco Bani è nato a Pisa nel 1983. Laurea in Informatica Umanistica. Nel 2007 inizia a collaborare col King's College di Londra, dove diventa Assistant Lecturer per il corso di MA in Digital Culture e Research Fellow presso il King's Visualization Lab, team specializzato nell'utilizzo della computer grafica nella ricerca. Impegnato in politica, è stato eletto consigliere comunale a Pisa. Attualmente è dottorando alla Scuola Superiore Sant'Anna di Pisa in "Political Science, Human Rights and Sustainability". Nel 2011 ha scritto un libro sulla guerra in Bosnia dal titolo "Srebrenica, per non dimenticare". Blog: www.marcobani.it

WALTER MAZZUCCO
Walter Mazzucco, Palermo 1976. Medico Chirurgo, Specialista in Igiene e Medicina Preventiva, Master in Epidemiologia (Università Cattolica del Sacro Cuore, Roma), Dottorando in Economia e Gestione delle Aziende Sanitarie (Scuola Dottorato in Etica e Management in Medicina e Sanità Pubblica, Università Cattolica del Sacro Cuore, Roma).Borsista di ricerca. Esperto in Clinical Risk Management (Fellowship c/o Joint Commission – Chicago, Il, Usa; Visiting Doctor c/o Center for Disease Control and Prevention – Atlanta, Ga, Usa). Presidente Nazionale Segretariato Italiano Giovani Medici (S.I.G.M.). Componente Giunta Esecutiva Società Italiana Medici Manager (S.I.M.M.). Già componente Consiglio Nazionale Studentesco Universitario (C.N.S.U.) e dell'Osservatorio Nazionale della Formazione Medico Specialistica (M.I.U.R.). Editorial Board Chairman Rivista Scientifica *Capsula Eburnea: a multidisciplinary biomedical journal for young doctors*. Direttore Responsabile Rivista *Giovani Medici – Periodico di informazione a carattere tecnico professionale per giovani medici e giovani professionisti della sanità*. Web: www.giovanemedico.it.

LORENZO VIGNALI

Lorenzo Vignali, 20 anni, studente di Scienze Politiche alla "Cesare Alfieri" di Firenze. Appassionato di politica all'età di 13 anni entra a far parte di Azione Giovani, il movimento giovanile di Alleanza Nazionale. Rappresentante degli studenti negli ultimi due anni di Liceo e responsabile per Azione Studentesca in Valdinievole. Il 9 Giugno 2009, 47 giorni dopo la maggiore età, viene eletto Consigliere Comunale a Chiesina Uzzanese e scelto come ViceCapogruppo PdL. Fa parte della Commissione Consiliare "Organizzazione e personale, partecipazione e informazione, giovani, lavoro e pari opportunità, verifica ed aggiornamento dello Statuto e dei regolamenti" e del Comitato di Gestione della Biblioteca. Dal 2011 è il responsabile per la Valdinievole del "Comitato 10 Febbraio" e Presidente del Circolo della Giovane Italia Valdinievole, movimento giovanile del PdL. Aspirante giornalista, cura un blog: www.lorenzovignali.com

DAVID RAGAZZONI

David Ragazzoni (Firenze, 1985), cittadino italiano e americano, si è laureato in filosofia alla Scuola Normale Superiore di Pisa (sotto la guida di Michele Ciliberto) ed è perfezionando in filosofia politica alla Scuola Superiore "Sant'Anna" di Pisa. È stato visiting student a Yale (2007) stagista al Ministero degli Esteri a Roma e allo UNODC a New York (2008), visiting scholar a Columbia sotto la guida di Nadia Urbinati (2011-2012); il suo percorso di studio è stato inserito da Roger Abravanel nel libro "Meritocrazia" (prefazione di F. Giavazzi, Garzanti, 2008). Nel 2008, tornato da Yale, ha co-fondato il Circolo "Giovane Europa" dei Giovani Democratici della Scuola Normale e della Scuola Sant'Anna di Pisa, che ha coordinato fino a novembre 2010. Da allora è presidente provinciale dei Giovani Democratici di Pisa e responsabile provinciale della formazione politica nel PD Pisa. L'Italia, l'università e l'impegno politico sono le tre passioni cui vuole continuare a dedicare la sua vita.

GAIA CHECCUCCI

Nata a Firenze il 17 ottobre 1970, consegue la Laurea in Giurisprudenza presso l'Università degli studi di Firenze. Dal 1999 al 2008 è consigliere comunale a Firenze e dal 2004 presidente della Commissione di controllo sulle società partecipate. Dal 2001 è Consigliere del Ministro dell'Ambiente per le questioni riguardanti il servizio idrico integrato e l'attuazione della legge 36/94 in Italia e presso la Commissione UE. Dirigente della Divisione "Gestione Integrata Risorse Idriche" del Ministero dell'Ambiente dal 2003, rappresentante del Ministero nella "Commissione tecnico-scientifica per l'e-

mergenza rifiuti ed acqua nella regione Sicilia" e nella "Commissione tecnico-scientifica per l'emergenza rifiuti nella Regione Lazio".
Presidente dell'Osservatorio Ambientale del Lago Trasimeno presso l'Autorità di bacino del Tevere, è membro esperto nei Comitati Tecnici delle Autorità di bacino del fiume Arno, Serchio e Adige; è componente della commissione tecnica per la redazione del Codice dell'Ambiente (d.lgs 152/06) e dal 2008 è chiamata a ricoprire la carica di Segretario Generale dell'Autorità di bacino del fiume Arno.
Dal 2008 è Vicepresidente di Federutility con delega all'evoluzione del quadro normativo delle public utilities.

LUCA TURCHERIA

Luca Turcheria, 36 anni, abita a Lisciano Niccone (PG) con la moglie e il figlio Antonio. Laureando in scienze politiche, dal 1996 lavora presso la Nestlè Perugina. Il suo impegno politico inizia nei movimenti studenteschi e nelle organizzazioni giovanili per poi continuare nel partito. Dal 1995 è amministratore comunale a Lisciano Niccone, ricoprendo negli anni l'incarico di capogruppo, assessore al bilancio, vicesindaco e infine Sindaco nel 2004, riconfermato nel 2009.

IVANO RUSSO

Nato il 4 febbraio 1978 a Napoli. Laureato presso la Facoltà di Scienze Politiche della Federico II di Napoli, ha concluso nel 2007 il Dottorato di Ricerca in Scienza Politica e Istituzioni Europee presso l'Ateneo Federiciano. Ha collaborato, inoltre, con l'Istituto Universitario Suor Orsola Benincasa, alla cattedra di Storia delle Relazioni Internazionali, e svolto ricerche con l'Istituto San Pio V. Da marzo 2009 è Responsabile del Centro Studi dell'Unione Industriali di Napoli.
È stato collaboratore al Parlamento Europeo del Presidente Giorgio Napolitano (2000-2004) e poi dell'Onorevole Gianni Pittella, dal 2006 al 2008 è stato Dirigente della Presidenza del Consiglio dei Ministri – Dipartimento per le Riforme e l'Innovazione della Pubblica Amministrazione –. È stato membro dell'Unità Speciale della Presidenza del Consiglio per lo Sviluppo di Napoli e della sua Area Metropolitana e della Commissione Interministeriale per la Riforma della Formazione Permanente. È stato membro della Commissione Interministeriale per la diffusione della Cultura Scientifica, presieduta dal Professor Luigi Berlinguer, e del Comitato di Programmazione Economica della Regione Campania. È stato inoltre Direttore della Fondazione Mezzogiorno Europa, Centro Studi sulle politiche per il Mezzogiorno.

NICOLA CENTRONE
Nato nel 1978 a Conversano, Bari. Rappresentante di istituto ai tempi del liceo, si laurea a Firenze Scienze Politiche Relazioni Internazionali. Dopo anni di politica universitaria diventa Segretario provinciale della Sinistra Giovanile dal 2002-2005. Consigliere di Amministrazione Azienda Regionale Diritto allo Studio per la Giunta Regione Toscana 2005-2008. Collabora con il parlamentare Europeo Guido Sacconi dal 2004-2009. Responsabile Segreteria Vicesindaco Comune di Firenze dal 2009.

JACOPO MORELLI
Jacopo Morelli, nato a Firenze nel 1975. Laurea con lode in Economia all'Università di Firenze.
Attualmente presidente dei Giovani Imprenditori di Confindustria.
Dal 2008 al 2011 vicepresidente nazionale dei Giovani imprenditori di Confindustria con delega all'Economia, Morelli ha ricoperto incarichi negli organismi nazionali, regionali e territoriali.
Dal 2005, ha guidato, per 3 anni, il gruppo Giovani di Confindustria Firenze ed è stato vicepresidente di Confindustria Firenze. È stato membro della commissione nazionale per le Riforme Istituzionali di Confindustria e membro della commissione nazionale Ricerca Innovazione. Componente del comitato tecnico confederale "Credito e Finanza per le Pmi".
È presidente e amministratore delegato di EmmeEmme S.p.A.

ALESSANDRO PORTINARO
Alessandro Portinaro, 32 anni, è sposato con Isabel. Vive a Trino (VC).
Laureato in Economia presso l'Università del Piemonte Orientale, ha studiato anche presso la III Facoltà di Aix-en-Provence Marsiglia. Lavora su progetti di sviluppo locale e di cooperazione in ambito europeo ed euromediterraneo. È presidente del Centro di Iniziativa per l'Europa del Piemonte e collabora con Paralleli – Istituto Euromediterraneo del Nordovest, e con la Conservatoria delle Cucine Mediterranee, con sede a Torino.
È consigliere comunale a Trino e capogruppo PD nel consiglio provinciale di Vercelli. È stato segretario della federazione vercellese dei DS e segretario regionale della Sinistra Giovanile del Piemonte.

ANDREA DI BENEDETTO
Nato a Salerno nel 1971. Laureato a Pisa in Ingegneria Informatica. Amministratore di 3logic MK (azienda di informatica fondata 10 anni fa con due amici incontrati all'università), presidente nazionale

dei giovani imprenditori di CNA (associazione che conta più di 350.000 artigiani e piccole imprese), si occupa del credito di Tunia (azienda vitivinicola neonata a Civitella in Val di Chiana). Presidente dell'associazione LinkedOpenData Italia che promuove l'importanza dell'accessibilità e del mesh-up dei dati, sia come strumento di trasparenza che di sviluppo economico.

DINORA MAMBRINI
Classe 1984, è nata e vive a Livorno. Dopo la maturità scientifica, si è laureata in Matematica a Pisa. Diplomata in dizione e recitazione, adora scrivere poesie e racconti, ha studiato danza classica ed è un'accanita sostenitrice del software libero. In qualità di Consigliere Comunale di Livorno (eletta a giugno 2009), ricopre i seguenti incarichi: Vice Presidente della Commissione "Cultura, Turismo e Sport", Componente delle Commissioni "Affari Istituzionali" e "Politiche femminili e parità d'accesso" e rappresentante di Livorno nell'Assemblea Regionale dell'ANCI Giovane. Fa parte della Direzione Comunale del PD di Livorno, del Forum Scuola del PD di Livorno (occupandosi, in particolare di diversabilità) e della Conferenza Territoriale delle Donne Democratiche. Nella Segreteria Regionale dei Giovani Democratici Toscani, in cui rappresenta Livorno, ha la delega "bioetica e diritti civili". Blog: http://dinoramambrini.wordpress.com.

SILVIA RIGACCI
Silvia Rigacci, 40 anni, ingegnere informatico. Si occupa di semplificazione e innovazione della Pubblica Amministrazione. Esperta nel disegno di strategie e politiche di innovazione per gli enti locali, cura rapporti istituzionali tra gli Enti Toscani e dal 2006 dirige progetti d'innovazione per Ancitel Toscana. Docente di Program e Project Management, coordina in collaborazione con l'Università di Firenze studi sulla fattibilità di servizi innovativi per il settore pubblico sotto il profilo tecnico, economico e normativo. Ha svolto attività di volontariato per la riduzione del digital divide e per la promozione dell'utilizzo consapevole delle nuove tecnologie.

FERNANDA FAINI
Nata nel 1979 a Firenze. Laureata con lode in Giurisprudenza a Firenze con tesi in diritto privato.
Presso Regione Toscana si occupa come responsabile di assistenza giuridica e normativa, studio ed elaborazione legislativa in materia di amministrazione digitale, semplificazione, innovazione e sviluppo della società dell'informazione e della conoscenza con partecipazione al processo di formazione degli atti normativi nazionali; è docente del

relativo corso di formazione in Regione. Svolge consulenza giuridica anche per la Rete Telematica Regionale Toscana. Presso la Facoltà di Giurisprudenza dell'Università di Firenze è docente del corso integrativo "Diritto dell'informatica nella Pubblica Amministrazione" e cultore delle materie "Conoscenze informatiche per giuristi" e "Ricerca del materiale giuridico". Autrice di pubblicazione su un nuovo concetto di open government su rivista internazionale di ITTIG-CNR. Relatrice e moderatrice in seminari e giornate di studio. Collabora come docente di Formez PA.

DARIO NARDELLA

Nato a Torre del Greco nel 1975, vive a Firenze. È sposato e padre di due figli.

Vicesindaco del Comune di Firenze con delega allo Sviluppo Economico, Sport e Bilancio.

Laureato in Giurisprudenza con una tesi in diritto costituzionale e dottorato in diritto pubblico.

È docente in Legislazione dei beni culturali dell'Università degli Studi di Firenze e autore di numerose pubblicazioni di carattere giuridico.

Consigliere Giuridico del Ministro per i rapporti con il Parlamento e le riforme istituzionali nel II governo Prodi.

Finito di stampare in Firenze
presso la tipografia editrice Polistampa
Dicembre 2011